全国餐饮职业教育教学指导委员会重点课题"基于烹饪专业人才培养目标的中高职课程体系与教材开发研究"成果系列教材

餐饮职业教育创新技能型人才培养新形态一体化系列教材

总主编 ◎ 杨铭铎

餐饮概论

主　编　杨铭铎　严祥和　刘俊新
副主编　王文燕　钱　甬　李建民　谢宗福　刘　先
编　者　（按姓氏笔画排序）
　　　　王文燕　方欣月　刘　先　刘建鸥　刘俊新
　　　　严祥和　李　玲　李建民　李谱军　杨　格
　　　　杨铭铎　张　新　陈啸林　陈婷婷　周翊斌
　　　　姚恒喆　钱　甬　韩昕葵　韩　絮　谢宗福
秘　书　张　新　汪飒婷

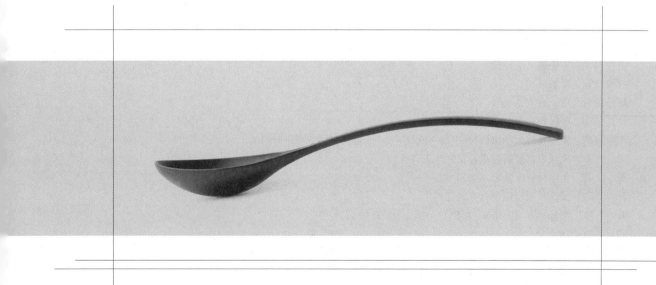

华中科技大学出版社
http://press.hust.edu.cn
中国·武汉

内 容 简 介

本书是全国餐饮职业教育教学指导委员会重点课题"基于烹饪专业人才培养目标的中高职课程体系与教材开发研究"成果系列教材，餐饮职业教育创新技能型人才培养新形态一体化系列教材。

本书设置了十二个项目，包括认知餐饮业与餐饮教育、探寻中国餐饮文化、探寻餐饮行业、解析餐饮企业结构与功能、认知中式菜点加工与生产管理、认知西式菜点加工与生产管理、认知酒水调制与服务管理、探寻菜点属性与筵席审美、认知餐饮服务与营销管理、探寻餐饮消费者体验、探寻智能餐饮的应用场景、探寻我国餐饮业发展趋势。

本书适合作为烹饪工艺与营养、西式烹饪工艺、中西面点工艺、餐饮智能管理等烹饪相关专业学生的教材，还可供相关从业人员和爱好者使用。

图书在版编目(CIP)数据

餐饮概论/杨铭铎，严祥和，刘俊新主编．—武汉：华中科技大学出版社，2023.7（2024.10 重印）
ISBN 978-7-5680-9692-8

Ⅰ．①餐…　Ⅱ．①杨…　②严…　③刘…　Ⅲ．①饮食业-概论-职业教育-教材　Ⅳ．①F719.3

中国国家版本馆 CIP 数据核字(2023)第 136109 号

餐饮概论
Canyin Gailun

杨铭铎　严祥和　刘俊新　主编

策划编辑：汪飒婷
责任编辑：李艳艳　李　佩
封面设计：廖亚萍
责任校对：刘　竣
责任监印：周治超
出版发行：华中科技大学出版社(中国·武汉)　电话：(027)81321913
　　　　　武汉市东湖新技术开发区华工科技园　邮编：430223
录　　排：华中科技大学惠友文印中心
印　　刷：武汉科源印刷设计有限公司
开　　本：889mm×1194mm　1/16
印　　张：14.5
字　　数：423 千字
版　　次：2024 年 10 月第 1 版第 3 次印刷
定　　价：58.00 元

本书若有印装质量问题，请向出版社营销中心调换
全国免费服务热线：400-6679-118　竭诚为您服务
版权所有　侵权必究

全国餐饮职业教育教学指导委员会重点课题
"基于烹饪专业人才培养目标的中高职课程体系与教材开发研究"成果系列教材
餐饮职业教育创新技能型人才培养新形态一体化系列教材

丛书编审委员会

主 任

姜俊贤　全国餐饮职业教育教学指导委员会主任委员、中国烹饪协会会长

执行主任

杨铭铎　教育部职业教育专家组成员、全国餐饮职业教育教学指导委员会副主任委员、中国烹饪协会特邀副会长

副 主 任

乔　杰　全国餐饮职业教育教学指导委员会副主任委员、中国烹饪协会副会长
黄维兵　全国餐饮职业教育教学指导委员会副主任委员、中国烹饪协会副会长、四川旅游学院原党委书记
贺士榕　全国餐饮职业教育教学指导委员会副主任委员、中国烹饪协会餐饮教育委员会执行副主席、北京市劲松职业高中原校长
王新驰　全国餐饮职业教育教学指导委员会副主任委员、扬州大学旅游烹饪学院原院长
卢　一　中国烹饪协会餐饮教育委员会主席、四川旅游学院校长
张大海　全国餐饮职业教育教学指导委员会秘书长、中国烹饪协会副秘书长
郝维钢　中国烹饪协会餐饮教育委员会副主席、原天津青年职业学院党委书记
石长波　中国烹饪协会餐饮教育委员会副主席、哈尔滨商业大学旅游烹饪学院院长
于干千　中国烹饪协会餐饮教育委员会副主席、普洱学院副院长
陈　健　中国烹饪协会餐饮教育委员会副主席、顺德职业技术学院酒店与旅游管理学院院长
赵学礼　中国烹饪协会餐饮教育委员会副主席、西安商贸旅游技师学院院长
吕雪梅　中国烹饪协会餐饮教育委员会副主席、青岛烹饪职业学校校长
符向军　中国烹饪协会餐饮教育委员会副主席、海南省商业学校校长
薛计勇　中国烹饪协会餐饮教育委员会副主席、中华职业学校副校长

委员（按姓氏笔画排序）

王　劲	常州旅游商贸高等职业技术学校副校长
王文英	太原慈善职业技术学校校长助理
王永强	东营市东营区职业中等专业学校副校长
王吉林	山东省城市服务技师学院院长助理
王建明	青岛酒店管理职业技术学院烹饪学院院长
王辉亚	武汉商学院烹饪与食品工程学院党委书记
邓　谦	珠海市第一中等职业学校副校长
冯玉珠	河北师范大学学前教育学院（旅游系）副院长
师　力	西安桃李旅游烹饪专修学院副院长
吕新河	南京旅游职业学院烹饪与营养学院院长
朱　玉	大连市烹饪中等职业技术专业学校副校长
庄敏琦	厦门工商旅游学校校长、党委书记
刘玉强	辽宁现代服务职业技术学院院长
闫喜霜	北京联合大学餐饮科学研究所所长
孙孟建	黑龙江旅游职业技术学院院长
李　俊	武汉职业技术学院旅游与航空服务学院院长
李　想	四川旅游学院烹饪学院院长
李顺发	郑州商业技师学院副院长
张令文	河南科技学院食品学院副院长
张桂芳	上海市商贸旅游学校副教授
张德成	杭州市西湖职业高级中学校长
陆燕春	广西商业技师学院院长
陈　勇	重庆市商务高级技工学校副校长
陈全宝	长沙财经学校校长
陈运生	新疆职业大学教务处处长
林苏钦	上海旅游高等专科学校酒店与烹饪学院副院长
周立刚	山东银座旅游集团总经理
周洪星	浙江农业商贸职业学院副院长
赵　娟	山西旅游职业学院副院长
赵汝其	佛山市顺德区梁銶琚职业技术学校副校长
侯邦云	云南优邦实业有限公司董事长、云南能源职业技术学院现代服务学院院长
姜　旗	兰州市商业学校校长
聂海英	重庆市旅游学校校长
贾贵龙	深圳航空有限责任公司配餐部经理
诸　杰	天津职业大学旅游管理学院院长
谢　军	长沙商贸旅游职业技术学院湘菜学院院长
潘文艳	吉林工商学院旅游学院院长

网络增值服务

使用说明

欢迎使用华中科技大学出版社医学资源网

1 教师使用流程

（1）登录网址：http://yixue.hustp.com （注册时请选择教师用户）

注册 > 登录 > 完善个人信息 > 等待审核

（2）审核通过后，您可以在网站使用以下功能：

浏览教学资源　建立课程　管理学生　布置作业　查询学生学习记录等

2 学员使用流程

（建议学员在PC端完成注册、登录、完善个人信息的操作。）

（1）PC端学员操作步骤

① 登录网址：http://yixue.hustp.com（注册时请选择普通用户）

注册 > 登录 > 完善个人信息

② 查看课程资源：（如有学习码，请在"个人中心—学习码验证"中先通过验证，再进行操作）

首页课程 > 课程详情页 > 查看课程资源（选择课程）

（2）手机端扫码操作步骤

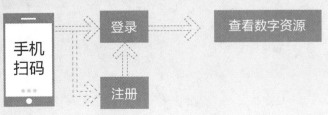

手机扫码 → 登录 → 查看数字资源；注册

开展餐饮教学研究　加快餐饮人才培养

餐饮业是第三产业重要组成部分,改革开放40多年来,随着人们生活水平的提高,作为传统服务性行业,餐饮业对刺激消费需求、推动经济增长发挥了重要作用,在扩大内需、繁荣市场、吸纳就业和提高人民生活质量等方面都做出了积极贡献。就经济贡献而言,2018年,全国餐饮收入42716亿元,首次超过4万亿元,同比增长9.5%,餐饮市场增幅高于社会消费品零售总额增幅0.5个百分点;全国餐饮收入占社会消费品零售总额的比重持续上升,由上年的10.8%增至11.2%;对社会消费品零售总额增长贡献率为20.9%,比上年大幅上涨9.6个百分点;强劲拉动社会消费品零售总额增长了1.9个百分点。全面建成小康社会的号角已经吹响,作为满足人民基本需求的饮食行业,餐饮业的发展好坏,不仅关系到能否在扩内需、促消费、稳增长、惠民生方面发挥市场主体的重要作用,而且关系到能否满足人民对美好生活的向往、实现全面建成小康社会的目标。

一个产业的发展,离不开人才支撑。科教兴国、人才强国是我国发展的关键战略。餐饮业的发展同样需要科教兴业、人才强业。经过60多年特别是改革开放40多年来的大发展,目前烹饪教育在办学层次上形成了中职、高职、本科、硕士、博士五个办学层次;在办学类型上形成了烹饪职业技术教育、烹饪职业技术师范教育、烹饪学科教育三个办学类型;在学校设置上形成了中等职业学校、高等职业学校、高等师范院校、普通高等学校的办学格局。

我从全聚德董事长的岗位到担任中国烹饪协会会长、全国餐饮职业教育教学指导委员会主任委员后,更加关注烹饪教育。在到烹饪院校考察时发现,中职、高职、本科师范专业都开设了烹饪技术课,然而在烹饪教育内容上没有明显区别,层次界限模糊,中职、高职、本科烹饪课程设置重复,拉不开档次。各层次烹饪院校人才培养目标到底有哪些区别?在一次全国餐饮职业教育教学指导委员会和中国烹饪协会餐饮教育委员会的会议上,我向在我国从事餐饮烹饪教育时间很久的资深烹饪教育专家杨铭铎教授提出了这一问题。为此,杨铭铎教授研究之后写出了《不同层次烹饪专业培养目标分析》《我国现代烹饪教育体系的构建》,这两篇论文回答了我的问题。这两篇论文分别刊登在《美食研究》和《中国职业技术教育》上,并收录在《中国餐饮产业发展报告》之中。我欣喜地看到,杨铭铎教授从烹饪专业属性、学科建设、课程结构、中高职衔接、课程体系、课程开发、校企合作、教师队伍建设等方面进行研究并提出了建设性意见,对烹饪教育发展具有重要指导意义。

杨铭铎教授不仅在理论上探讨烹饪教育问题,而且在实践上积极探索。2018年在全国餐饮职业教育教学指导委员会立项重点课题"基于烹饪专业人才培养目标的中高职课程体系与教材开发研究"(CYHZWZD201810)。该课题以培养目标为切入点,明晰烹饪专业人才培养规格;以职业技能为结合点,确保烹饪人才与社会职业有效对接;以课程体系为关键点,通过课程结构与课程标准精准实现培养目标;以教材开发为落脚点,开发教学过程与生产过程对接的、中高职衔接的两套烹饪专业课程系列教材。这一课题的创新点在于:研究与编写相结合,中职与高职相同步,学生用教材与教师用参考书相联系,资深餐饮专家领衔任总主编与全国排名前列的大学出版社相协作,编写出的中职、高职系列烹饪专业教材,解决了烹饪专业文化基础课程与职业技能课程脱节,专业理论课程设置重复,烹饪技能课交叉,职业技能倒挂,教材内容拉不开层次等问题,是国务院《国家职业教育改革实施方案》提出的完善教育教学相关标准中的持续更新并推进专业教学标准、课程标准建设和在职业院校落地实施这一要求在烹饪职业教育专业的具体举措。基于此,我代表中国烹饪协会、全国餐饮职业教育教学指导委员会向全国烹饪院校和餐饮行业推荐这两套烹饪专业教材。

习近平总书记在党的十九大报告中将"两个一百年"奋斗目标调整表述为:到建党一百年时,全面建成小康社会;到新中国成立一百年时,全面建成社会主义现代化强国。经济社会的发展,必然带来餐饮业的繁荣,迫切需要培养更多更优的餐饮烹饪人才,要求餐饮烹饪教育工作者提出更接地气的教研和科研成果。杨铭铎教授的研究成果,为中国烹饪技术教育研究开了个好头。让我们餐饮烹饪教育工作者与餐饮企业家携起手来,为培养千千万万优秀的烹饪人才、推动餐饮业又好又快地发展,为把我国建成富强、民主、文明、和谐、美丽的社会主义现代化强国增添力量。

姜俊贤

全国餐饮职业教育教学指导委员会主任委员

中国烹饪协会会长

职业教育专业人才培养目标的达成,最终要通过课程来实现。教育部发布的《职业教育专业简介》(2022年修订)给出的职业面向、培养目标定位、主要专业能力、主要专业课程与实习实训等,形成了层层递进的逻辑关系。姜大源教授认为,课程开发实质上是课程结构的设计,包括课程整体结构,即课程方案的设计;课程的具体结构,即课程标准和课程教材的设计。课程开发有两个关键的内部要素:一是课程内容的选择,二是课程内容编排的标准。

一、"餐饮概论"课程的定位

准确把握"餐饮概论"课程的定位是做好该课程开发的基础。

1. 从专业定位看　在餐饮高职专科中设置了5个专业,在其专业基础课中设置"餐饮概论"的专业有烹饪工艺与营养(540202)、西式烹饪工艺(540204)、营养配餐(540205),在中西面点工艺(540203)专业中设置了"智能烹饪技术概论"课程,理论上也需开设"餐饮概论"课程,而餐饮智能管理(540201)设置的"数字化餐饮概论"与"餐饮概论"课程存在较大程度的交集。基于此,可以认为"餐饮概论"课程对于餐饮高职专科的5个专业来说,基本属于全覆盖的基础课程。

2. 从范畴定位看　餐饮概论,顾名思义是关于餐饮方面通盘考虑的史纲或概述。其中餐饮有两种含义:一是饮食,如经营餐饮,提供餐饮;二是按《国民经济行业分类》的定义,行业是从事相同性质的经济活动的所有单位的集合,餐饮业则是通过即时制作加工、商业销售和服务性劳动等,向消费者提供食品和消费场所及设施的服务行业。

二、"餐饮概论"课程内容的选择

准确把握"餐饮概论"课程内容的选择是做好该课程开发的前提。餐饮类专业群的"餐饮概论"课程,是在第一学期开设的,是认识餐饮的入门课程。具体实施时,一是准确把握"餐饮概论"课程内容的选择,概论首先要全面,给出餐饮业的全貌,关键词为餐饮业历史、现状及未来,我国和国外,餐饮企业与餐饮业态,餐饮业与关联行业,餐饮企业、餐饮产品、消费者与餐饮文化传承,餐饮业、餐饮企业、消费者与餐饮管理与营销,消费者、餐饮产品、饮食审美;二是处理好该课程与其他课程的逻辑关系,"餐饮概论"课程与其他课程的关系是一般与特殊、共性与个性的关系,如"中式菜点加工"课程从烹饪加工的原料、工具、技法三要素出发,目的是让学生了解中式菜点的原料及分类,熟悉中式菜点生产的常用设备与工具,以及中式菜点的主要烹饪技法的概念及其分类等。该课程涉及菜点加工的基本规律，与后续同类课程"中式烹调工艺"相比，内容上高一个层次（一般规律），形式上换一个角度（切入视角、呈现方式），为学生后续学习奠定基础。其他知识与技能亦然。这里要强调的是，我们在本书内容设计中重点强调三全育人、五育并举、课程思政。

三、"餐饮概论"课程内容的编排

准确把握"餐饮概论"课程内容的编排是做好该课程开发的关键。按照姜大源教授对职业教育课程内容序化的教育学思考，学科体系对内容细化，课程内容的编排呈现一种平行结构的形式；而按照行动体系对知识内容序化，课程内容的编排则以一种串行结构的形式呈现。餐饮类高职专科专业群的课程，其餐饮产品加工过程是职业工作过程的逻辑，应该按串行结构编排，其中一部分与技能集成的理论知识和串行结构相联系。"餐饮概论"是专业基础课程，总体上以与技能集成的理论知识为主，但应遵循餐饮行业职业工作过程的规律，因此我们采用项目化将课程内容序化。

本书设置了十二个项目，即认知餐饮业与餐饮教育、探寻中国餐饮文化、探寻餐饮行业、解析餐饮企业结构与功能、认知中式菜点加工与生产管理、认知西式菜点加工与生产管理、认知酒水调制与服务管理、探寻菜点属性与筵席审美、认知餐饮服务与营销管理、探寻餐饮消费者体验、探寻智能餐饮的应用场景、探寻我国餐饮业发展趋势。这样教材内容即与前述内容相一致。

作为将课程内容具体化的教材，本书由我来担任主编，一方面是基于出版社的盛情邀请，前期卓有成效的合作使我们建立了充分的互信关系；另一方面基于我前期在餐饮烹饪课程和教材建设中，取得了一些初步成果，曾经编写过《餐饮概论》《中国现代快餐》（获全国商业科技进步奖一等奖）、《餐饮企业管理研究》（获中餐科技进步奖特等奖）、《饮食美学及其餐饮产品创新》、《金丰团膳菜点》《金丰团膳食品质量与安全》《金丰团膳管理》（获中餐科技进步奖一等奖）、《现代餐饮企业创新——创新系统构建研究》（国家社会科学基金项目成果）、《烹饪教育研究新论》（获中餐科技进步奖一等奖）。另外，我还组织了一支强有力的编写队伍，包括教育与人社系统餐饮院校的教师与技师及企业职业经理人，融合我国与国外的先进经验，形成了以研讨为先、科学设计、交叉审稿、主编定稿等科学的编写流程。

本书编写的具体分工如下：杨铭铎、南京旅游职业学院陈婷婷编写项目一；浙江商业技师学院严祥和、上海甬府餐饮管理有限公司钱甬、浙江商业技师学院李谱军编写项目二；长沙商贸旅游职业技术学院李玲、周翊斌编写项目三；陈婷婷编写项目四；钱甬、严祥和、李谱军编写项目五；青岛酒店管理职业技术学院刘俊新、姚恒喆编写项目六；黑龙江旅游职业技术学院李建民、云南旅游职业学院刘建鸥编写项目七；顺德职业技术学院张新编写项目八；山西旅游职业学院王文燕、江苏旅游职业学院韩絮、云南旅游职业学院韩昕葵编写项目九；澳门科技大学杨格编写项目十；顺德职业技术学院谢宗福、陈啸林编写项目十一；贵州航空职业技术学院刘先、南京旅游职业学院方欣月编写项目十二。联合国教科文组织职教计划亚非研究与培训中心主任、深圳职业技术学院教科文组织职教联系中心主任、联合国教科文组织职业技术教育数字化教席协调人杨文明教授审阅了本书项目十一和项目十二，并对全书项目名称提出了很好的建议。

为了统筹教材编写的进度，由张新担任本书的编写秘书，还应该指出的是华中科技大学出版社策划编辑汪飒婷，在本书组织统筹及编写过程中同样付出了心血，实际上参与了本书的编写工作。

作为新的专业目录公布后关于餐饮教育的第一本教材，在本教材付梓之际，衷心地感谢指导和帮助本教材编写的领导、老师、企业家和朋友。由于时间匆忙，加之水平有限，肯请大家批评指正。

博士，教授，博士生导师
哈尔滨商业大学中式快餐研究发展中心博士后科研基地主任
哈尔滨商业大学党委原副书记、副校长
全国餐饮职业教育教学指导委员会副主任
中国烹饪协会餐饮教育工作委员会主席

出版说明

《国家中长期教育改革和发展规划纲要(2010—2020年)》及《国务院办公厅关于深化产教融合的若干意见(国办发〔2017〕95号)》等文件指出：职业教育到2020年要形成适应经济发展方式的转变和产业结构调整的要求，体现终身教育理念，中等和高等职业教育协调发展的现代教育体系，满足经济社会对高素质劳动者和技能型人才的需要。2019年，国务院印发的《国家职业教育改革实施方案》中更是明确提出了提高中等职业教育发展水平、推进高等职业教育高质量发展的要求及完善高层次应用型人才培养体系的要求；为了适应"互联网+职业教育"发展需求，运用现代信息技术改进教学方式方法，对教学教材的信息化建设，应配套开发信息化资源。

随着社会经济的迅速发展和国际化交流的逐渐深入，烹饪行业面临新的挑战和机遇，这就对新时代烹饪职业教育提出了新的要求。为了促进教育链、人才链与产业链、创新链有机衔接，加强技术技能积累，以增强学生核心素养、技术技能水平和可持续发展能力为重点，对接最新行业、职业标准和岗位规范，优化专业课程结构，适应信息技术发展和产业升级情况，更新教学内容，在基于全国餐饮职业教育教学指导委员会2018年度重点课题"基于烹饪专业人才培养目标的中高职课程体系与教材开发研究"(CYHZWZD201810)的基础上，华中科技大学出版社在全国餐饮职业教育教学指导委员会副主任委员杨铭铎教授的指导下，在认真、广泛调研和专家推荐的基础上，组织了全国90余所烹饪专业院校及单位，遴选了近300位经验丰富的教师和优秀行业、企业人才，共同编写了本套餐饮职业教育创新技能型人才培养新形态一体化系列教材、全国餐饮职业教育教学指导委员会重点课题"基于烹饪专业人才培养目标的中高职课程体系与教材开发研究"成果系列教材。

本套教材力争契合烹饪专业人才培养的灵活性、适应性和针对性，符合岗位对烹饪专业人才知识、技能、能力和素质的需求。本套教材有以下编写特点：

1. 权威指导，基于科研　本套教材以全国餐饮职业教育教学指导委员会的重点课题为基础，由国内餐饮职业教育教学和实践经验丰富的专家指导，将研究成果适度、合理落脚于教材中。

2. 理实一体，强化技能　遵循以工作过程为导向的原则，明确工作任务，并在此基础上将与技能和工作任务集成的理论知识加以融合，使得学生在实际工作环境中，将知识和技能协调配合。

3. 贴近岗位，注重实践　按照现代烹饪岗位的能力要求，对接现代烹饪行业和企业的职业技能标准,将学历证书和若干职业技能等级证书("1+X"证书)内容相结合,融入新技术、新工艺、新规范、新要求,培养职业素养、专业知识和职业技能,提高学生应对实际工作的能力。

4. 编排新颖,版式灵活　注重教材表现形式的新颖性,文字叙述符合行业习惯,表达力求通俗、易懂,版面编排力求图文并茂、版式灵活,以激发学生的学习兴趣。

5. 纸质数字,融合发展　在新形势媒体融合发展的背景下,将传统纸质教材和我社数字资源平台融合,开发信息化资源,打造成一套纸数融合的新形态一体化教材。

本系列教材得到了全国餐饮职业教育教学指导委员会和各院校、企业的大力支持和高度关注,它将为新时期餐饮职业教育做出应有的贡献,具有推动烹饪职业教育教学改革的实践价值。我们衷心希望本套教材能在相关课程的教学中发挥积极作用,并得到广大读者的青睐。我们也相信本套教材在使用过程中,通过教学实践的检验和实际问题的解决,能不断得到改进、完善和提高。

目录

项目一　认知餐饮业与餐饮教育　　1
　　任务一　辨析餐饮及其相关概念　　1
　　任务二　厘清餐饮业与相关行业的关系　　6
　　任务三　追溯餐饮教育发展历程　　13

项目二　探寻中国餐饮文化　　20
　　任务一　挖掘餐饮文化内涵　　20
　　任务二　领会餐饮文化的特征　　22
　　任务三　明晰餐饮文化传承　　29

项目三　探寻餐饮行业　　35
　　任务一　认知餐饮业态　　35
　　任务二　走进餐饮企业　　40

项目四　解析餐饮企业结构与功能　　48
　　任务一　认知餐饮企业结构　　48
　　任务二　明晰餐饮企业组织功能　　54
　　任务三　把握餐饮企业运行基本规律　　58

项目五　认知中式菜点加工与生产管理　　63
　　任务一　认知中式菜点加工　　63
　　任务二　认知中式厨房菜点生产管理　　84

项目六　认知西式菜点加工与生产管理　　93
　　任务一　认知西式菜点加工　　93
　　任务二　认知西式厨房菜点生产管理　　108

项目七　认知酒水调制与服务管理　　114
　　任务一　认知酒水调制　　114
　　任务二　认知酒水服务与管理　　127

项目八　探寻菜点属性与筵席审美　　　　　　　　　　　135
　　任务一　解析菜点属性　　　　　　　　　　　　　　135
　　任务二　认知筵席　　　　　　　　　　　　　　　　138
　　任务三　探究筵席审美的应用　　　　　　　　　　　142

项目九　认知餐饮服务与营销管理　　　　　　　　　　149
　　任务一　认知餐饮服务技能　　　　　　　　　　　　149
　　任务二　认知餐饮营销管理　　　　　　　　　　　　159

项目十　探寻餐饮消费者体验　　　　　　　　　　　　167
　　任务一　把握餐饮消费者的需求　　　　　　　　　　167
　　任务二　厘清餐饮消费者的体验过程　　　　　　　　171
　　任务三　制订基于餐饮消费者体验的服务策略　　　　174

项目十一　探寻智能餐饮的应用场景　　　　　　　　　182
　　任务一　认识智能餐饮　　　　　　　　　　　　　　182
　　任务二　探究菜点加工与餐饮管理的智能化应用场景　187
　　任务三　探究服务营销的智能化应用场景　　　　　　189
　　任务四　探究运营管理的智能化应用场景　　　　　　191
　　任务五　展望智能餐饮的未来应用前景　　　　　　　193

项目十二　探寻我国餐饮业发展趋势　　　　　　　　　197
　　任务一　追溯我国餐饮业发展历程　　　　　　　　　197
　　任务二　借鉴国外餐饮业发展经验　　　　　　　　　202
　　任务三　预测我国餐饮业发展趋势　　　　　　　　　206

主要参考文献　　　　　　　　　　　　　　　　　　212

项目一

认知餐饮业与餐饮教育

扫码看PPT

项目描述

新时代人们对美好生活的向往,使餐饮业拥有了广阔的发展前景。餐饮业是国民经济民生的重要行业,也是旅游业六大要素之首,在活跃经济、繁荣市场、促进相关行业发展方面发挥重要作用。本项目将带领大家辨析餐饮及其相关概念,厘清餐饮业与相关行业的关系,在研究餐饮教育的发展中找到其专业定位。

项目目标

(1)掌握餐饮及其相关概念。
(2)熟悉餐饮业与相关行业的关系。
(3)了解餐饮教育的发展及所学专业的定位。

任务一 辨析餐饮及其相关概念

→ 任务描述

"民以食为天",饮食活动是人类生活中最基本、最重要的活动。通过任务一的学习,掌握饮食、餐饮与烹饪,食品、烹饪产品与快餐,消费者、餐饮企业与餐饮产品的概念及其相关关系。

→ 任务目标

(1)掌握饮食、餐饮与烹饪的概念及其相关关系。
(2)掌握食品、烹饪产品与快餐的概念及其相关关系。
(3)掌握消费者、餐饮企业与餐饮产品的概念及其相关关系。

→ 任务导入

情景一:小王是一名食品工程专业的大二学生,父母希望寒假在家的小王"露两手",没想到小王连土豆丝都不会切。王父表示,学食品的怎么能不会炒菜呢?小王同学一脸错愕,给父母讲起了餐饮的相关概念……

小王一次与父母在当地的中餐厅用餐,王母直夸,"这家快餐做得很好,尤其辣子鸡丁做得很正宗。"

情景二：因堂食人数减少，某著名餐饮企业曾一度上调门店部分餐饮产品的价格，整体涨幅6%左右；无独有偶，某连锁餐饮店上海及周边8个城市18道外卖菜品上涨1～10元。面对涨价，消费者批评声一片，两家企业先后致歉，表示将把价格恢复到涨价前。

问题思考：

(1) 小王父母的表述有哪些问题？混淆了哪些概念？

(2) 消费者、餐饮企业与餐饮产品的概念是什么？它们之间存在哪些关系？

知识精讲

一、饮食、餐饮与烹饪

❶ **饮食** 对于"饮食"，首先从汉语字源的角度看，"飲"是会意字，在甲骨文中，右边是人形，左上边是人伸着舌头，左下边是酒坛(酉)，像人伸舌头向酒坛饮酒，其本义为喝。《辞海》中，"饮，咽汤水"，《孟子》："冬日则饮汤，夏日则饮水"，"凡可饮之物"。《周礼》："辨四饮之物"，可见"饮"既指"饮"这一动作，又指可饮之物。"食"也是会意字，本义饭、饭食。《辞海》中意为果腹养生食品，《周礼》："掌王之食饮"，注："饭也"；又《周礼》："治其粮与其食"，注"谓米也，咽也"；《礼记》："食而不知其味。"可见"食"具有名词、动词的双重含义。英语意为"饮食"的有 diet、bite and sup 和 food and drink 三个单词和词组。其中 diet 来自古英语 diete，意为进特殊饮食或节食，更倾向于特殊饮食对象进食这一动作。bite 来自古英语 bitan，意为一口，少量；sup 源于中古英语 soupen，意为液体食物的一啜，少量。因此，bite and sup 不仅表示吃喝的动作，更将英国小口吃、喝的餐桌礼仪涵盖其中。而 food 来自中古英语 fode，意为食物，粮食，通常是源于植物和动物的物质，包含人体必不可少的营养物质或由其组分，如糖类、脂肪、蛋白质、维生素和矿物质等；drink 意为适于饮用的液体以及喝的动作，因此 food and drink 的含义更广泛，接近汉语"饮食"之意。所以，饮食是描述、记载人们吃喝活动的最广泛的称呼与概念，涉及食品从生产、流通到消费的全过程中发生的经济、管理、技术、科学、艺术、观念、习俗、礼仪等方面的各个环节。

❷ **餐饮** 对于"餐"，形声字，本义为吃。《说文解字》释为"吞也"，《广雅》的"餐，食也"。《郑风》："使我不能餐兮。"另外，有量词的含义，饭一顿曰一餐，如早餐、午餐、晚餐。结合饮食生活发展的历程，餐饮是随着社会化和服务化产生的，专指为"吃"这一活动而提供食物，出现较晚。英语中意为"餐饮"的单词及词组有 food and beverage 和 catering，其中 beverage 意为饮料，指一种饮用的液体，通常不包括水；而 catering 意为"照顾……的需求"或"需要、提供、迎合"。可以看出，在英语中餐饮的商业性、服务性的内涵相当突出。因此，餐饮的概念主要包括两个方面：一是饮食，比如经营餐饮，提供餐饮；二是指提供餐饮的行业或者机构，集即时加工制作、商业销售和服务性劳动于一体，满足食客的饮食需求，从而获取相应的服务收入。

❸ **烹饪** 对于"烹饪"，首先从汉语字源的角度看，《辞海》中，烧煮食物。烹，古作"亨"。《左传》："以烹鱼肉"；饪，大熟也；《论语·乡党》："失饪不食，不时不食。"何晏集解引孔安国曰："失饪，失生熟之节。"烹饪，熟物也，《易传·鼎》："以木巽火，亨饪也。"谓以鼎供烹饪之用。而《现代汉语词典》中，烹饪意为做饭做菜。很明显，自古以来汉语中烹饪就是把可食用的东西用特定的方式做熟的意思；再从英语字义的角度看，意为烹饪的单词有 cuisine 和 cook，其中 cuisine 意为"制备食品的独特方法或风格"或"食品、伙食"；而 cook 意为"煮、烧"，即通过加热加工或处理。因此，具体而言，烹饪是指对食物原料进行合理选择、调配，加工洗净，加热调味，使之成为感官性状符合审美习惯的、安全无害、利于吸收、益于健康、强人体质的菜(菜肴)点(面点，即主食)，既包括调味熟食，也包括调制生食。基于此，烹饪作为食品加工的手段，科学的概念应该是人类为了满足生理需求和心理需求，把可食原料加工为直接食用成品的活动。

通过以上讨论,我们可以明确饮食、餐饮与烹饪的联系与区别。饮食是最广泛的概念,涵盖人类饮食活动的整个过程,它涉及食品从生产、流通到消费的全过程中的各个环节。餐饮特指饮食商品生产过程,带有商业服务属性,指现代饮食生活的社会化模式,它是人们家庭外饮食生活必不可少的补充。烹饪作为食品加工的手段,是指由原料到成品(菜肴、面点等)的制作过程。烹饪又根据在餐饮行业上的分工,分为菜肴制作,即"做菜",称为"烹调";面点制作,即"做饭"。其加工手段以手工操作为主,加工场所一般特指厨房。

总之,不管是家庭的饮食活动,还是餐饮经营性的、服务性的饮食活动,烹饪有着不可或缺的地位,没有烹饪加工提供的核心产品——菜肴、面点,就没有饮食活动和餐饮经营,从这个意义上来说,烹饪是饮食活动和餐饮经营的核心和基础。

二、食品、烹饪产品与快餐

❶ 食品 "品",本义为众多。始见于《说文解字》:"品,众庶也。从三口。凡品之属皆从品。"意为从三口,"口"代表人,"三个"表多数,意即众多的人。品后又由《广雅》中"品,齐也"所赋予的"相同"类型的含义,逐渐延伸出等级、评品、人品等含义。《现代汉语词典》中,"食品"意为商店出售的经过一定加工制作的食物。食品的法律定义是各种供人们食用或饮用的成品和原料以及按照传统既是食品又是药品的物品,但不包括以治疗为目的的药品。英语单词中意为"食品"的有 food、foodstuff,很明显只有名词含义,就是指吃的东西和对象。因此,"食品"仅对应"饮食"的名词含义,即食的对象,食物。结合"品"的本意及延伸含义,食品有指代对象众多且区别于其他物品而自成一类的含义,较食物在表述上更书面和正式。

❷ 烹饪产品 烹饪产品是加工烹饪原料制成的菜肴和面点。制作菜肴,行业上称为烹调,其工种为"红案";制作面点,行业上称为面点制作,其工种为"白案"。就烹调工艺而言,一般要经过选料、初步加工(分档取料、干料泡发)、切配、初步熟处理、挂糊、上浆、制汤、加热、调味、勾芡、盛装、成菜等工艺过程;就面点工艺而言,一般经过选料、面团调制、馅心制作、成形、熟制、盛装、成点等工艺过程。无论是菜肴,还是面点,制作过程都包含原料选取,工具、设施设备等使用,技法、技术施展 3 个要素。

❸ 快餐 对于"快",本意为喜悦。《说文解字》:"快,喜也。从心,夬声",即"快"采用"心"作偏旁,采用"夬"作声旁,后引申为"疾速",俗字作"駃",就是快速之意。快餐一词是 20 世纪 80 年代的舶来语,意为预先做好的能够迅速提供给消费者食用的饭食,如汉堡包、盒饭等。在美式英语中对 fast food 的定义是由商业机构分销的可即刻食用的食品,机构内可备有或不提供就餐设施,这种机构运营的主要特征是在点餐和供餐间只需很少或无须等候时间。fast 可理解为快速而有效的供餐服务,fast food 是复合食品与饮食服务的双重价值的商品。因此,快餐虽为外来词汇,但反观其字源词意,却是很贴切的,简单明了地表现出其作为食品的一部分独有的动态特点,即快速、简单地烹饪、服务以及进食。在发达国家,如美国,快餐业已经成为一个比较独立的体系,其所涵盖的意义已远非一种简单的食品种类,具有更加广泛的含义,主要包括以下几方面内容:社会化和工业化生产,产供销一体化,标准化操作,设备环境洁净化,固体食品与饮料相结合。在我国,《中国快餐业发展纲要》对快餐的权威定义是快餐是为消费者提供日常基本生活需求服务的大众化餐饮,具有以下特点:制售快捷,食用便利,质量标准,营养均衡,服务简便,价格低廉。

通过以上讨论,我们可以明确食品、烹饪产品与快餐的联系与区别。食品的概念一般有两种,一种是狭义的,即特指由食品工业生产出来的工业食品,如饼干、香肠、罐头、白酒、啤酒、果酒、饮料、酱油、醋、调味品等。这种理解也源于学校办学的专业设置,加工工业食品的专业为食品加工、食品科学与工程专业,加工手工食品的专业为烹饪专业,或进一步细分为烹调专业、面点制作专业等。另一种是广义的,即以法律为界定,来源于原《食品卫生法》、现《食品安全法》,食品指各种供人食用或者

烹饪加工手段的发展脉络

饮用的成品和原料以及按照传统既是食品又是药品的物品,但是不包括以治疗为目的的药品。这可理解为既包括原料,又包括成品;既包括"吃"的,又包括"喝"的。如果与饮食相比较,定义指向饮食的名词含义,即饮食对象食物。这还与《食品安全法》的适用范围,即食品加工、食品流通、餐饮服务是一致的。因此,这里的食品概念是以法律为基础的"大食品"的概念,即包括农业所提供的原料、食品工业提供的工业食品、餐饮业提供的烹饪产品(手工食品——菜肴、面点)、快餐业提供的快餐(快餐食品)。

相关知识

食 业

我们从食品的定义及其与相关产业的关系来导入食业的概念。

根据食品的法律定义,人类的饮食与农业、食品工业、餐饮业、快餐业4个产业均有极为密切的关系,而且不同产业为人们提供不同加工程度和不同性状的食品。不仅如此,4个产业之间也相互联系。首先,农业的一部分产品直接作为食品;同时,农业为食品工业、餐饮业、快餐业提供原料。其次,食品工业也为餐饮业、快餐业提供原料,例如,"小麦育种—小麦种植—面粉加工—面包焙烤—面包销售—面包食用"的链条中,是从农业—食品工业—餐饮业/快餐业的渐进过程。综上,我们可以按照食品的法律定义、食品链及人类饮食活动之间的关系,将4个产业界定为"食业",食品产业链的关系见图1-1。

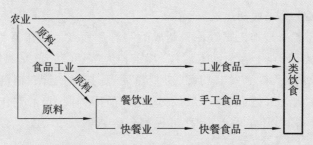

图1-1 农业、食品工业、餐饮业及快餐业与人类饮食活动之间的关系

三、消费者、餐饮企业与餐饮产品

❶ 消费者 国际标准化组织(ISO)认为,消费者是以个人消费为目的而购买、使用商品和服务的个体社会成员。关于消费者的概念,在各国法律中,以及一国各部门法律中均不尽相同。按不同的确认标准,大体分为3种:从经济领域角度,所谓消费者是指买主或从事者那里接受服务的人,包括为了购进商品和享受服务而接受从事者的提议和说明的人;从消费目的角度,消费者是有偿获得商品和接受服务用于生活需要的社会成员;以自然人为主要标准,《布莱克法律词典》认为,消费者是那些购买、使用、持有、处理产品或服务的个人,俄罗斯联邦《消费者权利保护法》将"消费者"定义为使用、取得、定制或者具有取得或定制商品(工作、劳务)的意图以供个人生活需要的公民等。我国《现代汉语词典》里关于消费者的解释是,为了生产或生活需要而消耗物质财富或接受有偿服务等的人,即消费者可以理解为是物质资料或劳务活动的使用者或服务对象。我国《消费者权益保护法》规定,消费者既包含消费者个人,也包括单位或集体。

❷ 餐饮企业 企业在《现代汉语词典》中的解释:从事生产、运输、贸易等经济活动,在经济上独立核算的组织,如工厂、矿山、铁路、公司等。它有能力作为独立实体经营运作从而获取利润(经济效益)。我们对企业可以理解为从事商品生产、商品流通或服务性经济活动,实行独立核算,以营利为

目的、依法成立的经济组织。而餐饮企业就是随着社会的进步,生产力的发展,第三产业兴起而产生的通过饮食加工制作、销售并提供饮食场所的方式,为消费者提供饮食消费服务的实行独立核算、以营利为目的、依法成立的经济组织。餐饮企业包括酒楼、宾馆、饭店、菜馆、饭铺、餐厅、小吃店、大排档、冷饮厅、酒吧、咖啡馆、茶馆等专门企业以及各种对外经营的食堂和摊车等。由此可见,餐饮企业一般应该满足3个要素:一是一定的场所和相应的设备、设施,餐饮企业要有一个固定的场所提供食品和服务,无论当场消费或外卖,都必须有设备、设施才可以进行生产;二是提供餐饮产品和服务,餐饮企业提供的商品包括餐饮产品和服务两个部分,越是高档的酒店、餐厅,提供的产品中服务所占的比例越大;三是一种经济行为,以营利为目的。

 餐饮产品 从餐饮企业经营上来说,餐饮产品是企业赖以生存和发展的基础,是企业生产经营系统的综合产出,企业的各种目标,如市场占有率、利润等都依附于餐饮产品之上。从餐饮产品概念上来说,按不同的分类依据有不同的分类方式。餐饮产品有狭义和广义之分:狭义的餐饮产品仅指菜肴;广义的餐饮产品一般指菜肴、餐饮服务和餐饮环境,即除菜肴之外,还包括劳务服务以及环境氛围等多种因素组成的有机整体。存在有形与无形的餐饮产品之分:有形餐饮产品是满足消费者需求的某种物质实体,包括菜肴、酒水,餐馆建筑、设施、用品等;无形餐饮产品是满足消费者需求的某种非物质实体,包括餐饮企业品牌、等级、特色、氛围,员工礼节礼貌、服务态度与行为等。

总之,不论餐饮消费需求中餐饮产品如何分类,餐饮产品与服务的比例如何变化,深究餐饮企业生存的根基,毋庸置疑还是狭义的餐饮产品。因为它是餐饮消费的初衷,其他所有含义都必须建立在它之上才有意义。因此,餐饮产品——菜点是餐饮企业经营和餐饮消费的首要和基础的环节,也是联系餐饮企业和消费者的桥梁和纽带。

相关知识

产品的概念及其层次

(一)产品的概念

人们通常所说的产品是指具有某种特定物质形状和用途的物品,是人们为了生存的需要,通过有目的地生产劳动所创造的物质资料。这是经济学上狭义的产品概念。而市场营销学中的产品是其广义的概念,是指企业向市场提供的能满足人们某种欲望和需要的任何事物。它既包括具有物质形态的产品实体,也包括非物质形态的利益。可见,市场营销学中产品概念已经远远超出了传统有形实物及生产劳动所得的范畴。

(二)产品的层次

企业在制订产品策略时,必须考虑产品的五个层次:核心产品、有形产品、期望产品、附加产品和潜在产品。

1.核心产品 核心产品也称实质产品,是指消费者购买某种产品时所追求的利益,也是消费者真正要买的东西,因而是产品中最基本、最主要的部分。消费者购买某种产品并不是为了占有或获得产品本身,而是为了获得能满足某种需要的效用或利益,如人们购买菜点等餐饮产品是为了充饥。

2.有形产品 有形产品是核心产品借以实现的形式,是向市场提供的实体和服务的形象。实际上,产品的基本效用必须通过某些具体的形式才能实现,如现代餐饮中的包子、饺子等。

3. 期望产品　期望产品是消费者购买产品时期望得到的一整套属性和条件。对于现代餐饮企业的消费者来说,期望的是清洁、安静的就餐环境,菜点原料选择、加工过程安全、健康,价格合理,服务周到细致等。

4. 附加产品　附加产品是指消费者购买有形产品时所获得的全部附加服务和利益。附加产品是一家企业的产品区别于另一家的重要标志,例如,餐饮门店提供免费、快速、准时送餐等。附加产品概念的提出是源于企业对消费者需要的深入认识,因为消费者购买产品是为了满足某种需要,因而他们希望得到与满足这种需要有关的一切。在目前的市场环境下,企业之间的竞争主要发生在附加产品层次上。

5. 潜在产品　潜在产品是指这种产品最终可能的所有增加和改变。附加产品已经表明了产品现在可以为消费者提供的附加利益,而潜在产品则指出了产品将来可能为消费者提供的利益和价值,这也是企业努力寻求满足消费者的需求,而与竞争者不同的特征。

任务二　厘清餐饮业与相关行业的关系

任务描述

在经济活动的过程中,各产业之间存在若干广泛的、复杂的和密切的经济技术联系。这种经济技术联系在产业经济学中也被称为产业关联。餐饮业作为"食业"的一部分,能促进农业的发展,推动食品工业及相关配套制造业,同时我们应了解餐饮业运作与农(林、牧、渔)业、制造业、零售业、住宿业、信息传输、软件和信息技术服务业、金融业、商务服务业、文化、体育和娱乐业行业的联系,以更好地发展餐饮业。

任务目标

(1)熟悉餐饮业的概念及其在国民经济中的地位。
(2)了解与餐饮业相关的国民经济行业。
(3)掌握餐饮业与相关行业之间的关系。

任务导入

情景:在瑞典斯德哥尔摩,有一家专卖瑞典肉丸的店,除了用餐区之外,这家店里还有点餐台和冰柜两个区域。点餐台上用黑板写着当天供应的肉丸以及菜式,每天都会有4种不同的搭配。冰柜里放着的是各种各样的肉丸,如牛肉丸、羊肉丸、猪肉丸、混合肉丸。你可以选择在这里进餐,或者买一盒肉丸自己回家做。这家店一边是吧台,一边是冷柜,我们可以用3个字来总结这样的方式——产品化。

问题思考:
(1)产品化解决了餐厅的什么问题?
(2)餐饮层面的零售有什么特点?

一、餐饮业

❶ **餐饮业的概念** 按《国民经济行业分类》的术语和定义,行业是从事相同性质的经济活动的所有单位的集合。以经济活动的同质性原则划分国民经济行业,即每一个行业类别按照同一种经济活动的性质划分的原则,餐饮业与住宿业划分在同一个大门类(H门类)中的62大类。餐饮业指通过即时制作加工、商业销售和服务性劳动等,向消费者提供食品、消费场所及设施的服务行业。其中餐饮业包含五大类,分别是正餐服务、快餐服务、饮料及冷饮服务、餐饮配送及外卖送餐服务和其他餐饮业。其中正餐服务是指在一定场所内提供以中餐、晚餐为主的多种中西式炒菜和主食,并由服务员送餐上桌的餐饮活动,如星级酒店的中餐厅、西餐厅、宴会厅等;快餐服务是指在一定场所内或通过特定设备提供快捷、便利的餐饮服务,如老娘舅、老乡鸡等快餐品牌;饮料及冷饮服务是指在一定场所内以提供饮料和冷饮为主的服务,如茶馆、咖啡馆、酒吧、奶茶店等都属于此类经营场所;餐饮配送是指根据协议或合同,为民航、铁路、学校、公司、机关等机构提供餐饮配送服务,外卖送餐服务指根据消费者的订单和食品安全的要求,选择适当的交通工具、设备,按时、按质、按量配送给消费者,并提供相应单据的服务;其他餐饮业业态形式丰富,提供全天就餐的简便餐饮服务,包括路边小饭馆、农家饭馆、流动餐饮和单一小吃等餐饮服务。

❷ **餐饮业在国民经济中的地位** 现代社会有三大产业,第一产业是农业,第二产业是工业(制造业),第三产业是服务业。餐饮业属于第三产业服务业,一般发达国家第二产业和第三产业占比在80%以上,我国由农业大国向工业大国转变,进而慢慢过渡到第三产业。餐饮业、旅游业、金融业等属于第三产业服务业,近年来的占比逐年上升。餐饮业是服务业中重要的行业,直接关系到人民的生命健康和生活水平。科学发展餐饮业,对提高人民饮食质量、扩大市场消费、拉动相关产业、增加社会就业、促进社会和谐等具有十分重要的作用。近年来我国餐饮业继续发展壮大,连续多年保持两位数的高速增长。中国餐饮业在"保增长、扩内需、促发展"的大背景下,总体规模日益扩大,在国民经济中的地位和作用明显提升和加强。

二、餐饮业与农(林、牧、渔)业

❶ **农(林、牧、渔)业概念** 农业,指对各种农作物的种植,包括谷物、豆类、薯类、蔬菜、食用菌、水果、坚果、香料、中药材等。林业是指保护生态环境和生态平衡,培育和保护森林以取得木材和其他林木产品,利用林木的自然特性以发挥防护作用的生产部门,是国民经济的重要组成部分之一,包含林木育种、造林和更新、森林经营和管护、森林改培、木材采运、竹材采运、林产品采集等。畜牧业,指为了获得各种畜禽产品而从事的动物饲养、捕捉活动,如牲畜饲养(牛、羊、猪等)、家禽饲养(鸡、鸭、鹅等)等。渔业,指捕捞和养殖鱼类和其他水生动物及海藻类等水生植物以取得水产品的社会生产部门,一般分为海洋渔业和淡水渔业。农、林、牧、渔业同属于一个门类(A类),并有一个共同的特征是都为餐饮业提供原料,因而,我们将其放在一起讨论,简称为"农业"。

❷ **餐饮业与农业关系** 农业为餐饮业提供物质基础,农副产品是餐饮业的主要原料来源,农副产品的产量和质量直接影响餐饮产品的质量;餐饮业的发展直接影响农业的产业结构,直接引导农业产品结构的调整和优化。农业和餐饮业在当今社会发展势头强劲,但都有其局限性。农业和餐饮业的发展相互关联,打造产销一体化的发展模式,将最大限度地实现双方和谐共"盈"。餐饮终端消费指导上游农业种植、养殖,使得上游农业的种植、养殖初步形成规模,发展为产业,传统农业逐步转型为数字农业,一方面帮助上游农民增加盈利,另一方面也保证了餐饮终端食材的稳定供给。由于产销一体化的发展模式,减少了很多中间商的流通环节,使得食材价格更加实惠,让餐饮业有了更大

的发展空间。

农业生产技术的变革推动了餐饮业加工技术的发展,通过先进的技术,农副产品的科技含量在不断地增加,农副产品的质量不断提高,农业产业链也在不断地延伸,各种新型的农副产品及其加工的半成品和成品正越来越多地进入市场,而作为与农业接触最密切的餐饮业只有不断进行烹饪技术的创新,才能对新型的农副产品进行有效的加工,增加餐饮产品的附加值,同时餐饮业对产品的高质量要求将刺激农业生产技术的提高。时代发展、社会进步和经济全球化的渗入,使餐饮业面临着前所未有的严峻挑战。因此,餐饮业不能再被动地接受农副产品,而是要依据其行业的标准化特点,对农副产品提出工艺和质量等特定要求。这无形中推动了农业生产技术的变革(如农作物高效育种及可控环境农业生产技术),不仅提高了农副产品的产量和质量,而且拓展了农副产品的产品范围和产品属性,加快了农业现代化和产业化的步伐。

三、餐饮业与制造业

❶ **制造业相关行业概念**　《国民经济行业分类》中指出,制造业包含31大类,其中农副产品加工业、食品制造业、酒、饮料和精制茶制造业和餐饮业息息相关。农副产品加工业指直接以农、林、牧、渔业产品为原料进行的谷物磨制、饲料加工、植物油和制糖加工、屠宰及肉类加工、水产品加工,以及蔬菜、水果和坚果等食品的加工。食品制造业包含焙烤食品、糖果、巧克力、蜜饯、方便食品、乳制品、罐头食品、调味品等制造。酒的制造包含白酒、啤酒、黄酒、葡萄酒等酒类制造。饮料制造包含碳酸饮料、果蔬汁、含乳饮料、植物蛋白饮料、固体饮料等饮料类制造。精制茶加工指对毛茶或半成品原料茶进行筛分、轧切、风选、干燥、匀堆、拼配等精制加工茶叶的生产活动。以上相关行业和餐饮业密切相关,我们简称为"制造业相关行业"。

❷ **餐饮业与制造业相关行业关系**　农副产品加工业是餐饮业利润水平、安全保障的重要影响因素,餐饮的主要原料为农副产品,上游行业包括畜牧业、水产业、肉类加工业、种植业、粮油加工业等种植、养殖行业和农副产品加工业,下游则直接面对消费者。农副产品加工的原料,如肉禽及水产的产量,容易受自然条件等不可抗力的影响而波动,并通过市场供求关系影响原料价格,产生价格波动,对餐饮业的成本造成影响。餐饮业是延伸农副产品产业链条的有效支撑,农副产品加工业助力餐饮消费升级。

餐饮业的发展依赖于食品制造业的发展,食品制造业的快速发展,不仅为餐饮业提供许多机械作业设备,使餐饮企业的劳动强度降低,工作效率提高,而且通过食品制造业不断研发产品,为餐饮业提供了花色繁多的调味品、方便食品等,从而丰富了餐饮产品,使人们享受到营养均衡、省时便利、符合口味、色香味俱全的饮食生活。社会大众的消费升级、团餐市场、乡厨市场的需求与预制食品,包括预制菜的供应相碰撞,催生出一片广阔的餐饮市场"蓝海",特别是预制菜等可同时覆盖农产品原料供应、初级加工、精深加工等,是拓展农产品原料用途的第四大出口,可实现原料的商品化、标签化、品牌化,有效延伸产业链。

"餐饮"由"餐"和"饮"组成,而"饮"是指能喝的食物,如茶、酒、饮料等,是"餐"的重要搭配。餐饮业门类包含饮料及冷饮服务,即茶馆服务、咖啡馆服务、酒吧服务等。以往对于餐饮品牌来说,餐是主体,饮是配角,近几年众多餐饮品牌对饮品的认知发生变化,开始意识到饮和餐有着同样重要的地位,开始积极寻求"餐+饮"的新模式,如谭鸭血火锅、红唇、仟吉等近百家连锁餐企已经在"深度合作"新式饮品。同时,餐饮饮品需要和餐食一样,具有稳定的品质、健康的选材、丰富的消费体验感,以及解渴、味蕾刺激等功能属性和社交属性,同时,还应独具自身品牌特色,这样才可以增加竞争力,提升销售利润。

四、餐饮业与零售业

❶ **零售业概念**　零售业指百货商店、超级市场、品牌专卖店、售货摊等主要面向最终消费者(如

居民等)的销售活动,以互联网、邮政、电话、售货机等方式的销售活动,还包括在同一地点,后面加工生产,前面销售的店铺(如面包房),但谷物、种子、饲料、矿产品、生产用原料、化工原料、农用化工产品、机械设备(乘用车、计算机及通信设备除外)等生产资料的销售不作为零售活动。多数零售商对其销售的货物拥有所有权,但有些则充当委托人的代理人,进行委托销售或以收取佣金的方式进行销售。零售业按销售渠道分为有店铺零售和无店铺零售,其中有店铺零售分为综合零售和专门零售。

❷ **餐饮业与零售业关系** 餐饮业与零售业是既近又远的关系。早前餐饮业和零售业井水不犯河水,两者的特性也是极其泾渭分明,从具体的经营形态来看,餐饮业是一个混沌系统,如谈及餐饮的服务、出品等都是个性化的,比起餐饮业,零售业可以说是一个标准系统。"餐饮零售化"是一个人造词,从概念本身出发,我们就可见它的两种模式:一是以餐饮为"火车头",由餐饮品牌带动零售化前进;二是以餐饮为"火车头",在这种模式下,零售化可能既是"车厢",还是"后备动力",在必要时,零售化这个车厢甚至还能变成新的火车头(由零售化改革带动餐饮发展或者零售化独立发展),如预制菜作为零售业的全新品类、日系便利店的餐饮化、盒马鲜生这类新零售业态等。

五、餐饮业与住宿业

❶ **住宿业的概念** 据《国民经济行业分类》划分,住宿和餐饮业为一个大门类(H门类),其中住宿业(61大类)是指为旅行者提供短期留宿场所的活动,有些场所只提供住宿,有些场所提供住宿、饮食、商务、娱乐等一体化服务,包含旅游饭店、一般旅馆、民宿服务、露营地服务等。旅游饭店是指按照国家有关规定评定的旅游饭店和具有同等质量、水平的饭店;一般旅馆指不具备评定旅游饭店和同等水平饭店的一般旅馆,如经济型连锁酒店;民宿服务指城乡居民及社会机构利用闲置房屋开展的住宿活动和短期出租公寓服务;露营地服务指在游览景区或其他地区,为自驾游、自行车游客及其他游客外出旅行提供使用自备露营设施(如帐篷、房车)或租借小木屋、移动别墅、房车等住宿和生活场所。

❷ **餐饮业与住宿业的关系** 在旅游构成的六大因素食、宿、行、游、购、娱中,食是旅游者最基本的旅游需求之一。据世界旅游组织调查,旅游支出的主要项目有餐饮、住宿、交通和购物,而餐饮的费用相当于旅游支出的18%~20%。餐饮是实现特色住宿的关键之一。随着社会经济的发展,住宿、交通、购物等环境设施各地区相差无几,因此,餐饮便成为特色旅游的重要利器。

餐饮业包括各类餐厅、酒吧等传统服务,如今大多数饭店的餐饮经营管辖范围已扩展至娱乐、会展等,这些餐饮经营场所是消费者经常活动的地方,是住宿消费者在饭店的活动中心,因此直接影响到消费者的体验感。餐饮收入是酒店营业收入的主要来源,一般来说,餐饮收入约占酒店营业收入的三分之一,经营得好的酒店,其餐饮收入可与住宿收入相当,甚至超过住宿收入,如某集团经营的酒店主打的就是特色美食餐饮。餐饮部的服务场所是社交、集会的理想场所。餐饮部的经营管理、服务质量,往往关系到酒店的声誉和形象,进而影响客源,因此提高餐饮部的服务质量、改善餐饮设施已经成为发展住宿服务的重要手段。当住宿消费者看到整洁舒适的就餐环境,享受到优质的餐饮服务,对住宿的整体印象就会迅速提高;反之,对住宿的整体印象就会大打折扣。

六、餐饮业与信息传输、软件和信息技术服务业

❶ **信息传输、软件和信息技术服务业概念** 按照《国民经济行业分类》规定,信息传输、软件和信息技术服务业门类包括电信、广播电视和卫星传输服务,互联网和相关服务,软件和信息技术服务业,其中后两大门类和餐饮业联系密切。互联网,又称网际网络,这些网络以一组通用的协议相连,形成逻辑上的单一巨大的全球化网络,在这个网终中有交换机、路由器等网络设备、各种不同的连接链路、种类繁多的服务器和数不尽的计算机、终端。使用互联网可以将信息瞬间发送到千里之外,它

是信息社会的基础。软件和信息技术服务是指对信息传输、信息制作、信息提供和信息接收过程中产生的技术问题或技术需求所提供的服务。我们以信息传输、软件和信息技术服务业在餐饮业的运用来分析两者关系：餐饮信息化为餐饮业的消费者、员工、供货商以及投资者提供解决方案，如为管理者提供节省运营成本、提高运营质量和管理效率的信息化管理和控制技术；为投资者、股东提供清晰的财务账目，规范优化投资行为和资产的管理；为消费者提供更加优质的服务。这不仅仅停留在现在的点菜、收银方面，还有个性化的客户服务、需求分析等，为与企业合作的供应商、合作伙伴提供一个优质的合作与交流平台等。

❷ **餐饮业和信息传输、软件和信息技术服务业关系**　数字化包括业务和管理两方面。餐饮业数字化业务上，从预订、点餐、结账、评价等全流程让消费者全方位感受到更便捷的消费体验；管理上，通过数字化工具，企业经营从原料采购、菜点更新、订餐收银、消费者管理等环节推动业务发展，从而实现降本增效。一方面，数字技术通过创造新消费场景，构建线上业务渠道，降低餐饮业的时空制约，餐饮业形成线上、线下良性循环的发展局面；另一方面，数字化推动智能机器人、大数据系统等在餐饮领域的应用，提高了餐饮业的生产和服务效率，也有效提升了投资者、股东对餐饮业的投资意愿。随着技术创新的溢出效应，服务新模式和新业态不断涌现，数字化引导下的餐饮业一定程度上克服了传统服务业大量依赖劳动力、物力投入的发展困境，一定程度上降低了成本。数字化所带来的餐饮服务平台，有效降低了信息不对称，加强了服务质量的公开透明，激励餐饮企业主动提升服务水平，促进餐饮业的高质量发展。

人工智能技术作为一种现代化高新技术，具有显著的技术特点与优势，在餐厅中的有效应用能够促进餐饮服务品质的提升，且推动餐饮业的现代化和智能化发展。人工智能在餐饮业的运用体现在以下几方面，如门禁智能安防、餐厅智能灯光、智能点菜和收银、餐厅温度智能控制、智能送餐、智能餐饮原料管理等。通过使用人工智能技术，一方面能够满足消费者更多人性化的需求，且借助人工智能技术完成信息数据的收集，能够向制造商提供消费者的习惯和喜好，便于进行产品的"量身定制"；另一方面，在餐饮空间方面，智能化的空间功能和用餐体验已经成为餐饮业发展的重要内容，借助人工智能技术能够更好地吸引消费者的关注，有效提升餐饮企业的竞争力。

七、餐饮业与金融业

❶ **金融业相关产业概念**　在《国民经济行业分类》中，金融业包含货币金融服务、资本市场服务、保险业、其他金融业，其中资本市场又称长期资金市场，是金融市场的重要组成部分。作为与货币市场相对应的理论概念，资本市场通常是指进行中长期（一年以上）资金（或资产）借贷融通活动的市场，在长期金融活动中，涉及资金期限长、风险大，具有长期较稳定收入，类似于资本投入。资本市场服务包含证券市场服务、期货市场服务、资本投资服务等。

❷ **餐饮业与资本市场关系**　我国餐饮企业在创业期和成长期的资金主要依赖于自有资金，而到了成熟期会倾向于银行借贷和发行股票，衰老时期主要依靠银行借贷，民间借贷也大幅上升。对于银行借贷来说，它是随着餐饮企业的发展而增加的，在衰退期银行借贷达到顶峰。对于发行股票来说，它们主要在餐饮企业的成熟时期达到顶峰。资本助力餐饮企业快速成长，无论是中国国内市场，还是全球国际市场，餐饮业融资交易在近几年都十分活跃，其中不乏行业巨头借助资本力量进行整合。从宏观的层面来看，随着经济的发展，中国正处在产业结构升级的长期路径上，第三产业GDP占比正在逐年提高，中国庞大的人口基数孕育了万亿级别的餐饮市场规模，是第三产业的重要支柱。随着未来城镇化率和人均可支配收入的进一步提升，餐饮市场的存量和增量仍有很大提升空间。而资本作为企业发展生命周期中的关键要素，有助于提升企业的品牌价值和市场影响力，帮助企业把握潜在机会，谋求高质量发展。不同的资本运作方式在企业生命周期的不同阶段具有重要意义，包括上市前股权融资、首次公开募股（IPO）、上市后并购等。资本市场的助力伴随餐饮企业发展的各个

阶段,提供全方位的支持与帮助。

八、餐饮业与租赁和商务服务业

❶ 租赁和商务服务业概念 租赁和商务服务业包含租赁业和商务服务业,商务服务业种类繁多,涉及组织管理服务、法律服务、咨询与调查、广告业、人力资源服务、安全服务保护、综合管理服务等,其中组织管理服务中的单位后勤管理服务和综合管理服务中的供应链管理服务和餐饮业关系最密切。

"后勤"一词源自希腊文,意为"计算的科学",是对后方勤务的简称。它最早用于军队,曾经作为军事术语被人们熟知,指为军队提供物资和技术保障的体系。随着时代变迁,后勤一词的含义和使用范围不断延伸,演变为政府机构、企事业单位及不同种类的社会组织和团体提供物资和技术保障的体系。广义上看,后勤指为满足一个组织正常运转的需求所要提供的相关管理工作。单位后勤管理服务是指为企事业、机关等单位提供综合后勤服务的活动。"餐饮+后勤管理服务"就是我们通常说的"团餐",其市场结构有各类公司团体膳食、各类企业团体膳食、事业单位团体膳食、机关单位团体膳食、各类学校团体膳食等。

❷ 餐饮业与商务服务业关系 供应链是以客户需求为导向,以提高质量和效率为目标,以整合资源为手段,实现产品设计、采购、生产、销售和服务等全过程高效协同的组织形态。餐饮供应链是餐饮业的基础,以提供餐饮门店所需的各类食材为主要目的,经过原料采购、生产加工、配送、销售等环节。餐饮业供应链的基本含义是在供应链内涵的基础上,结合餐饮业的特征和经营模式,即以餐饮为核心,借助互联网,通过统一标准化的管理模式达到各个环节的共赢,其中包括原料生产商、制造商、供应商以及餐饮连锁企业的总部、分店乃至消费者。信息流、资金流、物流的快速流通,使供应、生产、运输、加工、销售完美衔接。餐饮产品前期、中期、后期与市场之间形成了良好的互动和影响。

九、餐饮业与文化、体育和娱乐业

❶ 文化、体育和娱乐业概念 文化和娱乐业包含新闻和出版业、广播、电视、电影和录音制作业、文化艺术业、体育、娱乐业,其中广播、电视、电影和录音制作业中包含影视节目制作,是指电影、电视、录像(含以磁带、光盘为载体)和网络节目的制作活动,该节目可以作为电视、电影播出、放映,也可以作为出版、销售的原版录像带(或光盘),还可以在其他场合宣传播放,还包括影视节目的后期制作,但不包括电视台制作节目的活动。文化艺术业中的文物是指对具有历史、文化、艺术、体育、科学价值,并经有关部门鉴定,列入文物保护范围的不可移动文物的保护和管理活动。文化艺术业中的非物质文化遗产,根据2011年《中华人民共和国非物质文化遗产法》中界定,它是指各族人民世代相传并视为其文化遗产组成部分的各种传统文化表现形式,以及与传统文化表现形式相关的实物和场所,包括①传统口头文学以及作为其载体的语言;②传统美术、书法、音乐、舞蹈、戏剧、曲艺和杂技;③传统技艺、医药和历法;④传统礼仪、节庆等民俗;⑤传统体育和游艺;⑥其他非物质文化遗产。

❷ 餐饮业与影视节目制作 随着各项事业的繁荣发展,我国社会主义初级阶段的主要矛盾已由人民日益增长的物质文化需要同落后的社会生产之间的矛盾转化为人民日益增长的美好生活需要和不平衡不充分的发展之间的矛盾。由此,人们对饮食的基本生理需求逐步转变为更高层次的精神需求,电视行业对于餐饮的关注在不同的社会发展阶段也呈现出不同的特点。改革开放时期是餐饮文化节目的初创期,此时餐饮仅仅作为节目讨论的话题之一出现在生活服务类影视节目中。到了1999年,《天天饮食》节目将餐饮作为独立的节目形式,这时的饮食文化类影视节目进入探索期。随后,餐饮类影视节目顺应时代发展潮流,紧跟时代发展步伐,出现了现场教学型、竞技型、旅游型、纪录片型等多样化的影视节目。《舌尖上的中国》节目的出现,开启了餐饮文化类影视节目的新篇章,

节目将餐饮与文化相结合,回溯中华美食所植根的文化渊源,讲述地域美食描绘的文化传统,展示精湛的厨艺,进一步促进了中华烹饪文化的传播与发展。在这一阶段,餐饮类影视节目进入繁荣发展时期。

❸ **餐饮业与非物质文化遗产** 非物质文化遗产(简称非遗)是经过长期的历史积淀,形成的珍贵文化财富,具有丰厚的历史和人文价值,是人类某一发展时期或阶段的映射。与物质文化遗产的不同之处在于,非遗需要"人"来传承其独特的技术工艺、匠心精神和传统文化内涵。与"吃、喝"相关的餐饮类非遗是中华博大精深饮食文化的重要组成部分,更需要保护传承,使其源远流长。在相关文件出台后,我国自上而下(国家、省直辖市及自治区、地市、县区)开展了一系列非遗保护工作。就国家级而言,2006年、2008年、2011年、2014年、2021年,国务院分别批准公布了我国五批国家级非遗代表性名录,而其中餐饮类非遗代表性项目比重较低,饮食文化的挖掘不够深入,类别上主要以技艺类为主,民俗类较少。饮食类非遗计75项,其中菜肴及相关菜系烹饪技艺19项,占比25.33%,宴席4项,占比5.33%。值得一提的是,2021年,由中国烹饪协会申报的"中国烹饪技艺与食俗"成功列入第五批国家级饮食类非遗代表性项目,为下一步申报联合国教科文组织人类非物质文化遗产代表作名录奠定了基础。可喜可贺的是,2022年,"中国传统制茶技艺及其相关习俗"被列入联合国教科文组织人类非物质文化遗产代表作名录。

产生于餐饮业和"餐饮人"的饮食类非遗,是推广饮食类非物质文化的重要支柱。以行业协会联合相关企业建立地方菜非遗产业化基地,举办以"活态传承,活力再现"为主题的非遗博览会,意在展示"活态非遗";举办"舌尖上的非遗"等系列活动,创造体验式的文化交互,增强非遗的体验性;创新形式,以纪录片的形式,将人、事、物用影像"留存"下来,记录饮食类非遗的传承技艺。在对传承人的保护上,从2006年开始,我国实施了代表性项目和代表性传承人保护制度,国家级共计3068名,地方认定的传承人数量更多,形成了以代表性项目和代表性传承人为核心的非遗保护实践体系,充分体现了以人为中心的保护主旨。

习近平总书记在二十大报告中指出,坚持和发展马克思主义,必须同中华优秀传统文化相结合。习总书记的指示为饮食类非遗保护传承指明了方向。饮食类非遗项目蕴含丰富的文化意义、社会功能和当代价值,餐饮业应该担当起保护和传承饮食文化,增进国际饮食文化的交流和对话,丰富人们的精神生活的使命。

 相关知识

《国民经济行业分类》包括哪些类别

《国民经济行业分类》是中华人民共和国国家标准,规定了全社会经济活动的分类与代码。1984年,由国家统计局、原国家标准局、原国家计划委员会、财政部联合制定的《国民经济行业分类与代码》(GB/T 4754—1984)是其最初版本。1994年、2002年、2011年和2017年,国民经济行业分类国家标准历经四次修订,并更名为《国民经济行业分类》。分类采用经济活动的同质性原则划分,每一行业类别按照同一种经济活动的性质划分。分类共分为门类、大类、中类和小类四个层次,共包含门类20个,大类97个,中类473个和小类1382个,每个类别都按层次编制了代码。门类用一个英文大写字母表示(如A、B、C……),大类用2位阿拉伯数字表示,中类用3位阿拉伯数字表示(前2位为大类代码,第3位为中类的本体码),小类用4位阿拉伯数字表示(前3位为中类代码,第4位为小类的本体码)。

餐饮业在《国民经济行业分类》的20个门类中的H门类住宿和餐饮业中的62大类,包括5个中类,即正餐服务、快餐服务、饮料及冷饮服务、餐饮配送及外卖送餐服务、其他餐饮业等。

任务三 追溯餐饮教育发展历程

任务描述

餐饮教育是根据社会的现实和未来对餐饮业人才的需要，遵循餐饮专业学生身心发展的规律，有目的、有计划、有组织、系统地引导学生获得餐饮知识与技能，陶冶思想品德、发展智力、体力、审美能力的一种活动，以便把学生培养成适应餐饮业发展需要、促进社会和谐的餐饮业人才。本任务阐述餐饮教育发展的历史沿革和餐饮教育的专业设置。

任务导入

情景一：小张同学从小就对美食很感兴趣，也喜欢酒店的工作环境，高中毕业后他坚定地选择高职类餐饮专业，但在具体选择专业时他却犯了难，不知道这些专业的职业方向和具体的培养目标。

情景二：小李同学是餐饮智能管理专业的一名大一新生，入学时他对自己的专业充满了无限的期待和向往，他认为餐饮智能管理专业应该整天和人工智能等新技术、新设备打交道，没想到还需要学习餐厅服务基本技能、中西菜肴制作等课程，这和他想象中的完全不是一回事。

问题思考：

(1)请你向小张同学具体介绍高职餐饮类不同专业的职业方向和具体的培养目标。

(2)请你为小李同学介绍餐饮智能管理专业的发展及设置相关课程的目的和作用。

任务目标

(1)了解中国餐饮教育发展的历史沿革。

(2)熟悉餐饮教育的专业设置。

知识精讲

一、中国餐饮教育发展的历史沿革

教育有广义和狭义之分。广义的教育泛指一切有目的地影响人的身心发展的社会实践活动。这里特指狭义的教育，是指专门组织的教育——学校教育，而且是全日制的学校教育。

如前所述，餐饮的核心要义是即时加工制作菜点、商业销售、服务消费者。制作的菜点是餐饮的核心产品，其加工手段烹饪是餐饮的核心内容。因此，我们探讨餐饮教育亦以烹饪教育为例展开。纵观我国烹饪教育，上海基督教会出版了一本《造洋饭书》，是供人们学习西方家常主副食烹制方法和厨房卫生须知的第一本近代烹饪教材。此后，有的教会学校设立家政系，教授烹饪课程，四川的黄敬临先生也在成都女子师范学校开课教授中国烹饪技术，开风气之先。中华人民共和国成立后，中国烹饪教育发展大体经历了三个阶段。

一是起步阶段。中华人民共和国成立 10 年后，我国烹饪教育从中等职业教育起步，陆续开办烹饪技工学校，培训厨师，后来又出版了《烹调技术》《烹饪原料知识》《烹饪原料加工技术》《饮食营养卫生》《面点制作技术》和《饮食业成本核算》6 本教材。20 世纪 50 年代末，原黑龙江商学院学习苏联的经验，创办了公共饮食系，举办了两届烹饪专科教育，接着招收烹饪本科班，由于当时粮食紧缺，烹饪

黑龙江商学院 1959 级首届烹饪学子梁宗达的母校情怀

本科班转为食品专业。尽管如此，这是我国烹饪高等教育的起点，为后续烹饪教育的发展奠定了基础。

二是发展阶段。烹饪教育的发展是与经济社会的发展密切相关的。改革开放以来，人们生活水平不断提高，老百姓的餐桌已由20世纪70年代的粗粮杂食是主食——百张餐桌的膳食是相似的，向20世纪80年代蔬菜水果样样全——从温饱逐渐走向小康的时代过渡。餐饮业最先走出计划经济体制，出现了大发展、大繁荣的局面，因此对餐饮烹饪人才培养提出了新的要求。1983年，举办烹饪专科教育（原江苏商业专科学校，现扬州大学）；1985年，原商业部成立了专门从事烹饪的专科层次学校（原四川烹饪高等专科学校，现四川旅游学院）；1985—1988年，原商业部在本科高等学校（原黑龙江商学院，现哈尔滨商业大学）为中高职烹饪院校培养了4届烹饪师资班，1届师范班；1989年，教育部批准举办烹饪本科（原黑龙江商学院餐饮企业管理专业（烹饪营养方向））。此外，还有原吉林商业高等专科学校（现吉林工商学院）、原北京商学院（现北京工商大学）一分部（与北京服务管理学校合作）、原广东商学院（现广东财经大学）等院校举办专科层次的烹饪教育，逐步形成了全国商业高等院校举办烹饪专科教育的格局。至此，烹饪才作为一门学科受到国家和社会的重视，烹饪教育的建立和建设才被提到议事日程上。1993年，原黑龙江商学院利用学科群优势，在食品科学目录下招收了首届烹饪科学硕士研究生2名，这表明烹饪学科硕士培养的开始。首届烹饪科学硕士毕业时（1996年4月）中央电视台晚间新闻播出该消息，新华社发出通稿，人民日报等全国各类报纸报道，2000年元旦，《中国食品报》在世纪回眸栏目刊登了首届烹饪科学硕士毕业这一事件。之后，原黑龙江商学院连续培养传统食品工业化、现代快餐方向（烹饪科学的研究方向之一）的硕士研究生。20世纪90年代中后期，全国相关院校开始开设烹饪营养教育本科专业，为全国中高职学校培养烹饪教师，目前已有近30所院校开设这一专业。

值得一提的是，主管餐饮服务行业和餐饮烹饪教育的原商业部审时度势，于1987年倡导成立了餐饮行业的第一个国家级协会组织——中国烹饪协会，提出了"中国烹饪是科学、是文化、是艺术"。这对于提升中国烹饪的地位，特别是在国际上的地位起到了决定性的作用。原商业部教育司积极推进烹饪专业学科建设，从抓师资队伍到抓教材建设，做了大量卓有成效的工作。

原商业部教育司积极推进烹饪专业学科建设纪实

三是繁荣阶段。伴随着经济社会发展，进入21世纪以来，烹饪教育逐渐在教育体系中壮大。2000年，教育部职教师资培训基地开始培养烹饪职教师资硕士，原黑龙江商学院2000年在食品科学（烹饪与营养方向）、2001年调整为食品科学目录下招生；扬州大学2003年在课程教学论（烹饪教育方向）、2004年调整为食品科学（烹饪科学方向）、2005年进一步调整为食品科学目录下招生。2006年，哈尔滨商业大学食品科学学科被批准为博士学位授予点单位，其中一个方向是餐饮食品（传统食品）工业化，这表明烹饪学科博士培养的开始。2016年，教育部正式批准哈尔滨商业大学设立烹饪科学硕士学位点。

党的十八大以来，习近平总书记高度重视职业教育，指出"职业教育前途广阔、大有可为"等。国家层面出台了一系列政策和法规，国务院印发《国家职业教育改革实施方案》（职教20条），中共中央办公厅、国务院办公厅印发了《关于推动现代职业教育高质量发展的意见》（职教22条），2022年5月1日实施新的《中华人民共和国职业教育法》，中共中央办公厅、国务院办公厅印发《关于深化现代职业教育体系建设改革的意见》（职教14条），这些都为职业教育提供了新的发展机遇。在此背景下，餐饮职业教育也取得了令人瞩目的进展，其中餐饮职业本科教育是构建现代职业教育体系的关键环节和重要标志。餐饮职业本科教育从2020年4月论证申报开始，到2021年3月烹饪与餐饮管理专业目录的颁布，再到2022年9月专业简介的发布，无疑为餐饮职业本科教育的开办提供了良好的契机。一方面，烹饪与营养教育专业与烹饪与餐饮管理专业同属于本科层次，又有相同的"烹饪基因"，目前举办烹饪与营养教育专业的院校可以顺利开办烹饪与餐饮管理本科专业；另一方面，全国职业本科大学、全国21所具有餐饮类专业"双高"A类和B类资质的建设院校，有多所学校正在申请开办烹饪与餐饮管理专业。这些为烹饪与餐饮管理专业的开办提供了良好的基础。图1-2是我国烹饪教育发展历程,从图中烹饪教育发展的时间节点看,烹饪教育的发展是曲折的。

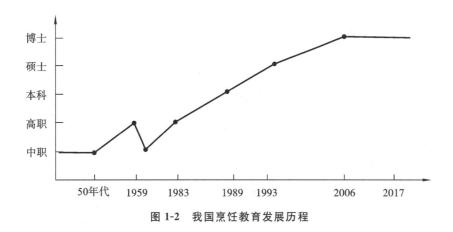

图1-2 我国烹饪教育发展历程

二、餐饮教育的专业设置

(一)我国现代烹饪教育体系现状

从我国现代烹饪教育体系现状看,从20世纪50年代的中等层次烹饪职业教育开始,历经70多年的发展,烹饪教育在办学层次上形成了中职、高职、本科、硕士、博士5个办学层次;在办学类型上形成了烹饪职业教育、烹饪职业技术师范教育、烹饪学科教育3种办学类型;在学校等级上形成了中等职业学校、高等职业学校、普通高等学校、高等师范学校的办学格局。我国现代烹饪教育体系现状如图1-3所示。

(二)餐饮职业教育专业及其专业简介

当下我国烹饪教育体系主要由烹饪职业教育、烹饪职业技术师范教育、烹饪学科教育所构成。对于烹饪职业教育而言,只有中职烹饪职业教育和高职专科烹饪职业教育,高职本科职业教育目前有了专业目录和专业简介,在2023年将有学校开办。

餐饮职业教育的专业设置应与餐饮职业岗位对接。在国家国民经济行业分类之餐饮业的框架下,按照"专业设置与产业需求对接、课程内容与职业标准对接、教学过程与生产过程对接"的要求,这是以类型教育为特征的职业教育,培养符合餐饮劳动力市场需求的高质量技术技能型人才的基本原则,其中,专业设置与产业需求对接,是处理好人才培养"供与求"精辟的表述,回答了设置专业需遵循的根本原则。餐饮职业教育是为餐饮业提供人才的教育。微观而言,餐饮业中的职业工作岗位是人才的需求侧,餐饮教育是餐饮业工作岗位人才的供给制,需求决定供给,这是供求规律在餐饮职业教育中的具体体现。

教育部2021年3月修订并颁布了《职业教育专业目录(2021年)》,餐饮类专业中等职业教育3个专业,高等职业专科5个专业,高职本科1个专业。接着研制餐饮类专业的《专业简介》和《专业教学标准》,并于2022年9月发布了《职业教育专业简介》。《职业教育专业简介》是介绍餐饮专业基本信息与人才培养核心要素的标准文本,是职业教育国家教学标准体系的重要组成部分,对于落实立德树人的根本任务,规范餐饮职业院校教育教学、深化育人模式改革、提高人才培养质量等具有重要基础性意义。2022年版《职业教育专业简介》将中职、高职专科、高职本科专业简介框架统一调整为9项内容:专业代码、专业名称、基本修业年限、职业面向、培养目标定位、主要专业能力要求、主要专业课程与实习实训、职业类证书举例、接续专业举例。高职专科餐饮类5个专业的职业面向与培养目标定位见表1-1。

《职业教育专业简介》(烹饪专业)

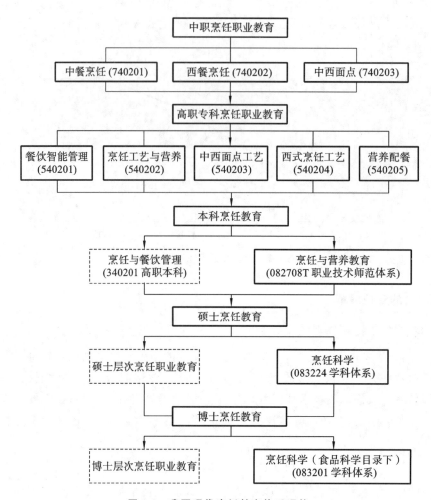

图 1-3　我国现代烹饪教育体系现状

表 1-1　高职专科餐饮类 5 个专业的职业面向与培养目标定位

专业代码	专业名称	职业面向	培养目标定位
540201	餐饮智能管理	面向餐饮服务人员等职业，餐饮生产管理、餐厅服务、餐饮运营管理等岗位（群）	培养德智体美劳全面发展，掌握扎实的科学文化基础和饮食文化、餐饮产品生产与服务、智能化设备使用、餐饮市场营销等知识，具备餐饮生产管理、门店运营管理、餐饮服务及宴会设计等能力，具有工匠精神和信息素养，能够从事餐饮产品生产和质量管理、餐厅服务与管理和餐饮数字化运营管理等工作的高素质技术技能人才
540202	烹饪工艺与营养	面向中式烹调师、中式面点师、营养配餐员等职业，烹饪原料加工、中式烹饪、宴会设计、厨房运行等岗位（群）	培养德智体美劳全面发展，掌握扎实的科学文化基础和饮食文化、饮食营养、科学烹饪、厨房运行等知识，具备烹饪、菜点质量控制、宴会策划及厨房生产组织等能力，具有工匠精神和信息素养，能够从事中式菜点烹饪、营养配餐、宴会设计、厨房管理等工作的高素质技术技能人才

续表

专业代码	专业名称	职业面向	培养目标定位
540203	中西面点工艺	面向中式面点师、西式面点师等职业，面点配料、中西面点制作、营养配餐、厨房运行管理等岗位（群）	培养德智体美劳全面发展，掌握扎实的科学文化基础和营养与卫生、面点制作工艺、厨房管理等知识，具备中西面点生产与运行管理、食品营养分析、食品安全控制等能力，具有工匠精神和信息素养，能够从事面点原料采购、配料、中西面点制作、营养配餐、厨房运行管理等工作的高素质技术技能人才
540204	西式烹饪工艺	面向西式烹调师、西式面点师等职业，西餐烹饪、营养配餐、西餐宴会设计、厨房运行等岗位（群）	培养德智体美劳全面发展，掌握扎实的科学文化基础和烹饪原料、西餐菜点工艺、营养与卫生、西餐宴会设计等知识，具备西餐菜点设计制作、宴会设计、营养配餐、厨房管理、食品安全控制等能力，具有工匠精神和信息素养，能够从事西餐烹饪、西餐宴会设计、西餐厨房运行管理等工作的高素质技术技能人才
540205	营养配餐	面向营养配餐员等职业，营养膳食设计、营养餐烹饪、厨房管理等岗位（群）	培养德智体美劳全面发展，掌握扎实的科学文化基础和饮食营养、烹饪原料、烹饪工艺等知识，具备营养膳食食谱设计、营养膳食制作、餐饮食品安全控制等能力，具有工匠精神和信息素养，能够从事营养膳食设计、营养餐烹饪和厨房管理工作的高素质技术技能人才

结合表1-1与《职业教育专业简介》，可以看到不同层次餐饮专业的培养规格、能力要求、课程体系有机贯通、逐层提升。这可促进中职学生升高职专科、高职本科，高职学生升本科的贯通融通培养，也为继续学习时的专业选择提供了参考，同时为畅通技术技能人才成长成才打开了通道。

(三)餐饮业职业与餐饮教育专业

餐饮业按照"从事相同性质的经济活动的所有单位的集合"的行业概念，餐饮业在《国民经济行业分类》的20个门类H门类住宿和餐饮业中的62大类，下有正餐服务等5个中类(表1-2)。

表1-2 《国民经济行业分类》中餐饮业分类一览表

代码		类别名称
中类	小类	
621	6210	正餐服务
622	6220	快餐服务
623		饮料及冷饮服务
	6231	茶馆服务
	6232	咖啡馆服务
	6233	酒吧服务
	6239	其他饮料及冷饮服务
624		餐饮配送及外卖送餐服务
	6241	餐饮配送服务
	6242	外卖送餐服务

续表

代码	类别名称
629	其他餐饮业
6291	小吃服务
6299	其他未列明餐饮业

❶ **餐饮业职业分析** 职业是指从业人员为获取主要生活来源所从事的社会工作类别。职业分类是按照职业的工作性质、工作方式等的区别,对社会职业及其类别所进行的系统划分和归类。《中华人民共和国职业分类大典》(2022年版)将职业分为8个大类、79个中类、449个小类、1636个细类(职业)。根据工作性质的同一性进行划分,住宿和餐饮服务人员(4-03,GBM40300)位于第四大类"社会生产服务和生活服务人员"中,二者职业活动涉及的知识领域,对服务对象——人提供的产品和服务具有同一性。

根据从业人员的技术性质、工作条件和工作环境等,餐饮职业人员分为餐饮服务人员,即小类(4-03-02,GBM40302),在其之下细分为13个职业,即中式烹调师(4-03-02-01)、中式面点师(4-03-02-02)、西式烹调师(4-03-02-03)、西式面点师(4-03-02-04)、餐厅服务员(4-03-02-05)、营养配餐员(4-03-02-06)、茶艺师(4-03-02-07)、咖啡师(4-03-02-08)、调酒师(4-03-02-09)、调饮师(4-03-02-10)、食品安全管理师(4-03-02-11)、侍酒师(4-03-02-12)、宴会定制服务师(4-03-02-13)。这是按照提供"吃的"——菜肴、面点,"喝的"——茶、咖啡、酒、饮料,以及提供相应的服务与管理,按照服务对象的同一性、服务的类别来划分的。

❷ **餐饮教育专业划分** 职业教育专业是社会分工和社会职业催生而来的。职业教育以就业为导向,专业设置在范围上要实现有效甚至是无缝对接,在层次上还要高于社会职业。社会是发展的,新的职业不断出现,而专业调整又是间歇式的,因此需要形成动态平衡。基于此,我们从理论上探讨与餐饮职业对应的餐饮职业教育专业的划分(表1-3)。

表1-3 与餐饮职业对应的餐饮职业教育专业的划分

餐饮业类别	正餐、快餐服务 菜点制作服务	茶、咖啡、酒及其他饮料 饮品制作与服务	配送外卖服务	小吃与其他 餐饮业
餐饮业职业	中式烹调师 中式面点师 西式烹调师 西式面点师 营养配餐员	茶艺师 咖啡师 调酒师 调饮师 餐厅服务员 侍酒师 食品安全管理师 宴会定制服务师 饮品制作服务		
餐饮业专业设置	中餐烹饪 (中餐烹调、中式面点制作) 西餐烹饪 (西餐烹调、西式面点制作) 营养配餐 餐饮管理			新开发专业

18

专业设置与产业需求、课程内容与职业标准、教学过程与生产过程的"三对接",是构建纵向贯通、横向融通的中国特色现代职业教育体系的核心内容,餐饮类专业体系要以餐饮行业为立足点,分析职业以及对接专业。专业体系与职业体系对接是动态的,新经济、新技术、新职业、新业态、新模式、新职业场景都将导致专业体系发生新的变化,餐饮院校要特别关注传统餐饮业升级与新型餐饮产业,如机器人餐厅等给专业设置的影响,结合区域经济发展,准确把握餐饮职业教育在餐饮企业的"技术是本质、职业是定位"的特征,实事求是,宽窄结合,适时调整专业方向(专门化),以适应餐饮业人才市场对餐饮人才的需求。

项目小结

通过本项目的学习,我们对餐饮及相关概念、餐饮业与相关行业的关系和餐饮教育的发展历程及所学专业定位有了清晰的把握,我们以思维导图总结(扫描二维码即可获取)。

思维导图

同步测试

同步测试
答案

一、选择题

1.（　　）是描述、记载人们吃喝活动的最广泛的称呼与概念,涉及食品从生产、流通到消费的全过程中发生的经济、管理、技术、科学、艺术、观念、习俗、礼仪等方面的各个环节。

A. 饮食　　　　B. 餐饮　　　　C. 烹饪　　　　D. 餐饮企业

2. 在经济活动的过程中,各产业之间存在若干广泛的、复杂的和密切的经济技术联系。这种经济技术联系在产业经济学中也被称为产业关联。餐饮业作为"食业"的一部分,与哪些行业存在关系?（　　）

A. 农业　　　　B. 制造业　　　C. 零售业　　　D. 住宿业

3.《餐饮职业教育专业简介》(2022年修订)(高职-5402餐饮类)共设置（　　）专业。

A. 3个　　　　B. 4个　　　　C. 5个　　　　D. 6个

二、填空题

1. 烹饪产品是加工烹饪原料制成的菜肴和面点。制作菜肴,行业上称为"烹调",其工种为（　　）;制作面点,行业上称为面点制作,其工种为（　　）。

2. 无论是菜肴,还是面点,制作过程需要操作者通过（　　）（　　）（　　）3个要素。

3. 餐饮业在《国民经济行业分类》的20个门类H门类住宿和餐饮业中的62大类,包括5个中类,即（　　）、（　　）、（　　）、（　　）、（　　）。

4. 当下我国烹饪教育体系主要由（　　）、（　　）、（　　）构成。对于烹饪职业教育而言,只有中职烹饪职业教育和高职专科烹饪职业教育,高职本科职业教育目前有了专业目录和专业简介,在（　　）年将有学校举办。

三、简答题

1. 谈谈你对餐饮业发展趋势的看法。

2. 关联产业对餐饮业的作用主要体现在哪些方面?如何运用好相关关系促进餐饮业的发展?

项目二

探寻中国餐饮文化

扫码看 PPT

项目描述

餐饮文化是有关餐饮的物质成果和精神成果的总和,是一个文化体系,是民族文化、时代精神和社会文化的特殊组合。本项目将从餐饮文化的内涵、餐饮文化的特征和餐饮文化传承三个方面来诠释餐饮文化的相关实质内容,探索并研究餐饮文化在餐饮发展中的重要作用和历史定位。

项目目标

(1) 了解餐饮文化的内涵。
(2) 熟悉餐饮文化的特征。
(3) 掌握餐饮文化传承的三大要素。

任务一 挖掘餐饮文化内涵

任务描述

文化是民族的血脉,人民的精神家园,中华文化历史悠久,辉煌灿烂。通过本任务的学习,了解文化、餐饮文化的相关概念及相互联系,认知餐饮文化的层次结构。

任务目标

(1) 了解文化与餐饮文化的概念及其相互关系。
(2) 掌握餐饮文化的 3 个层次结构。

任务导入

情景:小李是某高等职业院校烹饪工艺与营养专业的大一学生,寒假回家与亲朋相聚,有人对他说:"你是一名大学生,有知识、有学问,也很有文化。"小李自忖,学问和文化其实是不能等同的,特别是他学了"餐饮概论"课程中关于文化的解释,让他对文化有了更全面的了解。

问题思考:
(1) 有学问就是有文化,这种说法对吗?
(2) 文化到底是什么?

> 知识精讲

文化是民族的血脉,是人民的精神家园。文化自信是更基本、更深层、更持久的力量。中华文化独一无二的理念、智慧、气度等,增添了国民内心深处的自信和自豪。中华文化源远流长,灿烂辉煌。在5000多年文明发展中孕育的中华优秀传统文化,积淀着中华民族最深沉的精神追求,代表着中华民族独特的精神标识,是中华民族生生不息、发展壮大的丰厚滋养,是中国特色社会主义植根的文化沃土,是当代中国发展的突出优势,对延续和发展中华文明、促进人类文明进步发挥着重要作用。

一、文化

文化有广义文化和狭义文化之分。广义文化是指人类在社会历史实践中所创造的物质财富和精神财富的总和。狭义文化专指社会意识形态。文化无处不在,只要有人的地方,就有文化。文化是"自然的人化",即由"自然人"转变为"社会人"。由于人的实践活动同时就是文化活动,因此,文化可以归纳为人的存在方式和生活方式。

文化是什么

那么,文化最根本的特点,即文化的属性,是什么?文化的属性问题看似非常深奥,其实是一个非常实际的问题。

首先,民族性是文化最重要、最基本的属性。因为任何文化都是一定的民族所具有的文化。同一个民族的人民,由于共同的生活环境、生存条件,有了共同的文字和语言,形成了一些共同的心理状态,在如何处理人和人、人和集体、人和自身的关系上形成了一系列共识。这些东西加在一起就成为文化的民族性。也正因为如此,由于文化的民族性导致的文化差异到处可见。从饮食的习惯、衣服的样式、对色彩的欣赏,到善恶的标准等,这在各个民族之间都存在差异。不仅如此,这些民族的特色文化长期累积,甚至在潜移默化中成为一种无意识的习惯、爱好、标准和性格。

其次,文化的另一个重要属性是时代性,即同一个民族在不同时期评价事物的标准可能有很大的不同。同一件事情、同一个行为、同一种状态,在过去被认为是好的、美的,在新时代里可能就被认为是错的、不美的。这是因为时代变迁,事物不断发展。更何况,即便是同一个人在不同的时期也可能有不同的审美趣味、价值观念、思维方式和生活方式等。此外,文化还有普遍性、阶级性、规律性和延续性等属性。

二、餐饮文化

（一）餐饮文化的概念

"餐饮"专指为"吃"这一活动而提供食物,有其与生俱来的商业性、服务性内涵。餐饮文化是人类社会文化的特殊组成部分,它起源于人类社会生产力发展到一定程度,出现了社会分工时,社会中有一部分人专门从事制作饮食来满足他人日常饮食需要的工作。餐饮文化是一定的民族文化、时代精神和社会文化在人民生活和社会政治经济领域的特殊组合。不同民族在不同的历史时期创造着不同的餐饮文化,不同的餐饮文化又推动着民族文化和整个人类的发展。

餐饮文化是文化的子系统,是指人们在利用、改造自然和社会的实践中所创造的有关餐饮的物质成果和精神成果的总和。它是在特定的社会民族文化的氛围中长期积淀形成的餐饮思想、餐饮习惯、经营哲学、烹饪技术和商业道德等。因而,探讨餐饮文化应该从其结构、功能、特性和应用等方面去把握。

（二）餐饮文化的层次结构

对于餐饮文化的认识,我们不能只限于概念,还应通过分析餐饮文化的结构,对餐饮文化进行深入的了解,从而把握其本质。在此,我们立足广义概念的探讨,将餐饮文化的内容和结构细化为三个层次。

❶ 餐饮物质文化层次 人们通过餐饮活动利用和改造客观世界所形成的物质成果,表现为人们在餐饮生产实践中所创造的全部物质财富,包括满足人类餐饮生活所必需的食物及其生产环境以及以餐饮生活的环境为载体而表现出来的文化。物质文化也是一个历史概念,每一个历史时期都有与之相适应的物质产品及其生产、生活环境,反映着不同时代的物质文化状况。

❷ 餐饮行为文化层次 餐饮实践活动本身以及由此形成的社会组织、管理体制、社会关系等为载体而表现出来的文化,具体表现为特定餐饮企业在一定的价值观、经营管理制度规范下的餐饮生产活动。其目的是直接或间接地获得物质财富,一方面,创造良好的餐饮生产环境,获得自身发展;另一方面,创造良好的餐饮生活环境,满足人类不断提高的餐饮消费需求。行为文化是物质文化与精神文化的中介,物质文化只能在意识与行为的统一中生成,行为文化是精神文化的反映、直接表现,物质文化是行为文化直接或间接的结果。

❸ 餐饮精神文化层次 人们在餐饮实践活动过程中的思维活动或精神现象,以人们的认知活动和思维活动及其结果——自然科学层面的食品科学、烹饪科学等,社会科学层面的饮食习俗、饮食心理、商业伦理等精神价值为载体而表现出来的文化。由于其处于精神层面,只能从行为文化和物质文化中反映出来,且由其他两个层次的文化,特别是物质文化所决定。但餐饮的精神文化又是餐饮文化的深层结构,是各种餐饮观念形态的总和,是最稳定的文化层次,一旦形成,不易改变,极具传承性,反过来对行为文化和物质文化有巨大的推动作用。

任务二 领会餐饮文化的特征

▶ **任务描述**

中国餐饮文化丰富多彩,在漫长的发展演变中形成了独特的风格特征。通过本任务的学习,分别从世界饮食三大流派、中国传统文化和中外餐饮文化比较三个方面较全面地了解中国餐饮文化的特征。

▶ **任务目标**

(1)了解世界饮食三大流派。
(2)熟悉中国传统文化在餐饮文化中的具体体现。
(3)掌握中外餐饮文化四个方面的异同。

▶ **任务导入**

情景:钱老师是烹饪院校的一名党员教师,在学习党的二十大报告时,对二十大报告中提出的"必须坚持中国特色社会主义文化发展道路,建设社会主义文化强国"感触很深。他在学习中深刻领悟到中国优秀传统文化是增强实现中华民族伟大复兴的精神力量,同时认为,中国餐饮文化作为中国传统文化的一个重要组成部分,深刻理解其内涵特征,是增强文化自信的重要内容。作为一名餐饮教育工作者,必须要指导学生传承、发扬、创新中国餐饮文化。
问题思考:
(1)一个国家、一个民族文化的力量到底有多强大?
(2)餐饮文化在中国传统文化中究竟有多重要?

> 知识精讲

餐饮文化是我国传统文化的一个重要组成部分。我国历史悠久,地域辽阔,地理环境多样,气候条件丰富,动植物品类繁多,这都为我国的餐饮文化提供了坚实的物质基础。在漫长的发展、演变和积累过程中,逐步形成了自己独特的饮食民俗,最终创造了在世界上享有盛誉的餐饮文化。我国餐饮文化的特征,具体可以从以下三个方面来进行学习。

一、从世界饮食三大流派看

着眼于餐饮活动中借助餐具进餐这一超文化、跨民族的普遍性人类行为,立足于人类选择进食工具是其适应生态环境、创造餐饮文化的良好佐证,接下来将从食器差异角度,探讨世界上三大典型的餐饮文化风貌,即以中国为代表的箸文化、以法国为代表的刀叉文化以及以土耳其为代表的手抓文化。这三大餐饮文化类型,完全与相应的自然地理风貌一致,均具有不同的文化特点,积淀着各自的文化传统,从而使世界餐饮文化呈现出多彩而生动的景象。

(一)箸文化

所谓"箸文化",是指使用筷子进食的国家和地区的饮食文化,这显然不能简单地总结为用筷子进食,它包括食物选择、烹饪技术选择、进餐方式选择等具有集体倾向性的区别性行为特征。而这些特征在很大程度上反映了使用筷子进食的地区和国家的生存方式和哲学观念。其主要流传在东亚、东北亚和东南亚,影响20多个国家和地区,有5000余年的发展历史,中国有"烹饪王国"的美誉,"韩国料理""日本料理"也有较大的知名度,北京、上海、广州、香港、台北、东京、首尔、曼谷与新加坡的餐饮业也很发达。我们可将其具体内涵概括为以下特点。

(1)得益于得天独厚的自然条件,这些国家和地区大多处于温带地区,春、夏、秋、冬四季分明,风调雨顺,有利于农业生产,使这里农业发达。由于其气候复杂多样,物产种类丰富多彩,形成了以农业为主,林、牧、副、渔业并举的生产特色。因此,在其营养结构上,以粮、豆、蔬、果等植物性食物为基础,膳食结构中主、副食的界限分明。猪肉在肉食品中所占的比例较大,重视山珍海味和茶、酒,喜爱异味和补品(如昆虫、花卉、食用菌、野菜等)。

(2)受儒学、道教、佛教等的影响较深,历史文化的积淀多,烹调意识强烈;以味为核心,以养为目的,讲究博食、熟食、精食、巧食、养食、礼食及趣食。现代科学技术的含量相对较少,具有东方农业文明的本质特征。

(3)以中国菜点为中心,包括日本菜、泰国菜、缅甸菜和新加坡菜等。烹调方法精细复杂,菜式多、流派多,筵席款式多,重视菜点的艺术摆盘和菜名的文学修饰;医食同源,以传统的中医药学为指导,强调季节进补与药膳食疗;习惯圆桌合餐制,箸食,讲究席规、酒令及食礼。

(二)刀叉文化

刀叉文化是指使用刀叉进食的国家和地区的餐饮文化,同样也不能简单地总结为刀叉进食,而应包括相应的食品选择、烹饪技术选择和进餐方式选择等完整内涵。从其文化起源上讲,刀叉餐饮文化的一个重要来源是建立在捕捞和航海业基础上的希腊文化或爱琴海文化,主要流传在欧洲、美洲和大洋洲,影响了60多个国家和地区,在很大程度上代表了西方文明。法国巴黎号称"世界食都",莫斯科、罗马、法兰克福、柏林、伦敦、维也纳、华沙、马德里、雅典、伯尔尼、渥太华、巴西利亚和悉尼等著名都会,均有美食传世。我们可将其内涵具体概括为以下特点。

(1)产生于温寒地区。其饮食生产方式是渔猎、商贸、牧业三者并重,以渔猎为其早期基础,荤食较多,因获食艰难而培养出了高智能民族。但原料品种不丰富而又限制了饮食文化向更广阔的领域发展,以肉、奶、禽、蛋等动物性食材为基础,膳食结构中主、副食的界限不分明;牛肉在肉食品中所占的比例较大,重视黑面包、海水鱼、巧克力、奶酪、咖啡、冷饮与名贵果蔬;在酒水调制与饮品上有一套完整的规程。

(2)受天主教、东正教、耶稣教和其他一些新教的影响较深,有中世纪文艺复兴时代的宫廷饮膳文化遗存。重视运用现代科学技术,不断研制新食料、新炊具和新工艺,强调营养、卫生,是欧洲现代工业文明的产物。注重宴饮格调和社交礼仪,酒水与菜点配套规范,习惯于长方桌分餐制,刀叉用餐,餐室富丽、餐具华美,进餐气氛温馨。

(3)以法国菜点为主干,以俄菜和意大利面点为两翼,还包括英国菜、德国菜、瑞士菜、希腊菜、波兰菜、西班牙菜、芬兰菜、加拿大菜、巴西菜和澳大利亚菜等。烹调方法较为简单,多烧烤,重用料酒,口味以咸甜、酒香为基调;菜式、流派与筵席款式均不是太多,但是质精、规格高,重视饮宴场合的文明修养,喜好以乐侑食。

(三)手抓文化

手抓餐饮文化又称清真餐饮文化、抓食文化,是指直接用手进食的地区和国家的餐饮文化,有1300余年的发展历程,因诞生于阿拉伯半岛,与伊斯兰教同步发展而得名。手抓文化主要流传在西亚、南亚和中北非,影响了40多个国家和地区;土耳其被誉为"穆斯林美食之乡",伊斯兰堡、雅加达、德黑兰、巴格达、科威特、利雅得、耶路撒冷与开罗的特色菜馔,也都以"清真"二字脍炙人口。它有以下几个基本特征。

(1)基于阿拉伯半岛的自然生态环境,其营养结构主要植根于与农林牧渔相结合的经济,植物性食物与动物性食物并重,膳食结构较为均衡;羊肉在肉食中所占的比例较大,重视面粉、杂粮、土豆和乳品、茶叶、冷饮等软饮料,喜好增香作料和野菜,不尚珍奇。

(2)受伊斯兰教等的影响较深,选择食材、调理菜点和进食的宾客都严格遵循"忌血生,戒外荤""过斋月"等规定,特别讲究膳食卫生,食风严肃,食礼端庄。

(3)以土耳其菜点为主干,还包括巴基斯坦菜、印度尼西亚菜、伊朗菜、伊拉克菜、科威特菜、沙特阿拉伯菜、巴勒斯坦菜与埃及菜等。烹调技术古朴粗犷,长于烤、炸、涮、炖,嗜爱鲜咸和浓香,要求醇烂与爽口,形成"阿拉伯式厨房"风格;习惯席地围坐,铺白布抓食,辅以餐刀片、割,待客情意真挚。

基于以上阐述,从各餐饮文化活动的核心目的来看,如果箸文化更多呈现的是文化性,那么刀叉文化则呈现的是科学性,而手抓文化则呈现的是自然性。对于人类餐饮文化而言,中国餐饮文化较其他两者更具综合性,在一定程度上能包揽人类餐饮文化全部的类型要素,具有一定的先进性。当然,我们同样需要承认的是,在现实的人类饮食生活中,正如"文化无优劣"一样,餐饮文化也无绝对优劣,其区别只不过是不同的环境条件下不同的生活方式或者饮食方式,"适口者珍"才是对餐饮文化的首要评价标准。只是这里的"适口"内涵不局限于口感,还包含理性的营养需求,甚至审美性的心理需求。

文化的传统

二、从中华传统文化看

餐饮文化作为我国传统文化中浓墨重彩的一笔,一直以其独特的民族文化和精湛的烹饪技艺闻名于世,更是实施中华优秀传统文化发展工程不可或缺的一环。在我国5000年历史文化的长河中,餐饮文化不断发展壮大,在漫长的发展、演变和积累过程中,逐步形成了中华民族生存和发展的基因。中华优秀传统文化为餐饮文化提供了丰厚文化沃土,不断滋养着餐饮文化,赋予其基本内涵。中华传统文化强调人与自然的天人合一、和谐共生,达到中和之美。我们从中国优秀传统文化挖掘出"天人相应,水土相融""奇正相生,食不厌精""四气五味,辨证施食""形神兼备,情景交融"等思想,提炼其"食物广博,品种繁多""烹而有调,口味精美""五味调和,健体强身""讲究意趣,情调优雅"的基本内涵。

(一)"天人相应,水土相融"与"食物广博,品种繁多"

"天人相应,水土相融"体现为中华饮食"食物广博,品种繁多"。所谓"天人相应,水土相融",源于天人合一的传统文化,揭示了自然界和人是互相感应、互为反映、互为映照的,投射于餐饮则表现为生命体为了适应特定的生存环境,必然利用大自然提供特定的饮食资源,产生特定的生命性格、感觉方式、审美意识和文化体系,从而孕育出特定的饮食选材和烹饪体系。最终,造就了中国餐饮文化"食物广博,品种繁多"的基本内涵。

我们的祖先在漫长的生活实践中,不断选育并创造了丰富多样的食物资源,使得我国的食物来源非常广泛。一方面,我国幅员辽阔,南北跨越热带、亚热带、暖温带、中温带、寒温带,东西可划分为湿润、半湿润、半干旱、干旱区,存在高原、山地、丘陵、平原、盆地、沙漠等多种地形地貌纵横交错,形成了自然地理条件的多样性和复杂性,构成了生态环境的区域差异,使可食用原料品种的分布具有差异性和丰富性。另一方面,在"吃"的压力和吸引力的推动下,表现出对可食原料的开发极为广泛。据西方的植物学者调查,中国人吃的蔬菜有 600 多种,比西方多。实际上,在中国人的菜肴里,素菜是平常食材。自古以来,膳食结构以粮、豆、果、谷类等植物性原料为基础,主、副食分明。我国的主食以稻米和小麦为主,另外小米、玉米、土豆及各种薯类等也占有一席之地。除了米饭之外,各种面食,如馒头、面条、油条,各种粥类、饼类和变化万千的小吃使得人们的餐桌丰富多彩。

(二)"奇正相生,食不厌精"与"烹而有调,口味精美"

"奇正相生,食不厌精"体现为中华饮食"烹而有调,口味精美"。所谓"奇正相生,食不厌精",源于"奇正互变"的创造性思维和"食不厌精"的进食原则,其主要是揭示创作的变化无穷、追求的无止境、发展的生生不息。其投射于餐饮则表现为烹饪技艺发展中严谨的规则与创新的灵活应变相结合,以及恪守祭礼食规和文明科学的进食追求。最终,造就了中国餐饮文化"烹而有调,口味精美"的基本内涵。

自从人类发现和使用火以来,许多民族坚持熟食,但仍然有一部分民族在进入文明社会后继续保持生食的习惯。以汉族饮食为主要代表的中国饮食,长期以来不仅坚持熟食,而且养成了热食的习惯,可以说是迄今为止最系统、最久远的坚持熟食、热食的餐饮文化体系。如果是生食,那么对食物的加工制作可能会相对简单和单一,而熟食和热食,就要求根据各种原料不同的性质、产地、特点,以及不同的场合、对象等选择不同的制作方法,这样就使得中国传统烹饪技艺精湛、花样繁多、内容丰富。

与"烹"相比,更具民族特色、引人注目的则是"调"。所谓调,是指在烹饪之前备制原料的方法和将各种原料组合成不同菜肴的方式。因此,烹是餐饮文化的表现,但调才是餐饮文化高度发展的体现。调的意蕴丰富,首先是调味,即利用原料的配合与各种烹的手段,将菜肴的香味释放出来,给人以美的感受;其次是调制,因为人们除在味觉方面有追求外,还有色、香、形、器等方面的要求;最后是调和,与调味和调制不同,调和是超出菜肴制作的工作,中国烹饪最讲究调和,即整体效果。和是烹饪的最高标准,既是人们对健康与生存的本能追求,又是享受与陶冶性情的需要。

味是中国历代饮食质、味、触、嗅、色、形、器等重要特色中的核心,也是菜肴的灵魂所在。中国饮食之所以有其独特的魅力,关键就在于它的口味精美。

(三)"四气五味,辨证施食"与"五味调和,健体强身"

"四气五味,辨证施食"体现为中华饮食"五味调和,健体强身"。所谓"四气五味,辨证施食",源于"医食同源"的传统辨证观,揭示了中国餐饮文化植根于中华文化的思想和观念,其意识核心与传统儒家、道家等主张的饮食文化相承,表现为"求和"过程中的"养生"及创新。对食物的选择,要根据原料的属性,即食物的性味和作用,结合气候、地理环境、生活习惯等诸多因素辨证食用。最终,造就中国餐饮文化"五味调和,健体强身"的基本内涵。

所谓"五味调和",是以中医的阴阳学说、食物的四气五味学说、辨证论治等为理论指导,从实际应用出发来进行的。五味除甘、辛、酸、苦、咸之外,实际上还有淡味、涩味,分别附属于甘味和酸味之下。中医的养生理论认为,为了健康,各种味道的食物都应该均衡摄入。

四季养生
文化

然而,味有五种,人有众口。想让食物人人称好,确属不易,但人对于味有共同的嗜好,中国餐饮文化中用"适口者珍"作为公认的标准。一味一菜,大部分人称好,就是值得称赞的。味正质纯是第二个标准,即保持原汁原味,虽添加调味料,但仍不失原料本色本味,地地道道,无伪无邪,货真价实。具体应通过"三要"做到五味调和:一要浓淡适宜,浓厚的和清淡的搭配恰到好处;二要注意各种味道的搭配,甘、辛、酸、苦、咸的配伍得宜;三是进食时,要做到味不偏亢,偏亢太过,容易伤及五脏,于健康不利。

(四)"形神兼备,情景交融"与"讲究意趣,情调优雅"

"形神兼备,情景交融"体现为中华饮食"讲究意趣,情调优雅"。所谓"形神兼备、情景交融",源于"形神合一"的传统哲学。外在的形与内在的神的关系:外在的形受控于内在的神,内在的神则又通过外在的形得以表现。在高层次创作中,应既有技术上的娴熟运用,也有形式上的锐意创新,还有情感上的动人抒发,更有精神上的昂扬挺立。最终,造就了中国餐饮文化"讲究意趣,情调优雅"的基本内涵。

中国人对饮食的要求不仅包括质、味、触、嗅、色、形等本质要素,即均衡的营养、鲜美的味道、舒适的质感、悦目的颜色、生动的形态,还追求餐饮意趣。换句话说,品尝中国饮食不仅可以一饱眼福、一饱口福,还可以在精神上得到饮食美的享受。美妙的中国菜点可以引起人的丰富联想,诱发人强烈的兴趣,甚至蕴含深刻的人生感悟,使人印象深刻,留下难忘的回忆。一般来说,中国餐饮文化格调优雅,氛围艺术化,主要表现在美器、美名、佳境三个方面。

就美器而言,袁枚的《随园食单》中有"美食不如美器",即食美器也美,美食要配美器,追求美上加美的效果。中国饮食器具之美,美在质、美在形、美在装饰、美在与馔品的和谐。就美名而言,中国人的餐桌上没有无名菜点。菜点名称是由其本质特征提炼出来的,是以文字形式对菜点内容的展示与表达。一个美妙的菜点名称,既是餐饮活动主题的映射,也是菜点原料技法的写照。因此,菜点名称能够给人以美的享受,它以听觉或视觉方式传给大脑,使人产生一连串的美好联想,发挥菜点的色、形、味所发挥不出的作用。就饮食环境而言,饮食要有良好的环境气氛,可以增强人在进食时的愉悦感受,起到锦上添花的作用。饮食佳境的获得,一在寻,二在造,寻自然之美,造铺设之美。芳草萋萋,自然之美,无处不在。把那盘盘盏盏的美酒佳肴,统统搬到郊野去享用,另有一种滋味,别有一番情趣。

传统文化是一定的民族文化、时代精神和社会文化在人民生活和社会政治经济领域的特殊结合。不同民族在不同历史时期创造着不同的文化,不同的文化又推动着民族文化和该民族的发展。在实施中国优秀传统文化发展的系统工程中,中国优秀餐饮文化是中国人民传统思想观念、风俗习惯、生活方式和情感等的集中表达,深入挖掘不仅能传承、发扬众多超群的烹饪技艺,更能精选提炼一批凸显文化特色的经典性元素和标志性符号,使其中的文化价值深度嵌入人民生活,是对人民进行传统文化教育,建立民族文化的自信,打造国家文化软实力的有效手段。

三、从中外餐饮文化比较看

毛泽东同志提出的"古为今用,洋为中用",是正确对待古今中外文化成果的方针。我们在探讨中国餐饮文化的传承时,一方面要"古为今用",弘扬历史上中国餐饮文化的精髓,为今天所用;另一方面要"洋为中用",批判地吸收外国餐饮文化中有益的东西,为我们所用。因此,我们从广义的餐饮产品——菜点、服务、环境三个维度,及中外饮食思想方面比较中外餐饮文化的异同。

(一)中外餐饮产品加工技艺比较

餐饮产品,从加工的角度特指狭义的餐饮产品——菜点。这里从烹饪的三要素——原料(选择)、工具(刀工实施)、技法(加热与调味),以中西餐(菜肴)为例,比较中外餐饮产品的加工技艺(表2-1、图2-1、图2-2)。

表 2-1 中外餐饮产品的加工技艺比较

比较维度	中餐产品的加工技艺	西餐产品的加工技艺
选料	侧重点为植物性原料,创造并发明了大量植物性原料的再制品	侧重点为动物性原料(除动物内脏外),并注重动物性原料再制品的创造
设备工具	相对简单,机械化程度不高,不利于标准化操作	比较先进,机械化程度较高,比较容易标准化操作
刀工刀法	刀工细腻,注重刀工刀法,刀工技艺高超,成形品种、规格丰富,刀具种类少,一刀多用	西餐刀法简洁、成形较大;刀具种类多,大多专用,适应范围狭较窄
烹调方法	烹调方法多样,多达上百种,尤其擅长以油、水为传热介质的烹调方法,注重经验积累,手工操作,模糊性较强	烹调方法没有中餐丰富,比较擅长使用热辐射传热的烹调方法;比较注重科学性、准确性和标准化
调味	擅长在"烹"中调味,讲究"烹"与"调"的有机融合;调料酒品种较少,很少根据原料的不同性质,挑选适宜的酒的品种	擅长将"烹"与"调"分离;注重调料酒的选择与使用,能很好地将不同酒类与不同原料搭配

图 2-1 中餐菜点图

图 2-2 西餐菜点图

(二)中外餐饮服务比较

餐饮服务是餐饮工作人员为消费者提供餐饮产品的一系列行为的总和,被视为广义的餐饮产品的组成部分。餐饮服务范围广泛,包括托盘、摆台等基本技能和餐前、餐后准备工作。中餐和西餐相比较,由于各自的历史、文化、风俗、习惯等的不同,两者既有许多相似之处,也有许多差异之处(表 2-2、图 2-3、图 2-4)。

表 2-2 中外餐饮服务比较

比较维度	中餐服务	西餐服务
摆台基本元素	筷子摆台(中餐服务的重要特点)	刀叉摆台(西餐服务的重要特点)
酒水服务	强调斟酒的顺序、次序及时机,不太注重酒水与菜肴的搭配	不同的酒水有不同的服务程序与标准;特别注重不同品种的酒水与菜肴的搭配;强调酒水与酒杯的搭配
菜点服务	中餐菜单结构一般包括凉菜、热菜、点心三大部分;一般先冷菜后热菜;以聚餐为特征,常选择圆桌,以便于聚集和用餐	西餐菜单结构一般包括开胃菜、汤、副菜、主菜、餐后甜点五大部分;一般遵循先上开胃菜,最后上甜点;以分餐为特征,常选择长桌,强调尊重每位消费者的个性需求

图 2-3 中餐摆台图

图 2-4 西餐摆台图

（三）中外餐饮就餐环境比较

就餐环境即就餐场所，是除了菜点与服务以外的广义的餐饮产品的组成部分。在餐饮的经营管理中，就餐环境往往对就餐者的饮食心理产生影响。无论是中餐还是西餐，良好的就餐环境日益成为餐厅吸引消费者、增加竞争力的重要手段。

然而，由于文化、思维方式以及审美方式等方面的差异，中西餐又呈现出不同的特色，尤其是餐厅的就餐环境氛围与餐厅的布局方面（表 2-3、图 2-5、图 2-6）。

表 2-3 中西餐就餐环境氛围与餐厅布局比较

比较维度	中餐	西餐
就餐环境氛围	常以宽阔而气派为美，营造热闹欢乐、灯火辉煌的景象；多采用整体照明方式，多选择色彩明亮的颜色	多偏于安静与私密，以沉静、柔和为美；强调局部照明，灯光色彩上偏重于幽暗，多采用深色彩
餐厅布局	为满足消费者的不同需求，常常既有大厅又有包间，大厅常以开阔、气派为主，满足消费者对私密性的要求主要体现在包间	布局注重空间控制，兼具就餐和休闲享受的多重功能，体现私密性原则，使消费者能够享受安静就餐的乐趣，一般不单独设置包间

图 2-5 中餐包厢环境图

图 2-6 西餐厅环境图

（四）中外饮食思想比较

一般而言，吃的内容、吃的方式、吃的目的、吃的效果、吃的观念、吃的情趣、吃的礼仪等，是餐饮文化在大众层面的反映，是餐饮文化的一个重要组成部分。以上，我们从广义餐饮产品——菜点、服务、环境三个维度比较了中外餐饮的异同点，形成这种现象的关键在于饮食思想的差异。

中国人十分注重群体和社会意识。个人利益应当服从社会整体利益，只有整个社会得到发展，个人才能利益最大化。与中国人不同，外国人以自我为中心，重个人，重竞争，认为个人是人类社会的基点，每个人的生存方式及生存质量取决于自己的能力，有个人才有社会整体，个人高于社会整体。

这些差异存在于中国与外国生产和生活的各个方面，而在饮食中，这样的思想和思维方式，在中餐表现为强调"调和",而西餐则更加关注个性与独立。中外餐饮思想比较如表 2-4 所示。

表 2-4 中外餐饮思想比较

比较维度	中餐餐饮思想	西餐餐饮思想
在烹调过程中	中餐在烹调中,讲究烹与调的统一,强调相互间的融合与促进,在烹与调的统一中,矛盾在消融,对立在消解,最终主辅料、调料之间呈现一种融合之美	西餐在烹调中,强调个性与独立,推崇各自独立的空间和张扬的个性特征
在服务方式上	强调中华传统文化的"和",体现中庸、和谐、圆满的审美方式,选择圆形餐桌,多为聚餐方式,以及表达圆满的人数"十",充满浓郁的人情味	根据个人喜好点菜,选择长方桌,进餐时各据一方,刀叉的活动范围仅限于自己面前,"分餐式"用餐,更加肯定个性与独立,多了一份理性与沉静

从以上四个方面比较分析了中外餐饮文化在本质上的差异性,我们既可以更加深刻地认知中国餐饮文化的悠久历史和深厚根基,也可以为中外餐饮文化的更好融合提供借鉴思路。

任务三 明晰餐饮文化传承

任务描述

文化的属性之一是延续性,即一个民族在长期生活过程中流传下来的风俗习惯和思维模式,而餐饮文化作为承载了数千年的中华文明,其传承者、创造者、传承载体是哪些要素?本任务带领我们认识餐饮文化传承的要素及其文化内涵。

任务目标

(1)熟悉餐饮文化传承的三大要素。
(2)掌握餐饮企业、餐饮消费者、餐饮产品在餐饮文化中的内涵。
(3)掌握文化传承的途径。

任务导入

情景:毛某是一名有 20 多年工作经历的餐饮企业管理者,有丰富的餐饮管理经验,对餐饮运行中的环节要素了然于胸,并有独到的感悟与见解。他始终认为餐饮企业、餐饮消费者、餐饮产品是餐饮运行中最紧密、最重要的 3 个因素,并在互动中不断地自我发展。

问题思考:
(1)毛某认为的餐饮企业、餐饮消费者、餐饮产品这 3 个方面是不是餐饮运行的最重要因素?
(2)这 3 个因素又是怎样传承餐饮文化的?

知识精讲

一、餐饮文化传承的三要素

随着生产力的提高、商品经济的发展,家务劳动越来越社会化,当今人们的餐饮生活已经形成了一个新的运行模式：餐饮企业作为现代社会与餐饮经济的重要承担组织，以餐饮产品为桥梁，将餐饮企业和餐饮消费者紧密联系在一起，形成了餐饮运行的三要素，构成了完整的餐饮文化传承和发展的运行机制。餐饮文化在餐饮大众层面的反映，表现为吃的内容、吃的方式、吃的目的、吃的效果、吃的观念、吃的情趣及吃的礼仪等，它既是餐饮文化的一个重要组成部分，也是餐饮消费者需求的表现形式。餐饮文化在餐饮企业层面的反映，在表层要素表现为餐饮品牌名称、菜点等；在深层要素表现为餐饮企业的价值观念、经营哲学等所体现的文化内涵，它是餐饮文化的另一个重要组成部分。现今餐饮企业的经营基本建立在对餐饮消费者需求分析的基础上，根据企业自身的经济实力、业务能力等因素，选择经营业务的范围。餐饮企业在餐饮产品的销售过程中，通过为餐饮消费者提供的餐饮产品与服务，向餐饮消费者传递的是从外到内的企业文化。餐饮消费者和餐饮企业在由价值规律形成的互动机制下，使餐饮文化得到不断的发展。因此，针对餐饮文化的传承所面临的问题，我们也应该从餐饮企业、餐饮产品和餐饮消费者三要素切入。

二、餐饮企业：餐饮文化的传承者

（一）餐饮企业文化的层次

餐饮企业文化有广义和狭义之分。狭义的餐饮企业文化是企业在经营中形成的，由企业家积极倡导、为本企业员工自觉遵守和奉行的共同价值观念、经营哲学、礼仪以及文娱生活等的总和。而广义的餐饮企业文化是在一定的社会历史条件下，企业在其生产经营活动中所形成的以价值观念为核心的意识形态和行为准则，以及与之相适应的制度、组织结构和物质实体的总和。在这里，我们立足于餐饮企业文化，即物质文化、行为制度文化和精神文化。

❶ **物质文化** 餐饮企业的物质文化层，是由餐饮企业员工创造的餐饮产品和各种物质设施等构成的器物文化。它包括餐饮企业生产经营的成果、生产环境、企业建筑、餐饮产品、服务、设计等。

❷ **行为制度文化** 餐饮企业的制度行为文化层，既包括约束企业、员工行为的规范性文化——制度，即餐饮企业领导体制、餐饮企业组织结构、餐饮企业管理制度三个方面；又包括餐饮企业员工在生产经营、学习娱乐中产生的活动文化，即餐饮企业经营、教育宣传、人际关系活动、文体活动中产生的文化现象。它是餐饮企业经营作风、精神面貌、人际关系的体现，也是餐饮企业精神、餐饮企业价值观的动态反映。

❸ **精神文化** 餐饮企业的精神文化层，在餐饮企业生产经营过程中受一定的社会文化、意识形态影响而长期形成的一种精神成果和文化观念，是餐饮企业意识形态的总和。它主要是指餐饮企业全体员工的共同行为方式以及指导和支配组织行为的共同特有的价值标准、信念、态度和行为准则、规范等。它包括企业精神、企业经营哲学、企业道德、企业价值观等内容，是餐饮企业文化的核心，是餐饮企业生机和活力的源泉。

餐饮企业文化的三大组成部分是一个有机的整体，三者缺一不可，必须保持和谐统一、高度一致。精神文化是餐饮企业文化的策略面，是企业的"心"，它指导物质文化和行为制度文化；行为制度文化是餐饮企业文化的执行面，是企业的"手"；物质文化是餐饮企业文化的展开面，是企业的"脸"。物质文化和行为制度文化共同将精神文化具体化、可见化。

（二）餐饮企业文化的作用

❶ **导向功能** 良好的餐饮企业文化可以把餐饮企业内的广大员工引领到餐饮企业所确定的战略目标上来。

❷ **规范功能** 优秀的餐饮企业文化一旦形成，就会对餐饮企业组织和组织内员工的行为起到规范作用，与餐饮企业的硬性制度比较而言，这种文化上的规范更为无形化和自觉化。

❸ **约束功能** 正如餐饮企业文化规范功能的无形作用一样，组织文化对餐饮企业全体员工行为的约束也呈现出"软"约束的特点，是一种由内在心理约束而起作用的自我约束。

❹ **凝聚功能** 良好的餐饮企业组织文化是一种黏合剂,它使整个企业团结一致。这是餐饮企业文化所确立的共同价值观和信念所起的巨大作用。

❺ **融合性功能** 餐饮企业文化对员工的作用是潜移默化的。一个新员工进入餐饮企业后,通过耳濡目染,逐渐自觉地接受餐饮企业的共同理想和语言以及行为标准,从而融入餐饮企业中。这种融合反过来又进一步促进餐饮企业文化的延续和影响范围的扩大。

(三)餐饮企业传承餐饮文化的途径

餐饮企业作为餐饮文化的一个重要主体,较个体消费者,明显具有相当的开发实力和广泛的大众影响力,是餐饮文化的传播者和开拓者,在中国餐饮文化的发展历程中起着举足轻重的作用。我们从以下两个方面提出企业层面传承与发展餐饮文化的途径。

❶ **弘扬中国传统餐饮文化** 中国餐饮文化承载着千年的中华文明,它的发展轨迹是随着我国社会政治、经济和文化的发展而积沙成塔的积淀过程,并形成了自己独特的风格和特征。谈到中国餐饮文化的传承与发展,餐饮企业首先要善于挖掘历史上各民族优秀的传统餐饮文化,从传统餐饮文化中吸收营养,做到古为今用,推陈出新。民族饮食往往是传统思维的表现形式,例如,中国传统餐饮文化蕴含着民本、敬粮的饮食观念,"以味为本"的美食追求和崇尚自然的饮食哲学。加上传统饮食结构、饮食器具、饮食惯例和加工技艺的演变,使中华餐饮文化的内涵在其不断发展的过程中得以丰富。餐饮企业可以通过举办或参与一些餐饮文化主题活动,加深对传统餐饮文化的理解,从而推动中国餐饮文化的传承与发展。

此外,一方面,餐饮企业可以把传统餐饮饮食作为特色推广,把传统餐饮文化的精髓通过实践落实在餐饮产品上,通过用心传承,为中国餐饮文化的发扬贡献自己的力量。另一方面,餐饮企业可以加大对餐饮产品的开发研究,使之与当下健康的饮食观念以及时尚的饮食风格相结合,人们对餐饮产品的实用性消费上升到文化消费的层次,使中国餐饮文化在产品价值实现的过程中得到传承与发展。

❷ **加强餐饮企业间的国际交流** 随着国际间文化交流的日益加深,外来餐饮文化不断介入人们日常的饮食生活。要让中国餐饮文化走向世界,一方面,要求餐饮企业在坚持中国传统餐饮文化的基础上,正确地对待外来餐饮文化,积极参与国际餐饮文化交流活动,促进文化交融的同时汲取其中有利于自身发展的有益成分,做到"洋为中用";另一方面,餐饮企业要充分利用我国在世界各地的孔子学院这一文化交流平台,将中国餐饮文化纳入教学内容之中,以传播技术向传播文化方向转变,提升中国餐饮文化在世界的影响力。

三、餐饮消费者:餐饮文化的缔造者

(一)餐饮消费者传承餐饮文化的地位

餐饮消费者是为了满足个人的餐饮消费需要,而购买餐饮产品与餐饮服务的人。在商品经济时代,虽然表象上餐饮消费者更多表现出享受者、接受者的身份——享受现有餐饮市场可能提供的各种餐饮产品,体悟与之对应的各种餐饮文化,但仔细思考,不难得出其实深入餐饮文化乃至文化的本质——"人的存在方式和生活方式"以及商品经济"需求决定供给"的本质,历史上的广大劳动人民和当代的消费者其实一直都是不自觉或自觉中创造、沿革并传承着自己的餐饮文化。因此,从餐饮文化传承与发展的角度,消费者当之无愧应该是餐饮文化真正的缔造者。当今,人们的餐饮生活已经进入"体验经济时代",餐饮文化逐渐走向多元化,人们的餐饮需求已从温饱型向质量型、享受型转变,讲究饮食的美感、情趣和健康等。消费者要扮演好餐饮文化缔造者的角色,完成其在中国餐饮文化传承和发展中的历史使命,归根结底集中于其是否全面、准确地理解餐饮文化内涵。

(二)餐饮消费者传承餐饮文化的途径

❶ **自觉树立"饮食素养"观念** 作为餐饮文化的缔造者,系统的、全面的餐饮知识是消费者进行

餐饮文化传承和发展的看家本领。个人餐饮素养的重视与提升,不仅能从自我创造层面促进中国餐饮文化的传承与发展;更能从鉴赏、消费层面推动整个餐饮市场从消费需求到企业供给的全面升级。具体而言,迎合时代的需求,当今餐饮消费者应该更新对中国餐饮文化的理解:不应仅停留在"吃"的表层,而应强调餐饮文化所产生的社会意义。在日常生活、工作和学习中,不仅应该自觉地熟悉甚至掌握诸如饮食营养、烹饪技术等饮食科学知识,还应广泛接触、了解各时各地的饮食文化知识,掌握各国各地的饮食历史与发展、饮食风俗与习惯,从而获知具体时空下的餐饮文化的完整内涵,为其逐渐形成较强的餐饮文化鉴赏与创造能力奠定文化修养基础。

❷ **充分利用餐饮文化教育体系保障作用**　诚然,中国餐饮文化的缔造根植于每一位消费者的饮食素养,但要达到实现中国餐饮文化整体传承和发展的水平与高度,仅有消费者个人的自我修养肯定是远远不够的,而是更多地取决于国家、地方有关餐饮文化层面教育体系的完善程度。因为教育不仅是灌输知识和培养人才,而且是传递社会生活经验和传承社会文化的基本途径。因此,我们可以从教育入手,传输给餐饮消费者相应的餐饮科学文化知识,即进行"食育"。搞好"食育"教育应采取以下举措。

一是全民性。我国地域辽阔、人口众多,"食育"应注意覆盖各地域、各类人群,面向公众,普及餐饮科学知识,使公众能够通过各种途径获取餐饮科学知识。二是全程性。"食育"应根据不同年龄段的特点,设计不同的"食育"内容,使公众从少年开始直到成年、老年,全程获取所需的餐饮科学知识。特别是青少年的学龄时期,应将"食育"与德、智、体、美、劳并列为教育方针的重要内容。三是专业性。"食育"应特别注重专业性,应制订"食育"行业准入制度,规范专业人员的从业标准,避免公众获取不正确的餐饮科学知识。四是规划性。"食育"应由政府相关部门和有关专家共同制订面向不同人群的"食育"规划,既要有短期规划,又要有中长期规划,有计划、有步骤地推行。五是监督性。"食育"应确定政府有关部门对其进行监督与管理,规范行业行为,清理不符合行业标准的机构和人员,规范有序地实施。

四、餐饮产品:传递餐饮文化的重要载体

(一)餐饮产品传承餐饮文化的内涵

餐饮产品是企业赖以生存和发展的基础;从餐饮文化传承的角度,它是传递餐饮文化的重要载体,餐饮产品是企业生产经营系统的综合产出。餐饮企业的各种目标,如市场占有率、利润等都依附于餐饮产品之上。

餐饮产品文化在宏观层面上是指在一定历史时期,餐饮业某一类或某一种菜点在质、味、触、嗅、色、形等方面以及制作和享用过程中形成的文化内涵,从属于餐饮文化的物质文化层;在微观层面上,餐饮企业文化是由餐饮产品的制售来完成的,餐饮产品文化是餐饮企业文化的物质载体。餐饮产品的具体文化内涵同所有文化类型一样有精华,也有糟粕,其性质取决于具体的承载物。这里,我们以名牌餐饮产品的文化内涵为例进行分析,以期呈现积极、健康、富有生命力的餐饮产品文化,起到引导、模范作用。

具体而言,名牌餐饮产品的文化本质特征是高品质、高科技、高市场占有率等,并由此形成产品和企业的高特色性、高知名度、高美誉度等。

❶ **高品质**　质量和名牌是紧密相连的,名牌商品大都是以上乘的质量作为保证,丧失了质量也就丢掉了名牌。高品质包括理化性质和感官品质,前者指性能,如安全性、适应性、经济性和实践性等;后者指商品完善的外在形式,如造型、色彩、包装、装潢等。没有产品的高质量,也就不会创造出名牌产品。抓名牌应当突破"优质、优价"的传统质量观和价值观,寻找全新的适应市场竞争规律的"质量定位"。只有这样,才可能成为创造名牌的基础保证,才能实现"优质、优价"和"优质、高价"。

❷ **高科技**　采用高科技,提高产品的技术含量,是名牌产品得以生产、发展和巩固的先决条件。

一个名牌产品的发展历史,同时也是技术创新的历史。名牌是在通过提高产品的技术含量的基础上发展起来的,如可口可乐、麦当劳等,这些名牌成功的背后有一个共同特征,就是对技术创新的孜孜追求。正如一位经营大师所言,一个名牌产品它所向往的产品质量要么是满分,要么是零分。而这种对产品质量近乎完美的追求,就是通过企业不断地技术创新达到的。拥有高水平的技术才能永葆名牌的青春。

❸ **高市场占有率** 市场占有率是产品在市场竞争中能力的集中表现,是某一产品与同类产品争夺市场优胜程度的比较指标,反映在产品的质量、性能、款式、价格、服务等方面使消费者满意的程度。

❹ **高特色性** 特色性指商品的个性,即独特风格。名牌之所以成为名牌,都有其特定的品质,特定的形象,特定的市场定位。正是由于某些方面的特色和优势,名牌才有了立足之地,如可口可乐的形象是"大众情人",一般人消费得起,富人饮用也不觉得寒酸;而派克金笔的形象是精致、典雅,是高贵的象征。现代商品如果没有自己的特色,也就无法成为名牌商品。

❺ **高知名度和高美誉度** 知名度表示社会公众对一个组织或产品知道或了解的程度,美誉度表示社会公众对某个组织的信任和赞许程度。名牌产品具有高的知名度和美誉度,体现着消费者的认同感和信赖感,是名牌的"名气"所在。

综上所述,名牌餐饮产品文化内涵同样可以分为三个层次:内层为名牌的肌体,是产品内含的技术和功能,代表名牌的品质和名牌的核心实体,产品质量上乘,货真价实。中层为名牌的外形,是产品的品牌形象,代表消费者喜爱和信赖的产品。外层为名牌的名气,是产品的品牌文化,也是争创名牌企业文化的结晶,代表名牌企业的素质。名牌必须兼顾广大消费者的目前需要和潜在需要。名牌产品是在普通商品的基础上,通过一定的文化内涵而形成的特殊标记。名牌本身的文化凝聚,对消费者形成了较长久的吸引力,因而能有效地把消费者潜在的购买欲望引导出来,并予以实现。

(二)餐饮产品创造文化价值的途径

所谓"创造",就是与原来的不一样,与别人的也不一样,具有自身独特的文化价值,这就是企业生产者依据消费者的意愿,通过劳动实践和优质服务,最大限度地满足消费者的物质需求和精神需求。从文化角度分析,通过餐饮企业文化的注入增加餐饮产品的文化含量,要从以下几个方面着手。

❶ **创造新的文化形式** 产品是"人的本质力量的对象化",人创造了文化,文化也塑造了人。人们在餐饮产品的生产中,不仅通过有目的的具体劳动,把意识中的许多表象变为有实际效用的产品,更重要的是在这一过程中按照一种文化心理来影响自己的消费者,使产品的使用价值从一开始就蕴含着一定的文化价值。如酒楼、饭店创造高档次餐厅,装潢古朴典雅,窗明几净,着装整洁的服务人员彬彬有礼的服务,为消费者创造一种文化氛围,使他们在整个就餐活动中受到美的感染和熏陶。

❷ **餐饮企业文化渗透于餐饮产品中** 餐饮企业文化主要是指餐饮企业的精神面貌、思想境界和价值观念。它是餐饮企业在特定的社会民族文化的氛围中长期积淀的指导思想、文化传统、文化环境等。餐饮企业的象征物,餐饮企业的内外空间设计,餐饮企业职工的交际方式、精神面貌、着装等都可以表现出餐饮企业的文化。在餐饮产品中,只有体现餐饮企业精神文化,才能使餐饮企业的产品和服务具有个性特点,使消费者享受到该餐饮企业文化的感染和熏陶。

❸ **充分满足消费者的高层次心理需求** 根据马斯洛需要层次论,从表面上看,消费者购买餐饮产品是为了充饥,满足低层次的生理需要。而实际上,消费者更需要满足他们受尊重的心理需要。消费者到酒店就餐,不仅要吃得饱,而且要吃得好,要舒适、方便、准时,消费者在就餐时,希望得到服务员的关心、尊重,受到服务员彬彬有礼的接待。消费者购买餐饮食品,就等于购买他们从产品中所期望获得的一系列需要。基于此,许多餐饮企业都有"消费者永远是对的"等标语,这表明餐饮企业在努力为消费者创造一种文化氛围,从而提高餐饮产品的文化价值。

❹ **餐饮产品是餐饮文化的传播媒介** 在市场经济时代,餐饮业以餐饮产品为桥梁,将餐饮企业

和餐饮消费者紧密地联系在一起。餐饮业中餐饮产品的概念不仅仅指菜点,还通常包括实物产品形式、餐饮经营环境和气氛、餐饮服务特色和水平、产品销售形式等内容。如今,餐饮消费演变为一种文化消费,消费者在选择餐饮产品的过程中,向企业传递着从物质层面到精神层面不断变化的消费需求。餐饮企业为消费者提供特定的产品和服务,在满足消费者多样化、个性化需求的同时,实际上是与消费者进行着相应的文化交流。餐饮产品因此成为大众吸收和传播饮食文化的媒介,人们不仅获得了饮食享受,还受到了繁荣的中国饮食文化的熏陶。

项目小结

通过本项目的学习,我们对餐饮文化的内涵、餐饮文化的特征和餐饮文化传承的三大要素有了较为清晰的了解,为全面提升学生餐饮文化知识修养奠定了较好的基础,我们以思维导图总结(扫描二维码即可获取)。

同步测试

一、选择题

1. 狭义的文化专指( )。
   A. 物质财富　　　B. 精神财富　　　C. 社会意识形态　　D. 实践活动
2. 餐饮文化的真正缔造者是( )。
   A. 餐饮消费者　　B. 餐饮产品　　　C. 餐饮企业　　　　D. 餐饮行业
3. 中餐服务摆台的重要特点是( )。
   A. 刀叉摆台　　　B. 筷子摆台　　　C. 混合式摆台　　　D. 没有明确的特征
4. 由餐饮企业员工创造的餐饮产品和各种物质设施等构成的器物文化是餐饮企业的( )。
   A. 物质文化　　　B. 行为制度文化　C. 精神文化　　　　D. 餐饮企业文化
5. 餐饮企业文化的物质载体是( )。
   A. 餐饮消费者文化　　　　　　　　B. 餐饮文化
   C. 餐饮产品文化　　　　　　　　　D. 餐饮品质文化

二、简答题

1. 什么是餐饮文化?
2. 从中国传统文化看中国餐饮文化具有哪些特征?
3. 餐饮企业文化的作用是什么?
4. 餐饮产品文化的特征是什么?
5. 中外餐饮文化可以在哪几个方面进行比较?

项目三

探寻餐饮行业

扫码看 PPT

项目描述

餐饮业态是餐饮企业的一种商业模式或业务形态,是餐饮企业在市场上的表现形式。餐饮企业可以根据自身的定位、特点和经营策略选择不同的餐饮业态以满足不同的市场需求。餐饮企业的成功往往与选择的餐饮业态有着密切的关系,适合市场需求和自身条件的餐饮业态可以帮助餐饮企业实现发展和营利,反之,则可能面临市场竞争和经营困难。因此,餐饮企业需要根据市场变化和市场需求,不断调整和优化自己的餐饮业态,以保持竞争优势和持续发展。本项目将带领大家探索餐饮业态的种类,并从经营管理、营销管理、服务管理角度学习餐饮企业的经营模式和特点,为从事餐饮行业打下坚实基础。

项目目标

(1)掌握餐饮业态的种类。
(2)熟悉餐饮企业的不同经营模式。

任务一 认知餐饮业态

任务描述

随着餐饮行业的不断发展,餐饮业态由单一逐渐走向多元。为了更好地适应市场需求,餐饮行业的业态细分应更加精准,有正餐、快餐、简餐、休闲餐、饮料和冷饮及预制菜等。通过任务一的学习,了解正餐、快餐、简餐、休闲餐、饮料及冷饮、预制菜及其他等餐饮业态的相关概念及特点。

任务目标

(1)掌握不同餐饮业态的概念。
(2)熟悉不同餐饮业态的特点。

任务导入

情景一:小朱是某高校烹饪工艺与营养专业的应届毕业生,为了响应国家"大众创业、万众创新"的号召,他决定邀请室友小刘、小马、小杨一起开餐饮店创业。四个人碰面之后,就开什么类型的餐饮店进行了激烈的讨论。

小刘说:"川菜、粤菜、湘菜、本帮菜、东北菜这5个菜系较受消费者欢迎,我们就在这几个菜系中选。"

小马说:"我查了相关数据,中式糕点、炸物小吃、猪脚饭等中式小吃、快餐成倍增长,黄焖鸡、烤肉拌饭、冒菜、麻辣烫也有20%以上的增长。我们可以从这几个品类上入手。"

小杨说:"我们得先搞清楚到底是做正餐还是快餐,把餐饮业态定下来。"

小朱对于他们的讨论,不知道该听谁的,有点不知道该怎么办了。

情景二:某集团总经理表示,为把握渠道优势,集团将着力重点搭建"预制菜到餐桌"的"最后一公里",也就是搭建一个"从预制菜工厂到食堂餐桌"的销售渠道,让广大上班族能天天吃上"物美价廉"的预制菜。今年,该集团计划在珠三角地区实施"千店—百万家庭"工程,即与超过1000家食堂签约预制菜直供服务,为其供应预制菜,同时在这些食堂内设立预制菜零售窗口,方便百万上班族把预制菜带回家。

问题思考:

(1)如果你是小朱,你觉得谁说的有道理?正餐、快餐、休闲餐的概念、特点是什么?它们之间有什么区别?

(2)情景二中提到的预制菜的概念是什么?预制菜和团餐、中央厨房有什么关联?

知识精讲

业态是指一个商业场所或企业所从事的主要经营形式和服务内容,通常包括其经营策略、经营模式、品牌定位、市场定位和经营特点等方面的内容。餐饮业态是指满足不同的目标市场的饮食消费需求而形成的不同经营形态。不同的业态有着不同的经营特点和服务内容,吸引着不同的消费人群。餐饮业态常见形式有以下几种。

一、正餐

对于正餐的定义,大董意境菜创始人董振祥从两个角度阐述了正餐的内涵:其一,正餐是相较于家庭来讲的,它与零食类等非正餐相对,特指饭点的正式饮食,讲究营养均衡;其二,正餐主要是从餐饮产品的角度来讲的,具有接待、筵席等社交餐饮功能。因此,正餐是指在一定场所内提供以中餐、晚餐为主的各种中西式菜肴、酒水和主食,由服务人员送餐上桌,并提供相关服务的餐饮活动。

正餐相对非正餐而言,主要指提供正餐的餐饮产品与服务,一般包括中式正餐和西式正餐。传统正式餐饮的流程、工序、原料的繁杂程度,远高于小吃、单品品类、茶饮等,出品质量高度依赖厨师,在菜单、装修、模式、经营者的思维等方面,正餐在经营与管理方面更复杂。目前,中式正餐仍将是国内餐饮的重要支撑。

国内中式正餐的发展具有以下特点。第一,从满足饱腹需求到满足多方位需求。中式正餐消费者不再只关注一顿饭能否吃饱,而是更加关注能否吃好,在就餐过程中能否享受到舒适的就餐环境以及周到的服务,还有能否品味到餐品背后的文化内涵。第二,部分正餐品类简约化。餐饮企业将具有代表性的菜品进行标准化操作生产,再进行菜品结构组合搭配,形成新的餐饮品牌。第三,正餐企业正在寻求数字化变革。我国餐饮业已然进入"存量时代",追求的是精细化的管理方式,所以正餐企业要在存量时代背景下,通过管理可视化、流程自动化、会员精准化,形成有效的数据资产,依靠数字化进行精细化运营管理并指导决策,实现企业的数字化转型。第四,正餐企业成本费用支出占比居高不下。正餐企业三大成本居高不下,人力成本占比22%～25%,房租成本占比8%～10%,原料成本占比35%～38%。高成本支出给正餐企业经营带来巨大压力,正餐企业发起"降本增效"的改革迫在眉睫。

二、快餐

快餐是指在一定场所内或通过特定设备提供快捷、便利的餐饮服务,以快速供应、即刻食用、价格合理的特点满足人们日常生活需要的大众化餐饮。快餐由美国引入中国,英语称为 fast food 或 quick meal。它是中餐吸收外国饮食文化而形成的一种饮食方式,以快捷、方便、价格优惠的显著特征走进了千家万户。

快餐类型包括中式快餐、西式快餐和其他快餐等。中式快餐品牌,比如老乡鸡、大米先生、永和大王等;西式快餐品牌,比如肯德基、麦当劳等;其他快餐包括中西式混合快餐等。与美国等发达国家相比,我国的快餐业起步相对较晚。在1987年之前,虽然我国也有一些餐饮店属于快餐类型,但真正以快餐这个品类出现,并且以"快餐"相称,还是在肯德基等西式快餐品牌进入中国之后,拉开了我国现代快餐产业发展的序幕,此后,陆续诞生了一些比较有影响力的快餐品牌。在快餐行业中,中式快餐占据重要地位,涵盖了多个细分品类,如粉面类、粥饭类、米饭类等,它们有着共同的特点:出餐及时、方便快捷、性价比高、客单价低、灵活性高。同时,相比西式快餐行业,我国的中式快餐行业主要呈现出以下特点:门店数量多,连锁化程度低,区域品牌为主,缺乏全国性品牌等。

快餐相比正餐而言,制售快捷、食用便利、营养均衡、服务简便、价格低廉等是快餐的本质特征。随着社会经济发展,北京、上海、深圳等一线城市,快餐已经成为白领群体的主流午餐,并且快餐样式也逐步演化升级,其样式也更加丰富多彩。当然,随着快餐客群饮食习惯、消费观念、用餐场景及用餐形式的变化,中国快餐业态正在向品质化、多人化、多元区域化方向转变。

三、简餐

简餐介于正餐与快餐之间,最初是以"做更优质的快餐"的想法创立的品类,所以其特点就是拥有正餐的品质,快餐的速度。简餐与快餐的主要区别在于快餐属于柜台点餐,无服务,菜点也比较少。简餐则相反,菜点比较全,拥有一定的服务质量。快餐解决的是基本的温饱问题,简餐则主打家常菜,考虑到一定社交及品质需求。近年来简餐的发展趋势呈现出产品适度多样、服务简约、环境整洁等特点。

简餐包括中式简餐、西式简餐、中西式简餐。中式简餐是指以中式饮食文化为基础,快捷、方便的餐饮形式。相较于中式正餐,中式简餐通常更便捷、经济,菜点种类也相对简单,如广东的粥、粉、面、饭。西式简餐是一种以西式餐饮文化为基础的快捷、方便的餐饮形式。西式简餐通常包括多种主食和小吃,如三明治、汉堡、薯条、沙拉、热狗等,以及一些饮料和甜点。中西式简餐是近几年新型的一种简餐模式,将国外的美食做成简餐,用中式的装修风格布置餐厅,共同构成中西式餐厅的风格;另一种构成是以西式简餐为主,以中式简餐为辅的混合餐厅风格。

四、休闲餐

休闲餐是一种比较轻松、慢节奏的用餐方式,适合一些闲暇时间较多、享受用餐过程的人。休闲餐通常在比较舒适、氛围比较轻松的餐厅、咖啡馆等地消费,菜点种类相对较多,包括主食、饮品、甜品、小食等,多以小份或分餐的形式出现,以方便消费者品尝多种食物和尝试不同的口味。

休闲餐在过去几年得到了快速发展,越来越多的消费者愿意在休闲场所中享用轻松愉快的餐饮体验。在休闲餐饮业中,除了提供美食外,也注重提供舒适、有趣、放松的环境,以吸引消费者在这里停留更长的时间。因此,休闲餐不仅注重菜点的品质和口感等审美特征,还注重餐厅的装修和设计、服务的质量和效率,以及餐厅的位置和氛围等多个方面。这些综合因素共同构成了休闲餐业态的独特特色。

五、饮料及冷饮

按照《国民经济行业分类标准》,饮料及冷饮服务包含茶馆服务、咖啡馆服务、酒吧服务和其他饮料及冷饮服务。

(一)茶馆

茶馆,一般又称茶楼。中国有悠久的茶文化,早在唐宋时期,中国的茶文化就极负盛名。茶楼文化、茶馆文化起源于中国南方,后在全国得到推广。品茶是一门艺术,是一种享受,俗话说"文人品茶,俗人喝茶"。茶文化是渊博的,要求茶楼的装修设计注重内涵,这样才能与中国的茶文化相匹配。现代式茶楼的风格比较多样化,往往根据经营者的志趣、兴趣,结合房屋的结构依势而建,各具特色。有的是家居厅堂式的,开放式的大厅与各种包房自然结合;有的是拱门回廊,曲径通幽;有的则清雅、古朴,讲究静雅;有的豪华、富丽,讲究高档气派。内部装饰上,名人字画、古董古玩、花鸟鱼虫、报刊书籍、电脑电视等各有侧重,需与整体风格自然契合,形成相应的茶艺氛围。通常以家居厅堂式的较为多见,既有开放的大厅,又有多种风格的房间,消费者能够根据兴趣做出选择。在茶馆中,人们可以品尝到各种不同口味的茶和小吃,感受中国茶文化的魅力;还可以与朋友或家人聚会、聊天、玩游戏,增进感情;同时,茶馆还可作为一些文化交流、展览活动的场所,为文化交流和传播提供平台。

(二)咖啡馆

咖啡馆又称咖啡厅,是供应咖啡和其他饮品、小吃和轻餐的商业场所。咖啡馆的起源可以追溯到 15 世纪的阿拉伯国家,现代咖啡馆则是在 20 世纪初期兴起的,特别是欧洲和美国。咖啡馆通常提供舒适的座位、充足的照明、良好的氛围、独特的装饰风格和服务理念,以吸引消费者。在许多国家,咖啡馆已经成为一种文化现象,成为人们社交和交流的场所。许多人会选择在咖啡馆中度过闲暇时光,与朋友聚会、工作或阅读等。咖啡馆还成为很多人与家人、朋友或同事沟通交流的场所,有时甚至成为商务谈判或社交活动的重要场所。另外,随着咖啡文化的不断普及和发展,越来越多的人将咖啡馆视为文化和艺术的场所。一些咖啡馆会定期举办艺术展览、音乐会或文化交流活动,吸引更多的文艺青年和艺术家前来参与;也有的咖啡馆设在图书馆中,可视为是业态的融合或延伸。

(三)酒吧

酒吧是提供酒水、小吃和社交服务的场所。酒吧通常提供各种酒类饮品,如啤酒、葡萄酒、烈性酒、鸡尾酒等。酒吧的氛围通常轻松愉悦,是人们聚会、交流、放松的场所,也常会提供一些小吃或简餐,以便人们在喝酒或喝饮料时也能享受美食。此外,酒吧也是音乐和文化活动的场所,有时会举办演出等活动,吸引更多的人前来消费和聚会。

六、预制菜

在传统餐饮业态以及食品的大家族中,预制菜的概念尚新。在《现代汉语词典》(第 6 版)中没有"预制菜"这一词条,也没有"成品菜""半成品菜"等相关词语。杨铭铎教授通过比较研究的方法对预制菜内涵做出科学界定。从字面意义理解,预制菜即预先制造的肴馔。广义的预制菜是指事先以手工加工或机械生产的非终端菜点,具体而言,是指在厨房或工厂完成原料的切配、加热、调味等工序,以成品或半成品的形态呈现,在常温或低温条件下储藏、流通到消费者的手中,经过简单加热或烹饪处理后即可食用的菜肴和面点。而狭义的预制菜是指事先以机械生产的非终端菜点,具体来说,是以标准化、工业(厂)化、自动化、连续化、智能化、数字化、规模化并与包装、冷冻(冷藏)等技术相结合为主要特征,表现出较强的生命力,属于高级工业食品的范畴,也是当下预制菜产业发展的重点。从本质上讲,预制菜在餐饮行业中并非一种完全独立的餐饮业态,是为餐饮业 B 端(business,指的是为一些餐馆、饭庄、酒店、饭店等餐饮企业提供的服务产品,B 端的消费属于中间消费)提供的"前端餐饮食品"。同时,预制菜产业的发展终将助推 C 端(consumer,消费者,是面向个人用户提供服务的产品,C端的消费属于最终消费)的"厨房革命""餐桌革命"。特别是2023年1月2日,《中共中央 国务院关于做好2023年全面推进乡村振兴重点工作的意见》中首次提道:培育发展预制菜产业。这标志着预制菜被作为国家发展战略,将会在满足人们对美好饮食生活的向往方面发挥重要作用。

> 相关知识

预制品消费小贴士

(1)建议通过正规的超市或农贸市场购买预制品,尤其是在挑选生鲜类产品时,宜选择肉质有弹性、有光泽且无异味的新鲜产品,同时还需关注产品的储存条件是否符合0～7 ℃冷藏要求。

(2)挑选预制品时,需关注产品标签上配料表、生产日期、储存条件等,烹饪制作需按照包装上"食用方法"操作。同时,可通过小程序扫描外包装上的条形码,查询该食品历年抽检是否存在不合格的情况。

(3)选购沙拉等生食产品,可向销售人员确认产品的制作日期、保质期。生食产品最好当天食用,长期存放易滋生杂菌。若无法尽快食用,建议密封后冷藏保存。

七、其他

(一)火锅

火锅,古称"古董羹",因食物投入沸水时发出"咕咚"声而得名,是中国独创的美食之一,也是一种老少皆宜的食物。火锅一般是指以锅为器具,以热源烧锅,将水或汤烧开后涮煮各类食物的烹调方式,同时亦可指这种烹调方式所用的锅具。其特色为边煮边吃,或是锅本身具有保温效果,吃的时候食物仍热气腾腾,汤物合一。火锅现吃现烫,辣、咸、鲜,油而不腻,解郁除湿,适合山川气候,现在发展为鸳鸯锅,将麻辣、清淡隔开,根据个人的喜好加不同的汤料、食物。典型的火锅食材包括各种肉类、海鲜类、蔬菜类、豆制品类、菌菇类、蛋类制品、主食等,将其放入煮开的清水或特制的高汤中烫熟后食用。有些吃法还会蘸上调味料一起食用。

(二)素食

素食指的是禁用动物性原料及禁用"五辛"和"五荤"的寺院菜。素食餐厅是指在一定的场所,公开对一般大众提供素食产品、饮料,以养生保健为基础的餐饮设施或公共餐饮场所。中国素菜的历史悠久,最早可追溯到西汉时期。相传豆腐就是在西汉时期由淮南王刘安发明的,这为素菜的发展立下了汗马功劳。因为豆腐不仅是素菜的重要原料,也是素食中的优质蛋白,它的发明无疑让素食成为维持人体基本能量的饮食。到魏晋时期,素食的发展已经相对完善,逐渐出现了许多完整的素食菜谱。据考证,北魏《齐民要术》中专列了素食一章,介绍了11种素食,是我国目前发现最早的素食菜谱。而到南北朝时期,梁武帝崇尚佛学,并以身现法倡导素食,大大推动了中国素食文化的发展。我国的素食食材异常丰富,经初加工的常用素菜原料:经黄豆加工成的豆腐及豆制品、面筋、粉皮,粉丝,菌藻类等。

(三)团餐

团餐即团体膳食,所服务的对象一般是大型的工业企业、商业写字楼、学校类的事业单位、政府机关单位、各种类型的医院、常规部队、会议活动的主办方等。团餐是一种为群体消费者提供就餐服务的餐饮服务形式,有别于酒店餐饮和社会餐饮,所服务的消费者不是商业街内流动的消费者。它有着自身的特点和经营管理模式。其特点是群体性、聚集性、定时性,其经营管理模式有自我经营、委托经营、委托管理。就对外服务的团餐企业而言,它不仅仅是"餐食供应",而是团餐经营者与客户(群体消费者)签订团餐服务合同,由服务方团餐经营者采购原料、加工制作、出品包装,再分配给客户的一个过程。

(四)小吃

小吃是一类在口味上具有特定风格特色的食品的总称。小吃就地取材,能够突出反映当地的物质文化及社会生活风貌,是一个地区不可或缺的重要特色。世界各地有各种各样的风味小吃,因当地风俗而异,特色鲜明,风味独特。现代人吃小吃通常不是为了吃饱,除了解馋外,品尝异地风味小吃还可以借此了解当地风土人情,比如北京小吃豌豆黄、豆汁、焦圈、爆肚、驴打滚、炒肝、炸灌肠,长沙小吃臭豆腐、糖油粑粑、葱油粑粑、刮凉粉、酱板鸭等,苏州比较有名的小吃包括海棠糕、梅花糕、萝卜丝饼等。

任务二 走进餐饮企业

任务描述

在餐饮行业中,餐饮企业的类型是很重要的,因为不仅体现其规模、结构和格调,而且还体现服务、经营和管理等特色。通过本任务的学习,带领学生从经营管理、营销管理和服务管理等维度熟悉餐饮企业的类型及其特点。

任务目标

(1)熟悉基于经营管理维度的餐饮企业类型及其特点。
(2)熟悉基于营销管理维度的餐饮企业类型及其特点。
(3)熟悉基于服务管理维度的餐饮企业类型及其特点。

任务导入

情景:随着社会经济的发展、生活节奏的加快和生活水平的提高,消费者的消费观念和饮食习惯等发生了较大的变化,餐饮企业也在经营方向、经营项目、产品及服务质量、内部管理等方面随之进行了调整,生产、经营管理方式也由传统向现代转变。它为人们提供一日三餐所需的各类餐饮产品和服务,极大地丰富了人们的物质文化生活,为人们的社交活动提供了场所,同时创造了大量的就业机会,对国民经济的发展起到了积极的推动作用。

问题思考:
(1)简述你了解的餐饮企业。
(2)餐饮企业生产、经营管理方式由传统向现代转变,需要在哪些方面做出调整?

知识精讲

餐饮企业的概念在项目一已经明晰,本项目需要对餐饮企业类型做进一步探讨。由于餐饮企业类型繁多,过细的分类难以表明其本质区别。因而,基于对餐饮企业经营管理模式的思考和对实际餐饮企业的研究分析,餐饮企业主要分为以下几种类型。

一、从经营管理维度进行划分

（一）按组织结构关系划分

❶ **单体型餐饮企业模式**　这种模式是指某一餐饮企业只经营一家店所采用的企业模式。很多餐饮企业在创业之初往往都只经营一家店，对于仅有的这一家店，采取生存战略，或直接以盈利为目标，或以占领市场为目标，或以树立企业形象为目标。由于"船小好转向"，单体型餐饮企业模式往往很灵活，适应性很强，讲究"物以稀为贵"，主张"唯我一家"，如北京的谭家菜只有一张餐桌，因其神秘的经营作风和独特的烹饪技术，成为许多人一探究竟的热点餐厅。

谭家菜

❷ **连锁型餐饮企业模式**　这是一种被广泛采用的餐饮企业模式，是由在同一餐饮企业的总部统一领导下的若干个进行餐饮经营活动的店铺或分支餐饮企业构成的联合体所形成的企业模式。其特点是统一采购、统一配送、统一标识、统一营销策略、统一定价、统一核算。国内餐饮企业大多采取连锁型企业模式，如海底捞、沙县小吃、茶颜悦色等。国际餐饮企业采取连锁型企业模式的就更多了，比如麦当劳、肯德基、星巴克等。

海底捞

❸ **集团型餐饮企业模式**　餐饮企业集团是建立在法人持股的股份制基础上，以一个或若干个实力雄厚的大型餐饮企业为核心，用一定纽带把众多餐饮企业联合在一起的多层次的法人联合体。这种模式被一些大型餐饮企业所采用。它主张在一定区域范围(国际、国内、全省、全市)内以直接或间接的形式，通过横向联合、纵向联合或混合联合的方式控制两个以上餐饮企业，组成一个餐饮企业实体，以相同的店名和店标、统一的经营程序、同样的服务标准和管理风格等，进行联合经营，如上海锦江饭店有限公司、香格里拉饭店管理(上海)有限公司等。

（二）按经营方式划分

❶ **线下餐饮企业模式**　线下餐饮企业模式是传统的经营模式，主要依靠实体店面进行经营。这种经营模式通常需要租赁或购买场地，购置设备和原材料，并雇佣员工进行经营管理。线下餐饮企业模式的优点是能够提供更加真实的用餐体验，但也存在场地租赁和装修、人员管理、经营风险等方面的挑战。

❷ **线上餐饮企业模式**　线上餐饮企业模式是近年来快速发展的经营模式，主要通过互联网平台经营。这种经营模式通常通过移动应用程序或网站提供外卖服务，也可以通过社交媒体进行营销推广。线上餐饮企业模式的优点是运营成本相对较低，具有灵活性和便利性，但也需要关注食品安全和配送服务等方面的问题。随着互联网技术的发达，大部分传统的线下餐饮企业逐渐采取了线下＋线上的经营模式。

❸ **云厨房餐饮企业模式**　传统餐饮企业模式负担太重，包括高昂的租金以及洗碗工、厨师和服务员的工资，因此，一种新型的"云厨房"模式悄然而生。云厨房餐饮企业模式最早起源于印度，该模式不提供店内消费、没有消费者，只提供线上预订服务，主要通过共享厨房进行经营。这种经营模式通常采用模块化厨房和智能设备进行菜点加工和配送，可以提高厨房的利用率和效率。云厨房餐饮企业模式的优点是节约成本、提高效率、减少经营风险，但也需要注意运营的标准化和安全性。

（三）按并购方式划分

❶ **纵向一体化经营餐饮企业模式**　这种餐饮企业模式采取纵向一体化战略。它主张餐饮企业在扩张时，并购或兼并自己上游或下游的相关企业，可以实行前向一体化，也可以实行后向一体化。通过与原料供应企业联合，在食品外送、西点制作、净菜加工等多个领域拓展发展空间，可与饭店、旅行社、旅游经销商、航空公司、商场、学校等建立纵向的战略联盟，如麦当劳与可口可乐的合作、麦当劳与土豆供应商的合作、肯德基与百事可乐的合作，都是纵向一体化战略的体现。

❷ **横向一体化经营餐饮企业模式**　这种餐饮企业模式采取横向一体化战略。它主张餐饮企业

在扩张时,与其他竞争对手建立横向战略联盟,组成联合舰队,以"销售联合体""命运共同体"等方式携手共进,可以资源共享、优势互补,达到更高的规模经济,实现经营协同效应,如百胜中国控股有限公司收购小肥羊和黄记煌等品牌;中国全聚德股份有限公司收购聚德华天控股有限公司30.91%的股权,与北京华天饮食控股集团有限公司并列成为聚德华天控股有限公司的第一大股东,都是横向一体化战略的体现。

❸ **混合一体化经营餐饮企业模式** 这种餐饮企业模式采取混合一体化战略,也就是说,它与上游的供应商和下游的旅行社、美团等合作,实行纵向一体化;同时也与竞争对手建立联盟,实行横向一体化,如长沙五十七度湘餐饮管理有限公司收购上游供应商,实行纵向一体化,同时又加盟小猪猪烤肉店等品牌与其联合经营,实行横向一体化,这就是混合一体化战略的体现。

二、从营销管理维度进行划分

(一)按经营品种划分

❶ **风味餐厅模式** 中国有着悠久的餐饮文化历史,中国菜点经过长期的发展,已经融汇了各民族和各地区的食料、食具、食技、食品、食规、食趣和食典等,各地都形成了自己独具特色的菜系,体现出各异的餐饮文化。近年来,随着经济的发展和现代人们口味的变化,各地区和各民族开发了许多具有当地特色的佳肴,这样,就形成了各种风味的餐饮企业,包括高级风味餐饮企业和大众化风味餐饮企业。风味餐厅模式的最大特点是独具特色,这种特色可通过菜单、服务、餐具、摆台及装饰等体现出来。这种模式依据不同的菜系形成不同的风味和餐饮文化,如小南国、重庆火锅店、川菜馆等。

❷ **咖啡馆模式** 咖啡馆的经营形式多样,有单店经营和连锁经营。咖啡馆的经营模式通常分为两种:第一种是以餐饮服务为主要经营内容,第二种是以咖啡为主要经营内容。通过提供高品质的咖啡豆、烘焙工艺和手工萃取等服务,吸引消费者。咖啡馆的营业时间和销售品种常根据消费者的需求而定。许多咖啡馆有时被称为咖啡花园,这是因为馆内的设计和布局像个大花园,里面有鲜花、草地、人工山、人工瀑布等。而一些装饰得很雅致,规模较小的咖啡馆,被称为咖啡室。

❸ **酒吧模式** 酒吧是饭店和餐饮业中重要的经营场所,除了具有一般的餐饮经营特点外,它还具有其自身的经营特点,如销售单位小,服务随机性强。目前,很多饭店设有酒吧,也有独立经营的酒吧。它们根据自己的等级和目标消费者消费水平、酒吧坐落地点和风格筹划酒水品种,制订酒水价格,如大堂酒吧、中餐酒吧、西餐酒吧、歌舞厅酒吧、音乐酒吧、客房酒吧和啤酒屋等。酒吧模式企业不仅应有目标消费者所需要的酒水产品,而且还应满足目标消费者对饮用酒水的环境、气氛、情调的要求并提供热情的服务,如大堂酒吧应以冷热饮、啤酒、鸡尾酒和小吃为主要销售产品;中餐酒吧应以各式茶点、果汁、冷饮、啤酒、鸡尾酒、葡萄酒、有特色的中国烈性白酒、白兰地等为主要销售产品。

❹ **茶馆模式** 目前主要有三种经营风格的茶馆:第一种是传统风格茶馆,如杭州的"兰亭茶社""三味书屋",北京的"老舍茶馆",广州的"陶陶居"等,不仅提供高品质的茶和小吃,还保留了传统的装修和服务方式,主要供人们品尝传统茶饮,还提供传统文化表演活动;第二种是现代风格茶馆,内部以简约、时尚的装修风格为主,通常供应多种茶饮和西式餐点,并且经常举办各种主题活动;第三种是休闲风格茶馆,通常布置得非常舒适,如软垫沙发、柔和的灯光和背景音乐等,主要是供人们在忙碌的生活中放松、休闲。茶馆模式的突出特点在于它非常讲究茶艺、茶道,其目标消费者不仅仅是解渴的人群,更是那些懂得欣赏茶艺、茶道的人群。这些人到茶馆来,以茶养性,以茶会友,以茶叙情,图的是茶馆的氛围、环境等,而不仅仅是喝茶解渴。

(二)按目标市场划分

❶ **高级餐饮企业模式** 高级餐饮企业常常提供特色菜点、传统菜点,出售美味精致的餐饮产品,具有雅致的环境、豪华的装饰、温柔的色调和古典的音乐等,提供宁静、雅致的用餐环境及周到和

细致的餐饮服务。这些企业往往注重菜点的品质、原料的新鲜程度、服务的专业性以及用餐环境的舒适度。

❷ **大众餐饮企业模式** 大众餐饮企业通常指在餐饮市场中针对大众消费群体，提供价格相对亲民、服务相对简单、用餐环境相对休闲的场所。这类企业通常采取标准化、规模化、品牌化的运营模式，以降低成本和提高效率，为大众消费者提供满足口味、营养、健康、方便等多重需求的餐饮服务。这些企业的成功在于它们通过标准化和规模化的运营模式，以及广泛的品牌宣传等营销策略，来满足消费者在价格、品质、服务、体验等方面的需求，并在市场中占据了一定的份额。

❸ **多功能餐饮企业模式** 在一些大型酒店里设有多功能餐厅，适用于举行各种宴会、酒会、自助餐会、报告会、展览会和其他各种会议。所以，这种餐饮企业模式将目标市场定位于大型团体消费群。并且，多功能餐饮企业模式可以根据客户的要求，分出不同的区域供其专用。当然，这种企业模式的费用是很高的。

（三）按目标消费者的年龄划分

❶ **青少年餐饮企业模式** 青少年是餐饮市场上的主力消费群体之一，在餐饮消费上尤其讲究情调。因此，青少年餐饮企业模式应将市场定位在青少年消费者身上，并且在形象定位上突出浪漫、前卫色彩。一些科幻主题餐厅、漫画主题餐厅、恐怖主题餐厅正是迎合了年轻人爱冒险、爱幻想两大天性。

❷ **中年人餐饮企业模式** 中年人在餐饮消费上则表现出一定的理性，但消费能力很大。因此，中年人餐饮企业模式将市场定位在中年人群，要求周到地考虑到如何方便消费者接洽业务、商谈公事。此外，针对中年人爱怀旧的特点，需着力营造各种怀旧色彩，如福州的一家农家饭庄，其内部的家具及陈设全部根据其老板对农村的印象。老板自称"村长"，曾在省话剧院工作，因此他把在话剧院中学到的本领和没法施展的才华运用到饭庄的布置上，用舞台设计的专业知识营造饭庄的农家历史气息，"想当年""老房东""战友情""知青部落"等包厢让人一进门，就产生一种恍若隔世的感觉，恰到好处地迎合了中年人的怀旧情结。

❸ **老年人餐饮企业模式** 随着人们生活水平的提高，居民寿命的日益延长，我国已经步入老龄社会。因此，老年人餐饮企业模式将市场定位在老年消费者身上，尤其是以寿宴为主题的餐厅已经成为都市新宠。举办寿宴突出了中国人尊老爱幼的优良传统，体现欢乐、健康、向上、和睦的家庭氛围。还有一类带有老年公寓性质的餐厅，一般位于老年公寓内部，与住宿、保健、娱乐、社交等融合在一起。这类餐厅根据消费者的身体状况为每位消费者"量体裁衣"地设计各类食谱，且标明了每一种菜肴的含量、热量、营养成分和性味等。

❹ **儿童餐饮企业模式** 作为一个特定的消费群体，儿童的消费金额非常庞大，而且具有消费频率高的特点。因此，儿童餐饮企业模式就将市场定位在儿童这一消费群体上。长期以来，儿童一直是餐饮市场上被忽略的消费群体，但随着人们营销观念的转变，儿童这一消费群体开始受到极大的关注。许多餐饮企业以儿童为中心，围绕儿童特殊需求开展具有特色的经营活动，如在餐厅布置上，选择儿童喜欢的卡通人物为背景；在提供各类餐饮产品的同时，还赠送一些纪念品，通过这些设置来吸引回头客。麦当劳、肯德基经常推出一些优惠券和开心乐园套餐吸引回头客，而且餐厅专门设有供儿童就餐的桌椅，还有滑梯等供儿童玩耍的设施，这些营销手段使得大量的儿童成为它们的忠实消费者。

三、从服务管理维度进行划分

（一）按服务方式划分

❶ **餐桌式服务模式** 这是全世界使用最多的服务方式，餐饮企业向就餐者提供所有的服务，从接受点菜、上菜、分菜等均围绕餐桌进行。餐桌式服务是传统的餐饮服务方式，就餐者坐在餐桌旁，等待服务员进行到餐桌点菜、上菜、斟酒水等服务，这种方式适合传统餐饮企业的经营。现在我们所

说的餐饮服务,绝大部分都是餐桌式服务。高级餐饮企业、大众餐饮企业等传统餐饮企业大多数采用这种服务模式。享受餐桌式服务的就餐者必须有充足的时间,并承担餐饮的服务费,所以这种餐饮企业模式将市场定位在商务答谢、欢迎和欢送宴会、个人和家庭的宴请及休闲等活动。

❷ **柜台式服务模式** 很多在我国经营的外国餐饮企业,尤其是日本餐饮企业,经常采用这种企业模式。在一个长条形的柜台两侧,分别是就餐者和提供膳食及服务的厨师。就餐者从点菜、等候直到就餐,始终位于柜台的一侧,而厨师的烹饪加工过程就在就餐者的注视之下完成。此类餐饮企业注重的是供餐的速度,且能让就餐者目睹自己的菜点被加工出来,这对厨师也是一种激励和鞭策。另外,有许多咖啡厅、酒吧和茶楼,往往采用这种企业模式。在咖啡馆里,咖啡的配制过程会呈现在消费者面前;在酒吧里,调酒师会将调酒的整个过程展现给消费者,可能还会加上一定的讲解;在茶馆里,品茶者可以欣赏到茶艺小姐为其表演的茶艺,也可以听到茶艺小姐为其讲解的茶道。

❸ **自助式服务模式** 经营快餐的餐饮企业常常采用这种服务方式,如在麦当劳和肯德基,就餐者的点餐、取餐均独立完成。这种餐饮企业模式的最大特点就是强调就餐者的自我服务,餐饮企业只需提供好餐饮产品和良好的就餐环境,这样可以大大提高服务的速度。

❹ **其他服务模式** 我国的许多学校、企业等单位,往往设有自己的食堂、餐厅,采用其独特的服务方式。有的提供盒饭;有的需要就餐者自备餐具,并且自我服务,包括刷洗餐具;有的不需要就餐者准备餐具,也不需要就餐者刷洗餐具,就餐者一般使用就餐卡(电子储值卡),自由选用自己喜欢的餐饮产品,就餐完毕,自行离开即可。

此外,还出现了用自动销售机销售餐饮产品和智能化的无人餐厅的服务形式。

> **相关知识**

零人工、24小时营业,这家无人餐厅全自助化,5年开60余家门店

最近几年,"全智能餐厅"一直吸引着人们的眼球,但没有几个餐厅能真正做到零人工。而广州有家智能餐厅,零人工,24小时营业,同时卖50余种米面类产品,多位消费者同时下单也能1分钟出餐,5年在珠三角地区开出60余家门店。它就是F5未来商店,虽然取名为未来商店,不过整个店仍以餐饮为主旋律。

那么消费者在店内一系列的自助用餐是如何完成的呢?

1. 点餐区(图3-1) 小程序远程下单或自助点餐,自动结账。消费者可到店里排队,通过墙壁上的点餐机器选择自己要买的产品,也可以用手机小程序提前预订,然后去门店自提,免去高峰期排队时间。

2. 取餐区(图3-2) 消费者随时跟踪后厨进度,平均1分钟出餐。点餐完成、支付成功后,后厨的机器人会自动从冷库配餐,所有米面类产品通过水煮、微波、汽蒸等方式加热后出餐,出餐时间约1分钟。消费者可以通过店内的大屏幕或者手机小程序跟踪自己的出餐时间和进度,到时间后直接去产品对应的出餐口取餐即可。

3. 打包区 热水、塑料袋全自助,消费者自己打包。因为选址处写字楼较多,所以中午高峰期不少消费者选择拿回去吃。可以在打包区自助打包,整个过程都由自己完成,没有员工的指引和帮助。

4. 用餐区 如果选择堂食,就可以在店内用餐。完成用餐后,直接按按钮,桌面就会自动清洁,不需要自己处理垃圾。虽然F5未来商店面积不算大,但是也有不少堂食的座位,主要以单人的面壁桌为主。

图 3-1　点餐区

图 3-2　取餐区

都说科技改变未来,对于智能化,很多餐饮人都认可并且支持。越来越多智能餐厅的问世,也影响着餐饮人的经营思维,如何把菜和机器更好地结合,增加营收,成了餐饮人需要去实践、检验的命题。

（二）按点餐方式划分

❶ **套餐点餐模式**　在许多餐饮企业里,将主要就餐者定位在公务人员、会议客户或宴会客户,推出套餐点餐方式,也叫套餐。菜点以组合的形式出现,数量因价格不同而异,以 3~5 个菜点为常见,也有 10 余个菜点的(如大型团体桌餐经常是一桌 10~15 个菜点)。就餐者结账付款时,以组合餐为计算单位,而非单一的菜点。这种模式,既方便了就餐方的组织者,经济又实惠;也方便了餐饮企业,薄利但多销。但是对于就餐者来说,就没有了挑选的机会。

❷ **零点点餐模式**　大多数餐饮企业采用最多的就是零点点餐模式。无论是传统的上桌服务,还是快餐服务,零点点餐模式都是最常采用的一种方式。就餐者依据餐饮企业提供的菜单,实施点菜,餐饮企业则根据消费者的选择提供相应的菜点及餐饮服务。这种模式有利于就餐者选择自己所喜欢的餐饮产品,也有利于餐饮企业赚取较多的利润,所以被广大餐饮企业广泛采用。但是,这种模式会耽搁双方较长的时间,点菜时需要商量半天,加工制作也需要很长时间,而且是一个接一个的上菜,往往比较慢,尤其是在就餐人数较多的情况下。

❸ **自助餐点餐模式**　就餐者比较喜欢自助餐点餐模式。这种餐饮企业模式非常方便就餐者,使其感到舒服,具体是指餐厅的餐桌上不摆台,需要就餐者自己在餐台上拿取餐具,到餐台拿取自己需要的菜点,然后在收款台结账付款的企业模式。其突出特点就是价格低廉,菜点丰富,用餐者自由选取,方式灵活,新颖别致。它常常根据消费者的用餐习惯,将餐厅的菜点和酒水分做几个餐台,每个餐台上陈列着各种菜点。消费者自己去餐台取菜点,最后的一个台子是收款台,收款员根据消费者餐盘上的菜点和酒水结账。

（三）按供餐时间划分

❶ **早餐模式**　目前,国内各宾馆、酒店普遍采用的一种早餐模式就是自助餐。它以自助餐的形式,给消费者提供早餐用餐服务,多将上午 6—10 时作为营业时间。其供应中式品种多为饮料、粥类、蛋类、点心、小菜、热菜等,有的供应西式品种或中、西式品种,丰简程度与宾馆、酒店的档次有关。这种餐饮企业模式的最大优势在于方便消费者随到随餐,节省时间。

❷ **午餐、晚餐模式**　消费者一天用餐中比较重视的餐饮活动就是午餐和晚餐。午餐营业时间通常为中午 11 时至下午 2 时,晚餐为下午 4 时至晚上 9 时。这两餐消费标准接近,在餐饮产品品种上,都要求丰富,品类齐全,且晚餐的进程多慢于午餐。午餐和晚餐通常处在客流高峰时段,尤其是

午餐。所以,这种餐饮企业模式既对备餐、上菜有一定的速度要求,又要餐饮产品给消费者以广泛的选择余地,可以是一种风味,也可以是各种风味的组合。

❸ **全天候模式** 提供全天候餐饮服务,通常营业时间从早上6时至晚上10时,有些甚至24小时营业。全天候餐厅是指在一天的不同时间段都能提供餐饮服务的餐厅,即24小时营业。这种餐厅可以满足消费者在不同时间段的各种饮食需求,比如早餐、午餐、晚餐、夜宵等。全天候餐厅通常具有以下特点:①营业时间长。通常从早晨开始一直到深夜,这种长时间的开放可以为消费者提供更为灵活的用餐时间,也可以为餐厅提供更多的商机。②提供多种餐饮服务。早餐、午餐、下午茶、晚餐、夜宵等,以满足消费者在不同时段的各种饮食需求。③菜品多样。通常提供多种不同风味的菜点,以满足不同消费者的需求。

❹ **夜宵模式** 夜宵是指在夜间食用的小吃或轻食,如炸鸡、烧烤、煎饼、馄饨、热干面等。夜宵在不同地区有不同的风味和特色,如在中国南方城市,夜市上的小吃和点心往往比较多;而在北方城市,烤串、炸酱面等热气腾腾的小吃更为流行。夜宵市场通常以年轻人为主要消费人群,因为他们更加注重生活品质,乐于尝试新的美食,且通常作息时间较晚,需要在深夜时分填饱肚子。因此,在大多数城市,夜宵摊位和夜市非常常见,尤其是在城市繁华商圈、居民区周边、学校、工厂等地。

项目小结

通过本项目的学习,我们对餐饮业态的种类及其相关概念和特点,餐饮企业的不同类型及特点有了清晰的认识,我们以思维导图总结(扫描二维码即可获取)。

同步测试

一、选择题

1.(　　)是指在一定场所内提供以中餐、晚餐为主的各种中西式菜肴、酒水和主食,由服务人员送餐上桌,并提供餐饮相关服务的餐饮活动。

　　A. 正餐　　　　B. 快餐　　　　C. 简餐　　　　D. 外卖

2.(　　)由一个人或者一个组织发起的聚餐,客户消费不以店堂为主,而供应商以团体形式,上门服务为主。

　　A. 团餐　　　　B. 简餐　　　　C. 快餐　　　　D. 小吃

3.(　　)是根据当时当地的市场状况,将几十种食品(菜肴、汤、点心、水果、饮料等)按一定的规律和艺术性置于若干个大餐台上,就餐者以人作为消费单位支付一定的金额后,便可自由地选取自己所喜爱的食品,而且食品的品种数量不限。

　　A. 快餐餐饮企业　　　　　　B. 自助餐餐饮企业
　　C. 传统正餐餐饮企业　　　　D. 外卖店

4. 快餐餐饮企业如麦当劳或肯德基,最常采用的是以下哪种服务方式?(　　)

　　A. 餐桌服务式　　　　　　B. 自助服务式
　　C. 柜台服务式　　　　　　D. 外卖服务式

二、简答题

1. 简餐与快餐的区别主要体现在哪些方面?
2. 现代餐饮企业可以从哪几个角度划分?
3. 纵向一体化经营餐饮企业模式有什么特点?
4. 据统计,全国预制菜相关企业从2018年的8000家激增到2022年超7.6万家,市场规模从2017年的约1000亿元增长到2021年的超过3000亿元,行业业态也是各式各样,既有传统连锁餐饮企业、大型商超、便利店,也有新型零售及直播平台等。根据上述资料,谈谈你对预制菜未来发展趋势的看法。

三、实践活动

以小组为单位,每个小组4~5人,调查学校周边餐饮企业的类型,并说明其特点,写一份调研报告。

项目四

解析餐饮企业结构与功能

扫码看 PPT

项目描述

餐饮企业结构与功能反映了企业的人员、流程、技术的组织和安排。结构设置不合理,功能不健全,则会出现管理混乱、部门推诿、企业生产效率低下的情况,势必影响企业利润目标的实现。而科学系统的餐饮企业结构与功能设计,能够有效地完成上令下达、帮助企业实现利润目标。本项目将带领大家探索餐饮企业结构与功能,并在餐饮企业运行中得到实践。

项目目标

(1)熟悉餐饮企业结构。
(2)了解餐饮企业组织功能。
(3)熟悉餐饮企业运行基本规律。

任务一 认知餐饮企业结构

任务描述

餐饮企业科学的组织结构,可以建立起组织与个人的心理默契和链接,从而形成餐饮企业的生产经营纲领。如何完成横向、纵向间的信息传递,迅速准确、执行彻底,是考验餐饮企业成长及效益的关键。通过本任务的学习,掌握餐饮企业结构的相关概念、餐饮企业结构的特点、餐饮企业结构的设计原则以及餐饮企业结构设计的内容。

任务目标

(1)熟悉餐饮企业结构的相关概念。
(2)熟悉餐饮企业结构的特点。
(3)了解餐饮企业结构的设计原则。
(4)了解餐饮企业结构设计的内容。

任务导入

情景:小明同学看了几部关于餐饮企业发展的纪录片,有以下几个片段。
宋朝汴京,一条沿主街的饭庄,每天都有达官显贵来品酒会友。饭庄里面有掌柜、厨房大师傅、跑堂伙计、账房、酒保。快收档时,客人尽散归家,账房和酒保正跟掌柜对着账本,老板娘命跑堂伙计查验门外庭院,关门上板,等待明早采买。

2015年,西安有一家卖肉夹馍的小店铺,老板娘正在用手撕碎馍馍,放到灶台上的一碗羊肉汤中。老板把小面包车停到后院,将明日需要的食材搬至厨房。理完货物后,老板拿来手机,用小程序汇总了当天全部的流水,抬头向服务员满意地笑了笑。

问题思考:

(1)古往今来,餐饮企业发展中组织架构是否发生了变化?又分别具有哪些特点?

(2)不同餐饮企业结构在设计时遵循的共性原则有哪些?设计的内容又有什么差别?

知识精讲

20世纪后期,在我国改革开放与现代化建设以及大量新概念涌入的背景下,"企业"一词的含义不断发生变化。目前在媒体中出现的"企业"一词,较常见的一种用法中是指各种独立的、营利性的组织,可进一步分为公司和非公司企业。随着社会的进步,生产力的发展,第三产业兴起而产生的以饮食加工制作、销售并提供饮食场所的方式为消费者提供饮食消费服务的、实行独立核算、以盈利为目的、依法成立的经济组织,被称为餐饮企业。

组织管理之父马克斯·韦伯对结构的定义是一种意识过程结果的形态或框架,一种统一或有条理的形式或结构,建筑的艺术或科学。从结构的角度理解企业,可以发现三个特点:第一,要建立完整的企业架构,必须从企业战略高度来思考企业建设;第二,结构可以很好地把握组织动态发展的脉络,为组织成长奠定坚实的基础;第三,结构具有丰富的层次性,可以有效地体现组织的柔性。企业结构是指企业的组织结构,它决定了企业内部的相互关系、信息沟通的形式、企业的权力结构以及企业运行的工作流程。

一、餐饮企业结构的特点

企业结构的设置直接影响企业运作。我们所研究的餐饮企业组织结构是餐饮企业全面运营机制的重要组成部分,为广大的餐饮企业提供一个规范的操作模本。根据餐饮企业操作系统建立起来的餐饮企业组织结构具有以下特点。

(一)有效性

餐饮企业有效运作的前提是有一个符合组织目标的餐饮企业组织。一个餐饮企业组织是否有效,会因评价者不同、评价者的角度不同以及评价时所使用的标准不同而有所不同,但该组织能够在一个共同标准的基础上为餐饮企业的运作提供有效的保障,主要表现在利润、增长、资源取得、适应性、创新、生产率、消费者的满意度、员工的满意度及忠诚度等方面。这些指标通过合理的餐饮企业组织结构和运行机制,能够在餐饮企业经营中得到实现,同时,餐饮企业也能适时监控这些指标的实现情况,利用这些指标为企业的战略决策服务。

(二)稳定性与动态性

餐饮企业的组织结构为餐饮企业提供相对稳定的运行保障,使餐饮企业在平稳、有序、规范的状态下运行。同时,建立起来的组织结构不是一层不变的,而是随着内外环境的变化而变化。餐饮企业是社会大系统中的一个子系统,它不断地与外部环境进行信息、能量、物质的输入和输出,而这种输入和输出一般都会影响到企业的战略目标。以流程为核心驱动力的餐饮企业结构的构建,通过对外部环境的适应和不断优化,能够使餐饮企业的结构在开放的条件下不断适应环境的变化。

(三)抗风险性

餐饮企业模式的系统运行是在监控的条件下进行的,所建立起来的运行控制系统包括预警机制和控制系统,除了保障组织结构的相对稳定和组织功能的发挥外,通过系统的预警机制和各种控制措施,对产生的偏差加以及时纠正,能够增强餐饮企业抗风险的能力。

(四)其他

除此之外,餐饮企业结构还具有其他方面的特点,主要表现在为每个员工创造独立、主动工作的环境,通过工作计划和流程规范,让每位员工知道应该做什么和如何去做;为管理者提供一个积极、有利于创新的环境,而不是把工作重点放在重复的日常工作上;奖励、强化积极行为,惩罚、消除消极行为,以养成良好的工作习惯;积累知识和经验,表现为对管理者的专业化分工,注重保护和挽留有经验的管理人员;通过设计流程和不断优化,在餐饮企业实现技术、知识的不断更新。

二、餐饮企业结构的设计原则

为使餐饮企业能够最有效率地实现其经营目标,根据目前的管理理论和实践,餐饮企业组织结构的设置应遵循以下六点原则。

(一)任务、目标原则

任务、目标原则是指餐饮企业组织为了保证完成任务,实现企业的目标,把每一个员工的力量集中起来组成一个整体,而且使其明确自己的任务,围绕餐饮企业的总目标运转。餐饮企业部门划分应该以经营目标为导向,对于妨碍目标实现的部门应该予以撤销、合并或改造,对有利于经营目标实现的部门要重点建设。在组织结构设计时,要以事建机构,以事设职务,以事配人员,而不是因人设职,因职找人,做到人与事的优化组合。

(二)精干高效原则

餐饮企业的组织结构应该是精干的、有力的、高效的。要在服从生产经营需要的前提下,力求减少管理层次,精简管理机构和管理人员,充分发挥各级各类人员的积极性,更好地为生产经营服务。这就要求餐饮企业内每位员工满负荷工作,杜绝"一线紧,二线松,三线肿"的现象,彻底改掉餐饮企业滥设职能机构与临时机构的毛病。

(三)统一领导、分级管理原则

统一领导是指无论对哪项工作来说,一位下属应只接受一位上级主管的命令。该原则要求餐饮企业中实行统一领导,消除"多头指挥"和"无人负责"的现象,以保证餐饮企业经营活动的正常进行。统一领导原则规定不能越级指挥,这意味着必须实行分级管理。分级之后,就要正确处理上下级之间的关系,即集权和分权的关系。为了保证统一领导,关系全局性的重要的管理权限必须由企业高层掌握,同时,为了充分调动各级组织和员工的积极性,避免吃"大锅饭",又必须在统一指挥下实行分级管理,适当规定各级的权限和职责。

(四)管理幅度和层次原则

餐饮企业要从企业的实际情况出发,决定管理幅度和管理层次,根据上述原则和经验来确定。同时,正确处理管理幅度与管理层次的关系,还应考虑如下因素:一是工作能力的强弱,工作能力包括领导者的工作能力和下属的工作能力;二是信息交流的难易,信息交流的方式和难易程度也会影响到管理幅度;三是检查手段的快慢,上级能通过检查手段,迅速地控制各部门的活动,并客观地、准确地检测其成果,则管理面可适当扩大;反之,则管理面要缩小。

(五)权责对等原则

权责对等原则也就是权责一致原则。遵循权责对等原则,对于餐饮企业的领导者来说,必须对下属进行正确的分工授权;对于下属来说,就不能要求超过职责范围之外的更多的职权。授权时应做到以下两点:一是按期望的成果授权,由于授权的目的是向领导者提供一种手段以便他们去实现目标,所以授权时应从对要求其达到的成果出发,衡量实现这一成果需要有多大的处理问题的权限;

二是职权不应大于或小于职责,大于时,就难以指导和控制,小于时不公平,不利于实现期望的成果。处理好职权和管理层次的关系,每一个部门必须拥有同整个组织协调其业务工作的职权。同时,授权时必须保证整个组织自上而下的职权关系,也就是说要形成一个职权-管理层次体系,要求各级领导者应该按照所授予的职权做出这一级中的决策,只有超越了其职权范围的问题才提交给上级。权责对等原则是餐饮企业组织设计时必须遵循的一项重要原则,通过科学的组织设计,将各种权力和责任等形成规范,制订成章程,使担任各项工作的员工有据可依。

(六)稳定性与适应性相结合原则

稳定是相对的、暂时的,适应是绝对的。餐饮企业的管理机构是保证企业正常运行的基础,因此,应保持相对稳定性,避免情况稍有变化就使企业出现混乱而影响正常工作秩序。同时,管理机构又是企业实现经营目标的工具,由于外部环境、内部条件的变化,企业经营方针、经营目标的变化,就有可能使原来稳定的企业变得不稳定,如部门之间忙闲不匀,人员配合不协调等情况相继出现。企业管理的组织职能就要根据变化的情况,及时采取措施,以保持对内部条件和外部环境变化的适应性。

三、餐饮企业结构设计的内容

设置合理的组织结构和科学的管理体制,对餐饮企业高效率地运作具有重要的促进作用。正如美国管理学家吉尔摩曾经指出,人们在精力与能力上的最大浪费是由组织不良引起的。

(一)餐饮企业结构设计的程序

餐饮企业组织结构设计要有指导原则,同时还要遵循一定的程序,以使餐饮企业组织结构的设计过程标准化和规范化。餐饮企业组织结构的设计应做到以下三点:一是围绕餐饮企业目标的完成进行业务流程的总体设计,并使流程达到最优化,这是餐饮企业结构设计的出发点;二是按照优化的业务流程设计服务岗位,根据服务岗位数量和专业化分工的原则设计管理岗位和部门机构;三是对各岗位进行定职、定员、定编,对每个岗位进行工作目标和工作任务的分析,给定每个岗位的工作目标、工作职责、工作程序,并用职位说明书将这些内容记录下来。按照岗位工作的需要确定相应数量的人员编制,尤其是确定岗位对人员素质的要求,因为它直接影响着工作效率;四是规定各种岗位人员的职务工资和级差奖励,根据岗位在业务流程中的重要程度、任务轻重、劳动强度、难易程度、环境条件、管理水平、风险大小等指标来考虑劳动报酬的差别。

总之,经过科学的组织结构设计,整个餐饮企业组织应达到如下标准:一要有直接的、明确的权力和职责划分;二是连续的业务流程;三是组织中各个层级向上、向下和横向传递信息迅速;四是对每一岗位的工作都能进行客观评价;五是组织中的每位员工都能胜任岗位工作,并有良好的士气和高度的工作满足感。

(二)餐饮企业结构设计模型

设计餐饮企业结构需要考虑众多因素的影响,其中主要的外部变量有行业性质、经营规模及管理水平等。不同行业因其经营特点不同,对结构的要求也不同。然而,对餐饮企业结构起决定作用的却是内部变量,它们分别是横向部门集中方式与纵向的权限分布形式。在餐饮企业结构设计中,常见的部门集中方式有以下几种。

❶ **职能部门化** 职能部门化是一种普遍的组织形式,按职能划分部门,由于各部门从事的只是餐饮企业整体活动的一部分,因此有利于维护行政指挥的权威,有利于维护餐饮企业的统一性。各部门各自负责一种类型的业务活动,也有利于餐饮企业员工的培训与交流,有利于技术水平的提高。

(1)采购部:原料的采购是餐饮业务正常开展的前提。其主要职责:负责餐饮企业经营所需的各种原料的采购,保证为厨房等加工部门提供适当数量的餐饮原料;保证每种原料的质量符合一定的使用规格和标准;保证采购的价格和费用低廉,使餐饮原料成本处于理想状态。

餐饮部组织结构图(小型、中型、大型)

(2)餐饮部:这是餐饮企业的核心所在,在餐饮企业结构中有着无法替代的地位和作用。餐饮部是唯一向消费者提供实物消费的部门,其下有很多部门,其自身的结构依据餐饮企业的类型、规模的不同而有所区别。

(3)市场营销部:餐饮企业除了向消费者提供令人满意的菜肴外,其最大的特点就是服务性很强。餐饮企业的市场营销部主要承担着向消费者提供满意服务的职责,包括优雅的就餐环境,用餐过程中周到细致的服务,节假日或企业周年庆的促销活动等。就企业的长期发展而言,市场营销部还承担着餐饮企业营销战略的制订,竞争对手的分析及相应对策的制订等。

(4)财务部:职责是协助餐饮企业管理者搞好餐饮企业经营核算,控制企业经营费用,以保证餐饮企业获得较好的经济效益。

(5)人力资源部:由于餐饮企业人力资源的特殊性和重要性,人力资源部在餐饮企业的结构中占有非常重要的地位。它不仅要负责选用一流的员工,留住掌握餐饮技术的一流厨师人才,同时还要对餐饮企业的员工进行各种培训,进行劳动考核和保护,最大限度地调动每位员工的积极性。

职能部门之间要相互协调和有力配合,以保证餐饮企业的经营活动有条不紊地进行。餐饮企业按职能部门化划分的结构见图4-1。

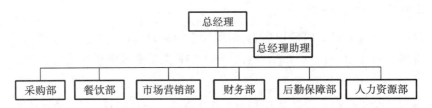

图4-1 餐饮企业按职能部门化划分的结构

❷ **产品(业务)部门化** 按职能部门化划分通常适合于单一经营的餐饮企业。随着餐饮企业经营范围的多元化,职能部门化的结构往往无法适应餐饮企业发展的要求,于是就出现了按企业经营的不同产品(业务)划分部门的做法。这时,餐饮企业表现为多元化经营的餐饮企业集团。除了传统的餐饮经营外,餐饮企业集团往往还从事旅行社、食品加工等相关领域的经营活动,有的还介入房地产等其他经营领域。餐饮企业按产品(业务)部门化划分的结构见图4-2。

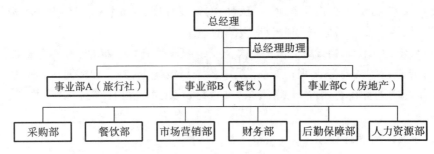

图4-2 餐饮企业按产品(业务)部门化划分的结构

产品(业务)部门化具有以下优势。一是餐饮企业将多元化经营与专业化经营结合起来,向社会提供多种相关的产品与服务,既可使餐饮企业因多元化经营而降低市场风险,提高经营的稳定性,又可使餐饮企业各部门因专业化分工而提高生产效率,增强企业的市场竞争力。二是以产品(业务)划分各部门,部门对餐饮企业的贡献容易考核与评价,有利于形成部门间的合理竞争,有利于推动各部门的优化工作,从而促进餐饮企业的发展。三是以产品(业务)划分各部门,要求每个事业部的经理独当一面,从事自己产品(业务)的经营活动,这类似于对一个完整企业的经营管理。因此,餐饮企业可以利用产品(业务)部门化来加强对经营管理人才的培养和选拔。

❸ **区域部门化** 当餐饮企业的经营活动在地域上分布较散,或者是餐饮企业是以总部为中心的连锁化的经营方式时,为了适应各地在政治、经济、文化及市场环境等方面的差异,比较有效的管

理方式就是按照区域划分部门。这种部门划分常见于从事跨国、跨地区经营或以连锁方式经营的大型餐饮企业。餐饮企业按区域部门化的结构见图4-3。

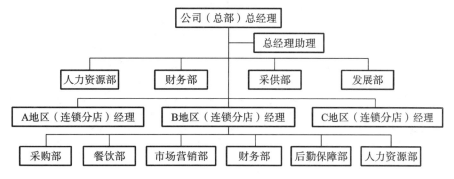

图4-3　餐饮企业按区域部门化的结构

根据地理位置的不同设立部门,甚至使不同区域的子公司成为相对独立的经营实体,可以更好地针对各区域消费者的行为特点来组织生产经营活动,在国际范围内从事经营业务活动的跨国餐饮企业尤其如此。

按区域划分部门的主要优点:有利于餐饮企业降低经营成本;有利于扩展市场,建立跨区域和国家的销售网络;有利于获得餐饮企业经营中的比较利益与优势;有利于调动各地的积极性,有助于发现和培养餐饮企业经营的优秀人才;通过连锁化的经营方式,有利于餐饮企业资源的充分利用和优化配置。

 相关知识

餐饮企业组织结构形式

餐饮企业按照权力集散程度分为3种不同的组织结构形式:U型组织结构、M型组织结构和H型组织结构。

(1)U型组织结构:这是在我国餐饮企业常见的一种组织结构形式,它是按照职能划分部门,将餐饮企业的经营管理权力集于经营者手中的一元化结构。其主要特点:餐饮企业的经营活动按照职能划分为若干个自上而下的子系统,每个系统由一位副总经理直接指挥领导;餐饮企业实行集中决策与管理,各职能系统只是相关职能部门的集合,仅仅作为经营活动的责任中心;餐饮企业实行统一控制与核算;从法律的角度看,餐饮企业是独立的企业法人。

(2)M型组织结构:这是一种以餐饮企业产品(业务)划分部门并授予较大经营权力为特征的多元化组织结构。由于这种组织结构中,部门的性质通常都发生了变化,因此也称为事业部制组织结构。在M型组织结构中,部门已经成为餐饮企业经营的盈利中心。各事业部在餐饮企业(集团)的集中指导下,根据市场需求自主经营,对自己的经营结果负责,企业总部只对重大战略问题做出决策。但事业部不具有企业法人资格,这种组织的管理原则可以概括为集中决策,分散经营。

(3)H型组织结构:严格地讲,这已不是一种企业内部的组织形式,而是一种企业法人的联合体。这种组织形式与事业部制组织结构的主要区别在于,子公司在经济与法律上是独立的,相互之间以股权作为联系的纽带,母公司拥有的股份越多,对子公司的控制权越大。由于在经营上是一个整体,相互间有着共同的目标与利益,H型组织结构有利于餐饮企业实行网络化和多元化经营,获得规模经济效益,提高餐饮企业(集团)在市场竞争中的地位。

任务二 明晰餐饮企业组织功能

任务描述

企业组织功能的发挥建立在高效的组织工作基础之上,如企业为实现其目标而对自身结构的设计与调整、业务活动的分类、管理人员和职位的设置、管理职权的分配以及对组织成员的行为做出规范要求等。通过学习餐饮企业组织功能的内涵,了解餐饮企业组织功能界定的原则,从而把握餐饮企业组织系统功能的界定。

任务目标

(1)了解餐饮企业组织功能的内涵。
(2)熟悉餐饮企业组织功能界定的原则。
(3)掌握餐饮企业组织系统功能的界定。

任务导入

情景:小王夫妻俩开了一家大排档,这几年生意一直非常火爆,挣得盆满钵满,他认为自己已经具备开大饭店的能力。于是小王扩大经营,投资了一家中型饭店,并且雇用了厨师、服务员、洗碗工若干名,但试营业的第一天就乱了套。后来他请了一位有经验的餐饮店长,店长帮他厘清了餐厅结构设计、岗位配置、职权分配、岗位职责制订等,很快餐厅一切运转正常,员工之间相互合作,在各自的岗位上为实现经营目标做出自己的贡献。

问题思考:
(1)"夫妻店"和"中型饭店"的组织功能是否相同?发生了哪些变化?
(2)如果你是店长,你将如何设计这家中型饭店的组织功能?

知识精讲

一、餐饮企业组织功能的内涵

餐饮企业组织功能与一般企业的组织功能在理论上具有相对的一致性,它要遵循一般企业组织功能的准则。但在实际操作中,要结合餐饮企业自身的特点,对餐饮企业的组织功能加以具体界定,其根本标准是有效实现餐饮企业的经营目标。

餐饮企业的组织功能是指在餐饮企业组织结构设计的基础上,餐饮企业组织系统运行过程中所发挥出来的效能和所承担的职责。也就是说,餐饮企业的组织功能是通过规定其职责、权限、组织内各部门的责任、义务等途径发挥出来的。

餐饮企业组织功能的发挥表现在一些具有必然性、规律性的层次上,也包括一些人为因素。前者主要包括业务技术层面、制度结构层面,后者则表现在人的管理层面、领导权威层面。

(一)业务技术层面

技术是根据自然科学原理和生产实践经验发展成的各种工艺操作方法和手段。餐饮企业要在激烈的市场竞争中占有一席之地,其业务技术的精良程度是一个重要的指标。因此,餐饮企业组织功能必然建立在餐饮企业的业务技术基础之上。在餐饮企业组织功能的系统发挥过程中，存在着它所承担的主要业务和用来完成任务的技术——工作程序、方法和手段。

（二）制度结构层面

制度是用来规范组织成员行为的一系列规章制度。餐饮企业组织各部门职责的界定、组织成员责任义务的划分、企业各项业务活动的开展等组织功能的充分发挥，都是建立在制度规范的基础之上。

（三）人的管理层面

餐饮企业组织功能在人的管理层面上，既有其必然性的一面，也有人为因素。在改变和控制个人行为意义上阐述餐饮企业组织的功能，通常所谓"管人"的过程，可以归结为诱导、规范和内化3种基本形式。

诱导即运用各种需求因素来诱发和引导个体的方式。诱导的基础是人的基本需求，包括先天的和后天的各种需求。诱导的基本手段既包括报酬、地位、荣誉、工作条件、工作内容等组织正式提供的需求，也包括组织非正式提供的信任感、归属感、情感交流等心理需求。

规范是指运用各种强制性力量约束和强制个体行为的方式。规范的实质是为个体行为确定准则、限定范围。因此，规范的执行往往伴随着相应的奖励和惩罚措施。

内化是指通过心理作用过程使管理的要求转化为个体自觉行为的方式。内化涉及个人习惯化行为和道德化行为两部分，这两部分行为对个体而言是长期形成的，很难改变。因此，内化是3种基本方式中力量最强大，但同时也是最难操作的一种管理方式。

（四）领导权威层面

权威是组织通过指示、命令等支配组织成员行为，使组织成员接受的一种权能。权威是发生在管理者和被管理者之间的一种互动关系。餐饮企业组织功能的发挥有赖于这些影响组织功能的因素，餐饮企业组织的功能也正是通过这些因素的协调作用来发挥的。

二、餐饮企业组织功能界定的原则

现代餐饮企业组织功能界定的原则就是在依据组织结构的要求设定组织功能时所要遵循的一般规则和要求。这些规则和要求具有普遍共性，能为各种不同类型、不同规模的餐饮企业在界定组织功能时提供规范和标准。餐饮企业在界定组织功能时，一般要遵循如下五个原则。

（一）简化性原则

餐饮企业的组织功能不是越多、越复杂越好，而是建立在指导餐饮企业组织有效运作的基础上，应简洁明了。组织功能的简化性界定，受组织结构复杂程度的影响，同时，组织功能本身又要求组织结构设计的实用。因此，贯彻餐饮企业组织功能的简化性原则，能够避免餐饮企业出现组织结构臃肿、人浮于事等作风，减少组织职责、功能在发挥过程中因环节过多而出现效率低下；能够有效节省费用，降低餐饮企业成本，提高餐饮企业的经济效益。

（二）适用性原则

餐饮企业组织功能必须符合企业管理者的需要，对餐饮企业管理人员在行使餐饮企业组织职责时有用。界定餐饮企业组织功能时，既要考虑国家、社会、行业对餐饮企业在税收、财务等方面的要求以及经营环境的制约，更要考虑企业自身的经营特点和实际的资源状况。因此，各个餐饮企业在设计组织功能时一定要因地制宜地进行，使设计出来的餐饮企业组织功能既符合所处的餐饮行业整体外部环境的要求，又要适用于企业内部组织结构、企业自身的人、财、物等资源，使餐饮企业组织功能的发挥能够真正起到推动餐饮企业不断发展的作用。

(三) 有效性原则

任何企业组织功能都要求能够促进企业发展,提高效率和效益,提升企业竞争力,餐饮企业的组织功能也不例外。因此,在界定餐饮企业组织功能时,要严格贯彻有效性原则,注意餐饮企业组织的严密性、协调性、适度性、简便性。

(四) 高效性原则

高效性原则是一种应用性原则,要求餐饮企业组织功能的发挥要在追求高效率的基础上进行,在界定餐饮企业组织功能时要注重企业的成本效益和经济效益。贯彻餐饮企业组织功能界定的高效性原则,在设计组织功能时,要加强部门之间的协调沟通,简化组织流程,明确各部门、各功能之间的重点衔接点。建立在以流程为核心驱动力基础上的餐饮企业组织结构,通过将各部门、各组织职责之间的业务用流程加以规范,减少各个环节信息的流失。

(五) 一致性原则

餐饮企业组织功能不仅要体现一般企业组织的管理原则而为餐饮企业所处的外部系统所接受,而且还要体现一致性原则,即餐饮企业的同类或相似的业务在企业内部各职能部门、业务单位之间的处理要彼此一致,更重要的是餐饮企业组织功能界定的基本框架要保留相当的弹性,增加可容度,以满足餐饮企业组织功能调整或变革的需要。

三、餐饮企业组织系统功能的界定

(一) 制度规范功能

制度规范是在组织结构和计划与控制的基础上用来约束和协调企业全体员工行为、规定活动程序和方法的各种章程、条例、守则、规则、程序、标准、办法等的总称。依照制度规范涉及的层次和约束的内容,餐饮企业制度规范可分为五大类:企业基本制度、管理制度、技术规范、业务规范、个人行为规范。

快餐巨人——麦当劳公司的管理之道

(二) 管理协调功能

餐饮企业组织承担着协调各种矛盾,平衡各种利益的职责和功能。管理协调的实质就是适应环境的不断变化,消除阻碍餐饮企业发展的各种矛盾,以寻求餐饮企业的不断发展。管理协调的问题有多种类型和层次,不同类型的问题,解决的方法也不同。餐饮企业涉及的管理协调问题主要有技术问题、力量问题、综合问题等。发挥餐饮企业组织管理协调的功能,处理好餐饮企业技术问题、力量问题以及综合管理问题,主要是通过三个途径来实现,包括设计和确定餐饮企业基本的管理框架,发挥垂直影响作用,利用横向的相互影响。

(三) 文化建设功能

餐饮企业组织的文化建设功能是指餐饮企业组织担负着创造组织气氛或者组织环境的责任,通过餐饮企业长期形成的这种无形的文化氛围,对餐饮企业组织内的每位员工发挥着巨大的影响。餐饮企业组织的文化建设分为五个阶段:慎重地选择餐饮企业组织的价值标准;进行情感投资,增强餐饮企业组织员工的组织意识;餐饮企业的管理者要和餐饮企业全体员工一起坚守企业的价值观念;积极强化,巩固餐饮企业组织的文化建设;适应形势的变化,不断发展餐饮企业组织的文化。

(四) 组织变革与创新功能

就餐饮企业组织而言,组织变革与创新主要受两个因素的影响:一是外部因素,如政治、经济、技术、信息、消费者的消费趋向等;二是内部因素,即餐饮企业自身发展对餐饮企业组织变革与创新的要求,如随着餐饮企业在经济效益、规模等方面实力的增强,在原来的基础上谋求更高层次的发展。进行餐饮企业组织变革与创新,要遵循变革与创新的程序,大体通过七个步骤来实现:一是认识到餐饮企业组织变革与创新的必要性；二是对计划中的改革必须提出明确的目标；三是进行具体分析，确定需要改革的问题；四是正确地选择改革的方法；五是制订改革的计划；六是改革计划的执行；七是对改革的结果进行评价总结。

 相关知识

餐饮企业组织部门功能界定

餐饮企业组织功能的具体界定主要是针对餐饮企业的各个职能部门而言的，餐饮企业组织部门根据企业规模的不同、业务范围的不同而异，但一般由五大基础部门组成：餐饮部、采购部、市场营销部、人力资源部、财务部。下面以某宾馆的餐饮部为例，梳理其组织部门功能。

餐饮部是酒店重要的经营部门，主要功能是为消费者提供各种菜点、舒适的就餐环境、优质的服务，营造消费者满意的餐饮体验。餐饮部负责经营中、西餐厅、宴会厅、酒吧、美食屋、送餐等具体的餐饮项目，向消费者提供中、西式零点散餐、自助餐、团体包餐、宴会（酒会）、会议、展览租场、客房用餐及酒吧服务，同时提供厅外饮食服务。餐饮部的收入在宾馆营业收入中占有较大的比重，是宾馆取得良好经济效益的重要部门之一。

餐饮部下设楼面部分和厨房部分，楼面部分主要负责宾馆中、西餐厅的经营与管理，向消费者提供各类餐饮服务、宴会服务、会议租场等服务。厨房部分主要负责研发菜式、菜式出品、控制食品质量和成本等。餐饮部下设：中餐厅、西餐厅、咖啡馆、酒吧、面包屋、客房送餐、宴会销售组、管事组、酒水组、员工饭堂和中、西厨房等。

一、餐饮部机构设置图

餐饮部机构设置图见图4-4。

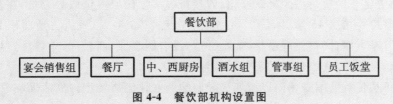

图4-4　餐饮部机构设置图

二、岗位设置

(1)餐饮部：总监等。
(2)餐饮部办公室：餐饮部经理、餐饮部副经理、餐饮部培训经理、收款主管、秘书、办公助理等。
(3)总厨办公室：餐饮部行政总厨、餐饮部副行政总厨、办公助理等。
(4)宴会销售组：高级经理、经理、资深销售员、销售员等。
(5)各餐厅：餐厅经理、餐厅副经理、领班、迎送员、服务员、传菜员、送餐员、订餐电话接听员等。
(6)酒水：酒水经理、酒水副经理、酒水领班、酒吧员等。
(7)管事：管事经理、管事领班、仓管员、财产管理员、洗碗工等。
(8)员工饭堂。
①楼面：经理、主管、领班、服务员等。
②厨房：副大厨、主厨、厨工、仓管员等。
(9)中、西厨房：大厨、副大厨、主厨、厨师、厨工、清洁工等。

任务三 把握餐饮企业运行基本规律

任务描述

在经济全球化的今天,竞争和变革已变得前所未有的复杂,成功的企业明白增长和价值创造的基础和动力来自对企业传统认识的超越。这些企业认识到利用流程和知识是它们取得更好业绩和更多价值的关键。建立以流程为核心推动力的餐饮企业组织,就必须正确处理好结构、功能、流程三者之间的关系。结构是功能的内在依据,功能是结构的外在表现,流程贯穿于组织结构的各个部门和它发挥组织功能的各个环节,并以流程为核心推动力,通过不断优化与再造推动餐饮企业组织结构的完善和组织功能高效发挥。

任务目标

(1)熟悉餐饮企业运行流程规范的理论基础。
(2)了解餐饮企业结构、功能、流程的三维立体关系。
(3)熟悉餐饮运行流程规范与优化的设计原则。

任务导入

情景:某宾馆曾是一所接待型园林式宾馆,曾接待过多个国家多位政界要员,在国内外享有很高的声誉。全馆共有接待楼房15幢,床位1200多张,员工1200多人;酒店占地面积26万平方米,其中湖面面积4.6万平方米;宾馆设施豪华,优雅舒适,设有国宴厅、西餐厅、中餐厅、温泉游泳馆、国际标准网球场等娱乐设施等,其中最大的宴会厅可容纳千人。

目前该宾馆正从传统的国宾馆向以市场为导向的商业化酒店转型。酒店面临着战略的调整、运营模式的改变、企业价值的重新定位等挑战,建立现代企业制度,健全内部管理体系对该宾馆来说尤为重要。与大部分转型期的企业一样,该宾馆在组织管理、岗位管理、绩效管理和薪酬管理等方面存在许多有待变革与完善的地方。

问题思考:
(1)酒店组织结构优化需要考虑哪些因素?这些因素对酒店运营管理有影响?
(2)酒店转型以市场为导向后,酒店的各业务部门和职能部门应如何调整?

知识精讲

一、餐饮企业运行流程规范的理论基础

(一)企业运行流程的含义与特点

流程一词是指为达到预想的目标或产品而遵循的一系列有序和完整的步骤或操作。就企业而言,企业流程是指企业完成其业务获得利润的过程。甚至可以说,企业就是依赖各个环节的流程来运作的。餐饮企业中的采购流程、菜点加工生产流程、财务流程等都是企业流程的一种表现形式。流程由活动、关系、操作者、方法、技术等5个要素组成。流程设计和流程改进必须从这五个方面去寻求解决方案。由这些基本要素构成的企业流程,有着自身的特点,主要表现在以下几个方面。

❶ **理论基础先进** 随着餐饮企业进入市场经济的大环境,企业成了自主经营、自我决策、自负盈亏、自担风险的经营主体、决策主体、投资主体和市场主体,企业管理的内涵和实质必然随之发生变化,企业管理不只是企业内部的事情,而成为与市场密切联系、与市场环境相适应的科学管理概念。餐饮企业运营系统运用科学的理论,具有先进理论的特点,具体表现为实行权变组织结构的管理,强调以人为中心的管理,运用三级管理为主的管理,提倡培育企业精神的管理。

❷ **学习优势独特** 餐饮企业运营系统是以流程为核心驱动力的现代企业组织结构。该模式一改过去以管理、组织和控制为信条的管理思想,取而代之的是以愿景、价值观和心智模式为理念的新思想。一个企业只有成为学习型组织的时候,才能获得绵延不绝的发展动力,才能促使创新源源不断的出现,才能具备快速应变的能力,才能充分发挥员工的作用,也才能实现企业满意、消费者满意、员工满意、投资者满意和社会满意的最终目标。

❸ **应用操作性强** 餐饮企业运营系统设计时应充分考虑模式的可操作性,从而为餐饮企业规范化管理提供可应用、可操作的范本。餐饮企业运营系统的应用操作性表现在其设计不是生搬硬套教科书上的理论模型,而是做好经营目标和运营系统的结合,有科学的组织结构的支撑。

❹ **操作灵活度高** 餐饮企业运营系统为各个档次的餐饮企业提供了合适的运营模式,具有很高的灵活性,能结合不同企业的情况提出可行性建议,并配合目前餐饮从业者的需求,结合各成功企业的实战经验,提出具体规划与实施步骤,并制订出所遵循的工作规范及流程,以较有经济效率的方式达到指导餐饮企业成功运营的目的。

(二)企业运行流程设计的一般步骤

企业运行流程设计就是在组织结构设计和组织功能界定的基础上,通过一定的步骤,建立企业各个部门内部、部门之间以及企业组织与外部环境之间相互作用的活动之间的连接方式。在设计企业运行流程时,要服从企业的价值观和企业战略,追求体现成功的全部关键标准,取得大面积、大幅度改进的效果。企业运行流程设计的一般步骤:组建企业运行流程设计的组织结构、流程识别与描述、找出关键流程与流程关键点、流程管理与创新。

每一个组织都必须寻求创造性的方法参与竞争,进行经营管理,使其资源得到充分利用,取得最佳效益。在如今迅速调整管理方式成为趋势与潮流的时代,运行流程的优化设计与再造成为企业提高核心竞争力的主要途径。因此,研究企业运行流程的一般理论与规律,为餐饮企业的运行流程优化设计提供了理论支持和实践导向。

二、餐饮企业结构、功能、流程的三维立体关系

根据餐饮企业的战略规划和企业的市场定位,设计出餐饮企业的组织结构,根据组织结构界定餐饮企业组织应承担的功能。为了确保组织功能的有效发挥,必须建立起一整套系统的餐饮企业作业流程规范,用流程推动餐饮企业的高效运作,连接各个部门的作业程序,使餐饮企业的运转具有整体性和系统性。正确认识和处理餐饮企业结构、功能、流程三者之间的辩证关系,具体表现如下。

(一)依次决定关系与反作用关系

依次决定关系也可称为依层次决定关系,指的是餐饮企业的组织结构决定组织功能,流程的规范又主要由餐饮企业的组织功能所决定。

首先,组织结构决定组织功能。餐饮企业组织结构决定组织功能的主要表现:组织结构的层次决定了组织功能的复杂程度,组织结构层次越多,其组织功能越复杂;企业规模的大小决定了组织功能的深度,企业规模越大,其组织功能涉及的内容越广越深。组织结构一方面决定了组织功能,另一方面,组织功能对组织结构会产生反作用,这构成了组织结构决定组织功能、组织功能反作用于组织结构的辩证关系。

其次,组织功能决定作业流程。餐饮企业的组织功能决定作业流程的主要表现:餐饮企业的整

体功能决定了企业整体流程的结构；各个部门应该具备的职责决定了部门内部运作的流程；部门之间在日常运转、业务交接等方面的联系方式、程度决定了餐饮企业部门间业务流程的衔接。

餐饮企业组织结构决定组织功能，组织功能又反作用于餐饮企业组织结构。组织功能决定企业的作业流程，作业流程是餐饮企业的组织功能的外在表现，它能动适应并反作用于组织功能，并通过组织功能的不断改进与完善对餐饮企业的组织结构的改革提出要求。这构成了餐饮企业组织结构、功能、流程的依次决定关系与反作用关系（图4-5）。

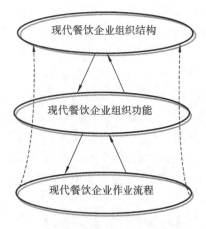

图4-5 餐饮企业组织结构、功能、流程的依次决定关系与反作用关系

（二）以运行流程为核心驱动力推动功能、结构的优化

运行流程作为餐饮企业的核心驱动力，其作用的主要表现：通过建立餐饮企业各个业务部门、职能部门各自的工作流程，使企业部门的运作在程序化、规范化的基础上进行；通过部门间相互关系的流程衔接，减少部门之间的沟通障碍以及传统工作交接导致的信息失真，使部门之间的业务活动顺利开展；通过部门内、部门间以及餐饮企业组织与外部的流程规范，使整个餐饮企业的实际运作建立在一个系统规范化的平台上，有利于餐饮企业竞争力的提高。

（三）三者形成有机系统，构建餐饮企业的全面运营机制

餐饮企业组织结构、功能、流程在理论和设计上构成依次决定关系与反作用关系。作业流程贯穿于餐饮企业组织中的各个部门和其发挥组织功能的各个环节，并成为餐饮企业的核心驱动力，推动着餐饮企业组织结构的改善和组织功能的完善。这种以流程为核心驱动力推动餐饮企业不断发展的全面运营机制也正是餐饮企业操作系统的核心思想。

三、餐饮运行流程规范与优化的设计原则

餐饮企业运行流程优化是一项长期策略，通过不断发展完善业务流程，从而保持餐饮企业的竞争优势。致力于卓越流程的餐饮企业比其他企业更加明确怎样组织和管理其企业流程，它们的竞争优势不仅基于优质的产品，而且基于卓越的企业流程。在餐饮企业流程规范与优化的设计过程中，必须遵循一定的原则，这些原则对餐饮企业的流程规范与优化具有普遍的指导作用。

（一）战略性原则

战略性原则包含两层含义，一是指餐饮企业的流程规范与优化本身是一项长期性的战略行为，不是短期行为，这就要求设计出的作业流程具有一定的稳定性，能够在较长时间内规范餐饮企业的运营行为；二是指餐饮企业的流程优化是餐饮企业整体经营战略中的一个有机组成部分，餐饮企业的作业流程规范与优化要服从和服务于餐饮企业的整体战略。

（二）普遍性原则

餐饮企业运行流程规范与优化从各个方面影响餐饮企业组织的核心价值观——从餐饮企业组织结构到餐饮企业管理，再到餐饮企业文化。通过广泛的沟通，以及将流程目标融入决策过程，追求更好的工作方法便成为餐饮企业精神的重要组成部分。

（三）价值创造原则

流程优化则要确定餐饮企业的主要投资者，考虑改进是否能在资金方面为投资者带来更高的收益（如更高的投资回报率等），以及在经营方面带来更高的效率（如缩短周期、更低的消费者投诉率

等),就这些方面的评估来确定餐饮企业采取何种流程规范与优化的措施能产生最大的收益或价值。

(四)流程管理原则

一个注重流程管理的餐饮企业应该意识到,如果餐饮企业管理的基本模式不随着竞争环境的改变而加以调整,任何运行流程规范与优化的努力都不会长久。因此,在对餐饮企业进行运行流程规范与优化时,必须明确流程责任,指定流程领导者。通常,管理人员被赋予双重角色,一是管理核心流程,二是管理核心部门。管理人员的主要职责:流程间的协调管理、进行资源配置、明确餐饮企业总体目标、跟踪流程效果。

(五)技术推动原则

技术是餐饮企业运行流程规范与优化的推动力量。过去,许多餐饮企业先定策略,再定流程,最后才确定所需要的技术。现在更有效的方式是首先明确所需要的技术,再确定技术对新流程的作用程度,进而运用流程促进新策略的产生。例如,技术带来了餐饮产品的新配方,新销售方式的诞生(小程序、app 预订等)以及新的服务方法(机器人服务等)、新的结算方式(手机自动结算)等。这些都对餐饮企业运行流程规范与优化提出了新的要求,因此,餐饮企业的运行流程规范与优化必须坚持技术推动的原则。

(六)以人为本原则

如果没有坚定改进的信念,进行运行流程规范与优化的努力就不可能成功。管理人员的支持以及全公司范围内的沟通,对于建立能够改变人们工作方式的餐饮企业的新流程所必须的基础是非常重要的。新流程的运行、管理、维护都需要高素质人才的参与,这样运行流程的规范与优化工作才能落到实处。建立餐饮企业完善的流程是一项艰巨的任务,在这些原则的指导下,建立一个能够进行持续性流程改进的模式,使餐饮企业做到能平衡激进与渐进的关系;通过改进引导餐饮企业员工,为员工参与流程工作提供必要的引导、领导权、所有权和其他条件。能处理好两种关系,即餐饮企业管理人员强化了的风险意识与增加的潜在收益之间的关系,员工对未来的不确定性与其明确的责任和目标之间的关系。最终的成就是以人、流程、技术为中心的管理取代了传统餐饮企业的管理模式,建立起一个现代的流程优化蓝图。

> **相关知识**

> **餐饮企业年度计划制订**
>
> 餐饮企业年度计划是餐饮企业在年末根据本年的营业情况和在分析下一个年度市场情况的基础上,为餐饮企业所制订的下一个年度要达到的经营目标。餐饮企业年度计划为餐饮企业的运作提出了目标要求,它要求各个职能部门在餐饮企业统一的经营目标下分解各个部门的经营目标,有助于提高餐饮企业运营的计划性。
>
> 餐饮企业年度计划的制订必须遵循一定的原则,按照一定的程序进行,餐饮企业年度计划由以下要素构成:
>
> (1)目标体系包括餐饮企业或事业部总目标,各个职能部门目标,各个职能部门内的目标分解。
>
> (2)项目行动方案。餐饮企业年度计划由多个不同的、相对独立的行动项目组成。项目行动方案的策划有三个步骤:第一步,辨别和设定单个行动项目;第二步,制订单个项目的行动方案;第三步,项目顺序排列与时间安排。
>
> (3)进度计划。进度计划既可以用于计划时间,分析进度,又可以用于控制计划的实施过程。

(4)预算安排。餐饮企业年度计划预算安排包括的内容:餐饮销售量的预算、餐饮企业收入预算、费用预算、利润预算、现金预算、资本预算。

(5)奖罚规定。奖罚规定分为两类:一是按计划的目标完成情况,制订奖罚措施;二是按计划的执行情况制订奖罚措施。

项目小结

通过本项目的学习,我们对餐饮企业结构、餐饮企业组织功能及餐饮企业运行基本规律有了清晰地认识,我们以思维导图总结(扫描二维码即可获取)。

思维导图

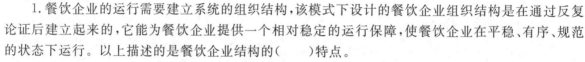
同步测试
答案

同步测试

一、选择题

1. 餐饮企业的运行需要建立系统的组织结构,该模式下设计的餐饮企业组织结构是在通过反复论证后建立起来的,它能为餐饮企业提供一个相对稳定的运行保障,使餐饮企业在平稳、有序、规范的状态下运行。以上描述的是餐饮企业结构的(　　)特点。

　　A. 有效性　　　　　　　　　B. 稳定性与动态性
　　C. 抗风险性　　　　　　　　D. 创造性

2. 科学的餐饮组织结构设计,应达到以下(　　)标准。

　　A. 连续的业务流程
　　B. 对每一岗位的工作能进行客观的评价
　　C. 要有直接的、明确的权力和职责划分
　　D. 组织中各个层级向上、向下和横向传递信息迅速而协调
　　E. 组织中的每位员工都能胜任岗位工作,并有良好的士气和高度的工作满足感

3. 制度规范是在组织结构和计划与控制的基础上用来约束和协调企业全体员工行为、规定活动程序和方法的各种(　　)等的总称。

　　A. 企业章程　　　B. 部门管理条例　　C. 员工守则　　　D. 采购管理办法

二、填空题

1. 餐饮企业组织系统功能的界定主要包含四个方面的内容,分别是制度规范功能、(　　)、(　　)和组织变革与创新功能。

2. 餐饮企业组织功能在人的管理层面上,既有其必然性的一面,也有人为的因素。在改变和控制个人行为意义上说明餐饮企业组织的功能,通常所谓"管人"的过程,可以归结为(　　)、(　　)、(　　)3种基本形式。

三、简答题

1. 餐饮企业组织通过哪些途径发挥管理协调功能?
2. 以某国际品牌酒店为例,阐述运行流程规范和优化在酒店管理中的作用。

项目五

认知中式菜点加工与生产管理

扫码看 PPT

项目描述

国民经济的发展带来了餐饮行业的繁荣,新的高级酒楼、星级饭店、特色餐厅不断涌现,更好地满足消费者的需求,并带来良好的经济效益。中式菜点加工与生产管理是餐饮企业发展的基础条件,具有十分重要的地位。本项目将带领大家了解学习并熟悉中式菜点加工与生产管理的相关概念和具体内容,为今后在菜点生产和厨房管理等专业课程的学习打下基础。

项目目标

(1)了解中式菜点常用原料的种类。
(2)熟悉中式菜点烹饪常用设备与工具。
(3)了解中式菜点的基础工艺和主要烹饪技法。
(4)了解中式厨房的组织结构、岗位职责和生产流程。
(5)熟悉中式厨房生产管理的主要内容。

任务一 认知中式菜点加工

任务描述

中国菜点品种繁多,风味迥异,都是通过灵活多变、巧妙各异的烹饪技法创造和呈现的。在数千年的漫长岁月中,专业厨师和普通百姓通过实践逐步积累经验,钻研技巧,不断交流,从无到有,从少到多,从简单到复杂,最终发明和创造了众多烹饪技法。通过本任务的学习,能够更加清晰地了解中式菜点的原料及分类,熟悉中式菜点烹饪常用设备与工具,以及中式菜点的基础工艺和主要烹饪技法。

任务目标

(1)了解中式菜点原料分类及其常见品种。
(2)熟悉中式菜点烹饪常见工具设备。
(3)熟悉中式菜点烹饪技法的概念及其分类。

任务导入

情景:小强是一名烹饪与营养工艺专业的大二学生,假期和高中同学到一家餐厅聚会,在聚会时点了几道餐厅的特色菜肴,其中有一道菜是糖醋排骨。同学说这道菜炸排骨的味道真好,汤汁烧的真稠,都裹在排骨上,是他最爱吃的菜。小强听了以后觉得有必要和老同学们好好讲一讲这道菜肴的做法和中式烹饪工艺的相关知识。

问题思考:
(1)小强的高中同学对菜肴的表述有哪些不妥之处?
(2)中式菜肴的原料分类方法和烹饪技法的概念是什么?

在长期的社会生活中,我国勤劳智慧的人民创造了技术精湛、别具风格的烹调技术。随着社会进步和生产力的发展,逐步产生了多种多样具有地方风味的特色菜点及与其相适应的各种烹饪技法,形成了各地菜系的不同特点,从而使我国历史悠久的烹饪技术日臻完美。

烹饪随着人类社会的出现而产生,又随着人类物质文明和精神文明的发展而不断丰富自身的内涵。炊具是烹饪的主要生产工具,不同性质炊具的产生与变化,影响着不同烹饪技法的产生,同时也意味着人类社会的发展与进化。从炊具的发明与演变的角度来说,我国的烹饪技术大致经历了无炊具烹、石烹、陶烹、铜烹、铁烹等几个主要阶段。

近代以来,中国烹饪在技术上的进步,也受到了西方近代科学的影响。改革开放以来,中国烹饪的发展进入了新的阶段,各种风味流派日臻成熟,中医食疗与现代营养学相互结合,烹饪理论研究得以迅速发展与提高,从而使中国烹饪呈现出空前的百花齐放、异彩纷呈的大繁荣局面。

我国烹饪技法经历的几个主要发展阶段

一、中式菜点常用原料

烹饪原料是制作各种菜肴、主食、糕点和小吃的可食性原料的总称。只有熟悉烹饪原料的名称、原料分类,掌握原料的产地、产季、性质特点、烹饪用途、品质鉴定、储存保鲜及营养成分等方面的知识,才能科学合理地使用烹饪原料。

(一)常用植物性原料

❶ **粮食类原料** 粮食按其属性,可分成谷类粮食及其制品(如稻、麦、玉米、小米、高粱、稞、大麦、燕麦等)、豆类粮食及其制品(如大豆、蚕豆、豌豆、绿豆、赤豆等)和薯类粮食及其制品(如甘薯、木薯等)。三大类粮食类原料在烹饪中主要用于制作主食、糕点和小吃,也用于制作一些菜肴和调味品。

❷ **蔬菜类原料** 蔬菜类原料种类繁多,运用广泛,是人类食物结构中的重要组成部分。蔬菜类原料按其食用部位分为根菜类、茎菜类、叶菜类、花菜类、果菜类和食用菌类六大类。蔬菜类原料在烹饪中主要用于制作菜肴或用于菜肴配伍,也常用于制作馅心,还可用于食品雕刻及作为菜肴的装饰、配色和点缀,也有些蔬菜可作为调味料使用,一些淀粉含量高的蔬菜还可以代替粮食。

(1)根菜类蔬菜:以植物膨大的根部作为食用部位的蔬菜,常见品种有萝卜、胡萝卜、地瓜等。

(2)茎菜类蔬菜:以植物的嫩茎或变态茎作为主要食用部位的蔬菜。茎菜类蔬菜按其生长的环境可分为地上茎蔬菜和地下茎蔬菜两类。常见品种有莴笋、竹笋、芦笋、茭白、荸荠、芋头、马铃薯、山药、藕、洋葱等。

(3)叶菜类蔬菜:以植物的叶片或叶柄作为主要食用部位的蔬菜。常见品种有菠菜、大白菜、小白菜、苋菜、生菜、空心菜、木耳菜、茼蒿等。

(4)花菜类蔬菜:以植物的花蕾器官作为食用部位的蔬菜,如花椰菜、西兰花、黄花菜、韭菜花等。

(5)果菜类蔬菜:以植物的果实或幼嫩的种子作为主要食用部位的蔬菜。按食用果实的构造特点不同,可将果菜类分为豆荚类、瓜果类和茄果类。常见豆荚类有豇豆、扁豆、四季豆、蚕豆、刀豆、豌豆等,常见瓜果类有黄瓜、冬瓜、南瓜、苦瓜、葫芦瓜等,常见茄果类有茄子、辣椒、番茄等。

(6)食用菌类:以大型无毒真菌类的子实体作为食用部位的菌类。常见的食用菌类有金针菇、蘑菇、香菇、草菇、平菇、口蘑、猴头菌、鸡腿蘑、鸡枞菌、杏鲍菇、茶树菇等。

❸ **果品类原料**　果品类原料是指果树和部分草本植物的可直接生食的果实,也包括各种种子植物所产的种仁。根据果品的自身特点和加工方法可将果品分为鲜果、果干与果仁、糖制果品三大类。果品类原料在烹饪中主要用作菜肴主料,多用于甜菜的制作,也常用作菜肴的配料,还可用于食品雕刻、菜肴装饰、配色与点缀,以及糕点和小吃的制作。

(1)鲜果:通常指新鲜的、未经加工的、肉质柔软、多汁的植物果实,也是人们常说的水果。常见鲜果品种有苹果、梨、桃、橘、橙、柚、香蕉、柠檬、葡萄、菠萝、草莓、荔枝、樱桃、猕猴桃、龙眼、西瓜、哈密瓜、枇杷、椰子等。

(2)果干与果仁:干制的果品,一般把鲜果的干制品称为果干,将果干的种仁称为果仁。常见果干品种有红枣、葡萄干、柿饼等,常见果仁品种有核桃、花生、栗子、白果、杏仁、莲子、松子、榛子、腰果等。

(3)糖制果品:将新鲜水果加糖煮制或用糖腌渍的方法,再经过不同的加工程序,最后脱水干制成凝冻状,并保持独特风味及色泽的鲜果制品的总称。糖制果品大致可分为蜜饯类和果酱类两类,常见蜜饯类有蜜枣、橘饼、青红丝等,常见果酱有苹果酱、蓝莓酱、草莓酱、菠萝酱等。

(二)常用禽畜类原料

禽畜类原料是禽类和畜类原料的统称,是中式烹饪最常用的原料。

❶ **禽类及制品**　禽类原料统称食用鸟类原料,是在人工饲养条件下的家禽和未被列入国家保护动物目录的野生鸟类的肉、蛋、副产品及其制品的总称。禽类原料在烹饪中主要用作菜肴主料,较少用作辅料,也常用于面点小吃的馅心,以及用于制汤等。常见禽类原料有家禽、禽类制品、禽蛋及其制品。

(1)家禽:指人类为满足对肉、蛋等的需要,在长期的人工饲养条件下逐渐进化而成的,能生存繁衍且有一定经济价值的鸟类,如鸡、鸭、鹅、鹌鹑、鸽、火鸡等。

(2)禽类制品:用新鲜的家禽或野禽为原料,经再加工后制成的成品或半成品的烹饪原料。禽类制品的种类很多,按来源不同可分为鸡制品、鸭制品、鹅制品及其他制品;按加工处理时是否加热,可分为生制品和熟制品;按加工制作的方法不同,可分为腌腊制品、酱卤制品、烟熏制品、烧烤制品、油炸制品、罐头制品等。

(3)禽蛋及其制品:禽蛋是指雌禽为了繁衍后代而排出体外的卵,常见品种有鸡蛋、鸭蛋、鹅蛋、鸽蛋、鹌鹑蛋等;常见禽蛋制品有皮蛋、咸蛋等。

❷ **畜类及制品**　畜类原料是动物性原料中的家养哺乳动物原料及其制品的总称,是人们日常生活中的主要食物来源,在人们的膳食结构中占较大比重。常见畜类原料分为家畜、畜肉制品、乳及乳制品等。

(1)家畜:人类为满足生活需要,经过长期人工饲养后而逐渐进化形成的哺乳动物。常见家畜主要包括猪、牛、羊、兔、马、驴、骡、狗、骆驼等。

(2)畜肉制品:以畜肉为主要原料,运用物理或化学方法,配以适量调辅料和添加剂制作的成品或半成品,如香肠、火腿、腊肉、酱卤肉、风干肉等。

(3)乳及乳制品:乳是哺乳动物从乳腺分泌出的一种白色或稍带黄色的不透明液体。按照不同的泌乳期,乳可分为初乳、常乳、末乳和异常乳。常见乳的原料主要包括牛奶、羊奶、马奶、鹿奶等。鲜乳经过一定的加工方法,如分离、浓缩、干燥、调香、强化等进行调制所得到的产品称为乳制品。常见的乳制品有甜炼乳、淡炼乳、奶油、奶粉和干酪等。

（三）常用水产类原料

水产品是指生活或生长在水中，具有一定经济价值，供人们食用的一类原料，如鱼类、虾蟹类、软体动物类等。我国水域辽阔，气候适宜，水产资源丰富，品种繁多。

❶ **鱼类** 鱼类是终生生活在水中，以鳍游泳，以鳃呼吸的变温脊椎动物。由于不同鱼类所处的环境条件和生活习性不同，在自然选择和长期适应下，形成了各种不同的体形，主要可分为4种基本体形，分别是纺锤形、侧扁形、平扁形和圆筒形。但也有一些鱼由于特殊的生活习性而呈现特殊的体形，如带形的带鱼，球形的河豚，以及海马、海龙等。鱼类头部有口、触须、眼、鳃等器官，躯干部和尾部有鳍、侧线、鳞等附属器官。鱼类的家族庞大，根据其生活习性和栖息环境的不同，可大致分为淡水鱼和海水鱼两类。

（1）淡水鱼：全世界约有淡水鱼6800种，我国有860余种，具有经济价值的约250种，体形大、产量高的具有重要经济价值的淡水鱼类约50种，其中有20多种已成为重要的养殖对象，如青鱼、草鱼、鲢鱼、鳙鱼、鲤鱼、鲫鱼、鳊鱼、鳜鱼等。

（2）海水鱼：我国有海产鱼类3000多种，以鲈形目鱼类为主。东海的鱼类约有700种，大多数为亚热带、热带的鱼类，主要经济鱼类有海鳗、鲻鱼、鲈鱼、大黄鱼、小黄鱼、带鱼、鲳鱼等；黄海、渤海的鱼类约有300种，大多数属于温带鱼类，也有少数寒带鱼类，主要经济鱼类有鳕鱼、黄姑鱼、小黄鱼、真鲷、带鱼、鲐鱼等；南海的鱼类有近2000种，绝大多数为热带、亚热带鱼类，主要经济鱼类有金色小沙丁鱼、鲻鱼、青石斑鱼、黄鲷、青干金枪鱼等。

❷ **虾蟹类** 虾、蟹为甲壳动物，其组织构造与其他动物的最大区别在于以坚硬如甲的石灰质外壳来保护身体内部的柔软组织。其外壳就是虾、蟹的骨骼。在外骨骼上有许多色素细胞，细胞中的虾青素在加热或遇酒精时变性，虾青素析出，被氧化为红色的虾红素，色泽艳丽。外骨骼的里面是柔软纤细的肌肉和内脏。虾、蟹的肌肉为横纹肌，肌肉洁白，肉质细嫩，持水力强。

（1）虾类：属于甲壳纲十足目游泳亚目的动物，身体大而侧扁，外骨骼薄而透明，腿细长，腹部发达，腹部的尾节与其附肢合称为扇，其形状是鉴别虾类的特征之一。虾的种类很多，在我国有400多种，以海产虾的种类和资源居多，常作为烹饪原料运用的品种有对虾、龙虾、青虾、白虾、罗氏沼虾、基围虾等。虾的腹部肌肉发达，包括腹部屈肌、斜伸肌、斜屈肌，其鲜品称为虾仁，将其干制后称为虾米。

（2）蟹类：甲壳纲十足目爬行亚目的动物，腹部大多退化紧贴在头胸甲的腹面，但其形状可用于辨别雌雄，雌蟹的腹部为半圆形，称为团脐；雄蟹的腹部为三角形，称为尖脐。其步足发达，螯肢更甚。蟹的种类多，尤其以海蟹为多。在繁殖季节，雌蟹的消化腺和发达的卵腺一起被称为蟹黄；雄蟹发达的生殖腺称为脂膏，都是名贵美味的原料。我国的蟹类共有600余种，较常见的食用蟹在20种以上，作为烹饪原料运用的主要有海产的梭子蟹、青蟹、花蟹，淡水产的中华绒螯蟹、溪蟹等。

❸ **软体动物类** 软体动物类原料是指身体柔软不分节，具有贝壳的动物，可分为头足类（如乌贼、鱿鱼等）、腹足类（如田螺、鲍鱼、海螺、泥螺等）和瓣鳃类（文蛤、河蚌、贻贝、扇贝、牡蛎、蛏子等）3类。

 相关知识

各类原料的主要营养价值

一、粮食类原料的营养价值

粮食类原料的主要营养成分为糖类、蛋白质、维生素、无机盐，还含有少量脂肪及大量膳食纤维。糖类是谷类的主要成分，平均含量约为70%，而且在人体吸收利用率高，所以是供给人体

烹饪原料的六大营养素

能量最经济的来源。谷类并不富含蛋白质，但由于我国人民每日摄入谷类较多，从谷类中摄取的蛋白质约占每日所需量的50%，所以谷类也是人体蛋白质的主要来源，但谷类蛋白质多为半完全或不完全蛋白质。

二、畜禽类原料的营养价值

畜禽类原料种类很多，作为人们日常所需蛋白质的主要来源，膳食中人们常食用的畜禽肉类有猪、牛、羊和鸡、鸭、鹅等，包括肌肉组织、脂肪组织、内脏（心、肝、肾、胃、肠）、脑、舌及其制品等。它能供给人体必需氨基酸、脂肪酸、维生素和无机盐。畜禽类原料吸收率高，饱腹作用强，味道鲜美，含有多种风味物质，可烹调成各式菜肴，色、香、味俱全，具有较高的食用价值。

三、蔬果类原料的营养价值

蔬果类原料的含水量大多为90%，所以糖类、脂肪、蛋白质的含量一般很低，不能作为热量的主要来源。食用蔬菜和水果的意义在于摄取维生素、无机盐和膳食纤维等成分。蔬菜和水果中富含多种维生素，其中最突出的是维生素C、胡萝卜素和核黄素。蔬菜和水果是人体无机盐的重要来源，主要有钾、钙、磷、铁、硒、锌等多种碱性元素，对维持人体酸碱平衡有重要意义。一般蔬菜，尤其是叶菜类蔬菜中钙的含量要高于水果，但应注意除去其中的草酸。

四、水产类原料的营养价值

种类繁多的水产类原料以其鲜美独特的味道、奇异的外观形态、优质的营养成分赢得了人们的喜爱，为人们获得全面营养提供了物质基础。水产类原料一般包括鱼类、虾蟹类和贝类等，其营养价值与畜肉类原料相似，所以水产类原料也是营养价值较高的食品，含蛋白质约15%，其氨基酸组成与肉类相似，尤其是蛋氨酸、苏氨酸和赖氨酸的含量较多，是谷类食物理想的互补食品。同时，容易被人体消化吸收，是蛋白质的理想来源。

鱼类的脂类含量为1%~10%，由于不饱和脂肪酸含量多，熔点低，故消化吸收率高，特别是鱼油中的二十二碳六烯酸（DHA）有健脑和预防动脉粥样硬化等作用，再加上鱼肉中胆固醇含量较低，所以鱼类是膳食中的理想食品。

（四）常用干货原料

干货原料由鲜活的动植物原料经脱水、干制加工而成。其特点是含水量很低，组织紧密，具有干、老、硬、韧的特点，经重新吸水后方可使用，是烹饪原料的重要组成部分。干货原料的品种众多，特点各异，一般可将干货原料分为动物性干货原料和植物性干货原料两大类。

❶ **动物性干货原料**　动物性干货原料主要指以动物性原料经干制后制成的干货原料，具体可分为陆生动物性干货原料（如肉皮、蹄筋、鹿筋、牛鞭等）、水生动物类干货原料（如鱼肚、鱼唇、鱼皮、鱼骨等）、虾蟹类干货原料（如虾米、虾皮、虾籽、蟹粉、蟹籽等）、软体动物类干货原料（如干贝、蛏干、鱿鱼干、海参、墨鱼干）和其他类干货原料（如裙边等）。

❷ **植物性干货原料**　植物性干货原料主要指以植物性原料经脱水干制后的干货原料，主要分为干菜类（如笋干、干豆角、莴笋干、花菜干、黄瓜干等）、食用藻类干货原料（如石花菜、海带、紫菜等）、食用菌类干货原料（如香菇、木耳、竹荪、猴头菇、牛肝菌、羊肚菌等）、食用药材类干货原料（如人参、黄芪、当归、枸杞、藏红花等）。其中，干菜类是以新鲜的蔬菜直接干制或腌制、渍制、泡制后，再干制的一类蔬菜制品。根据加工方法的不同，植物性干货原料可分为脱水干制菜（常见的有蕨菜干、玉兰片等）和腌渍干制菜（常见的有梅干菜、冬菜等）。

（五）常用调辅料

调辅料分为调料和辅料两部分。我国的调辅料种类繁多，有天然的和人工合成的，有动物、植物和微生物等多种来源，有固态、液态、半固态等多种形态。按照调辅料在菜品形成过程中的主要作用,可将其分为调味料、调香料、调色料和调质料4大类。

❶ **调味料** 调味料又称调味品,指在烹饪过程中主要用于调和食物味道的一类原料的统称。调味料在烹饪中的作用有为本身不显味的原料赋予滋味;确定菜点口味,矫除原料异味;强化菜点色泽,增加菜点营养;消毒杀菌,延长原料保存期;增食欲、促消化等作用。调味料大体上可分为咸味、甜味、酸味、辣味、麻味和鲜味等几个大类,常见的有盐、酱油、白糖、蜂蜜、食醋、番茄酱、辣椒、胡椒、芥末、花椒、味精、蚝油等。

❷ **调香料** 调香料是指用于调配菜点香味的原料。调香料在烹调中的运用有除异味、增香味和刺激食欲的作用。调香料大致可分为芳香料(如八角、桂皮、茴香、丁香、孜然、香叶、百里香等)、苦香料(如肉豆蔻、草豆蔻、草果、白芷等)和酒香料(如黄酒、白酒、葡萄酒、酒酿、香糟等)3大类。

❸ **调色料** 调色料是指在菜点制作过程中主要用来调配菜点色彩的一类原料。调色料包括食用色素和发色剂两大类,其中食用色素又可分为天然色素和人工合成色素。天然色素是指从自然界动植物体中提取的色素,多为植物色素,少数为动物色素和微生物色素。烹调中常用的有红曲色素、紫胶虫色素、姜黄素、叶绿素铜钠、焦糖色素等。人工合成色素是指用人工合成的方法合成的食用色素,颜色一般较天然色素鲜艳,坚固度大,性质稳定,着色可取得任意色调,成本较低廉,使用方便,常用的有胭脂红、苋菜红、柠檬黄、靛蓝等。

发色剂通常是指在制作肉制品及肉类菜肴时,为了使肉类呈现鲜艳的红色而加入的可食用的添加剂,主要有硝酸钠、亚硝酸钠等。

❹ **调质料** 调质料通常是指在菜点制作过程中用来改善菜点的质地和形态的一类调料,主要包括膨松剂、凝固剂、增稠剂和致嫩剂四大类。膨松剂又称疏松剂,通常在面点制作过程中使用,常用的有碳酸氢钠、碳酸氢铵、碳酸钠、鲜酵母、老酵面等。凝固剂通常是指促进食物中蛋白质凝固的添加剂,一般用于豆制品的加工制作,常见的凝固剂有硫酸钙(石膏)、氯化钙等。增稠剂是一类增加食品的黏度,赋予食品以黏滑、适口感觉的添加剂,常见的有琼脂、明胶、果胶等。致嫩剂通常是指可使肉类肌纤维嫩化的一类添加剂,一般用于肉类菜肴及肉制品烹调前的嫩化,常见的有嫩肉粉、碱水等。

二、中式菜点烹饪设备及工具

(一)中式菜点烹饪设备

烹饪设备是菜点生产的物质基础,是确保中式菜点产品质量的重要条件,烹饪设备种类多,功能多样。

❶ **常用加热设备** 中式厨房菜点生产使用的主要加热设备有灶具、烤箱等。随着行业的发展,加热设备也在不断地改进。灶具是以燃气为能源物质,常见的有炒炉、汤炉、煲仔炉、蒸灶等,也有的以电为能源物质,常见的有电磁炉、微波炉等。烤箱常见的有万能蒸烤箱和普通烤箱。

(1)炒炉:一般中式燃气炒炉的炉面及外壳全是不锈钢板制成的,炉胆用特级耐火砖隔热,配合强力鼓风灶头及独立炉罩,炉面配备调料板、热水池、供水龙头及排水道。炒炉火焰大、温度高、功能全面、操作方便,适合于煎、炒、烹、炸、爆、熘、烧等烹饪技法(图5-1)。

(2)汤炉:又称矮汤炉,有单头汤炉、双头汤炉和四头汤炉之分。汤炉的结构材料与炒炉一样,但汤炉的搁板为平板,呈正方形,以便放置汤桶或汤锅。由于汤桶或汤锅比较高,为方便操作,汤炉比其他炉具都要矮(图5-2)。

(3)煲仔炉:又称燃气平头炉,通常有双头煲仔炉、四头煲仔炉、六头煲仔炉、八头煲仔炉等不同规格,主要用于放置平底锅、砂锅、汤煲等(图5-3)。

(4)蒸灶:蒸灶的底部有燃烧口,燃烧口的上方是水箱,有气管通入蒸箱内。蒸灶有两种类型,一种是蒸笼灶,另一种是蒸箱(图5-4、图5-5)。

项目五　认知中式菜点加工与生产管理

图 5-1　双头炒炉

图 5-2　汤炉

图 5-3　煲仔炉

（5）电磁灶：随着科技的进步和社会的发展，以电为能源物质的灶具种类越来越多，常见的有电磁炒炉（图 5-6）和电磁炉（图 5-7）。电磁灶利用电磁感应加热，具有升温快、无明火、无烟尘、无废气、无热辐射、低噪音、安全节能、环保、操作简便、易维护等特点，适合爆、炒、熘、炸、烧、烩等多种烹饪技法。

（6）普通烤箱：中西式面点加工中不可缺少的设备，具有加热快、效率高、节能、卫生等优点，主要

图 5-4　蒸笼灶

图 5-5　蒸箱

图 5-6　电磁炒炉

图 5-7　电磁炉

用来烤制酥点、面包、蛋糕等，有时也用来烤制菜肴(图 5-8)。

(7)万能蒸烤箱：集焙烤、蒸、烤、煎、煮、焖、烫、煲等于一身的多功能烹饪设备，实现了烹饪多样化、自动化、智能化，烹制出的食品色、香、味俱佳，且混合烹饪不串味，保留原料营养成分(图 5-9)。

图 5-8　普通烤箱

图 5-9　万能蒸烤箱

❷ **常用加工辅助设备**　在食品加工中机械设备所占的比重越来越大。由于食品加工设备在烹饪行业中的广泛应用，大大减轻了厨师的劳动强度，把厨师从手工操作的繁重劳动中解脱出来，使工作效率成倍增长。

(1)刨片机：将原料加工成不同厚度片形的机械，使用范围较广，是对肉类、蔬菜、果薯类进行加工刨片的理想设备(图 5-10)。

(2)搅拌机：集和面、拌馅、打蛋等功能于一身，一般为立式，由机架、电动机、传动结构、变速装置、搅拌桨和料桶等几部分组成，是现代厨房中不可缺少的设备(图 5-11)。

(3)绞肉机：又称碎肉机，由机架、传动结部、绞轴、绞刀和孔网栅组成，是厨房处理肉类原料时普

图 5-10　刨片机

图 5-11　搅拌机

遍使用的一种搅拌机械。绞肉机有手动和电动两种，它的主要功能是将整块的原料绞制成细粒或肉糜状的馅料（图 5-12）。

（4）和面机：又称拌粉机，主要用于拌和各种粉料，是面点加工中的主要专用设备，多种面点类食品，如面包、糕点、馒头等所需要的面团均可由和面机按不同要求进行搅拌（图 5-13）。

图 5-12　绞肉机

图 5-13　和面机

（5）压面机：又称压皮机、揉面机，是揉面和加工面皮的专用设备。其作用主要是将松散的面团压成紧密、符合规定厚度要求的面片，并在压面过程中进一步促进面筋网络的形成，使面团或面片具有一定的筋力和韧性（图 5-14）。

（6）醒发箱：根据面团发酵原理产生制造面团发酵的环境，使面团重新产气、膨松的设备（图 5-15）。根据功能不同，醒发箱有普通醒发箱、延时醒发箱和冷藏醒发箱 3 种类型。

图 5-14　压面机

图 5-15　醒发箱

❸ 其他设备

（1）排油烟设备：由于厨房生产的特殊性，部分生产设备在生产过程中会排出油烟和水蒸气，如果不进行适当的通风排气，厨房里的温度和烟气浓度会逐渐上升，形成恶劣的工作环境，损害作业人员的身体健康,降低工作效率。因此,必须借助机械通风系统和排气装置来通风排气(图 5-16)。在烹饪行业主要采用的排油烟系统是较为先进的气帘式排油烟罩和循环水式排油烟罩。

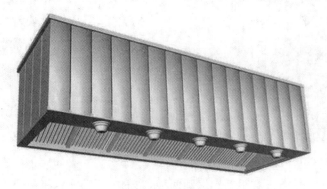

图 5-16　油烟罩

(2)制冷设备:厨房制冷设备有冷冻设备和冷藏设备两大类。冷冻设备大多将温度设定在 −18 ℃以下,主要用于较长时间保存低温冷冻原料或成品。冷藏设备大多将温度设定在 1～6 ℃,主要用于短时间保鲜,可保存蔬菜、瓜果、豆、奶制品、半成品及成品等原料。制冷设备有时也用于制作冷冻食品,常见的有冰箱(图 5-17)、冷柜、小型冷库、制冰机(图 5-18)、保鲜陈列柜等。

图 5-17　冰箱　　　　　　　　图 5-18　制冰机

(二)中式菜点烹饪工具

① 常用切配器具　烹饪中的切配器具是指刀具和切割机器,狭义上也指刀工工艺所使用的刀具和其他用具。刀具是指专门用于切割食材的工具。刀具的种类繁多,形状各异,但除了一些有特殊用途的刀具外,大多数刀具的外形是比较相似的(表 5-1)。

表 5-1　常用刀具

名称	特点	应用	图示
切刀	切刀刀身略宽,分量较重,刀口锋利,结实耐用	一般用于切丝、条、片、丁、块等,也能用于加工略带碎小骨头或质地稍硬的原料,还可用于砸蓉	
片刀	片刀刀身窄而薄,呈长方形,刀口锋利,刀叶较长,分量较轻,使用灵活方便	一般用于切制丝、片等小型薄、细的形状	

续表

名称	特点	应用	图示
文武刀	又称前切后剁刀,刀背较厚,常用背部敲砸原料,刀刃薄,前半部锋利,近似片刀	前半部一般用于切脆性原料,后半部主要用于剁稍微带点小骨头或材质较老的原料	
刮刀	用于原料粗加工的工具,体形较小,刀刃锋利	主要用于刮洗肉皮和鱼鳞等	
牛角刀	形似牛角,前尖后稍宽,刀背较薄,刀把长短适中	主要用于剔骨、宰杀鸡、鸭等	
片鸭刀	形状与片刀基本相似,刀身比片刀窄而短,刀体较轻,刀刃锋利	主要用于片烤鸭	
切涮羊肉片刀	简称羊肉刀,此刀刀身长约50 cm,刀头宽约5 cm,向后逐渐变宽,最宽处约10 cm,刀背为长弓形,刀刃长而锋利,体轻而薄	主要用于切制涮羊肉片	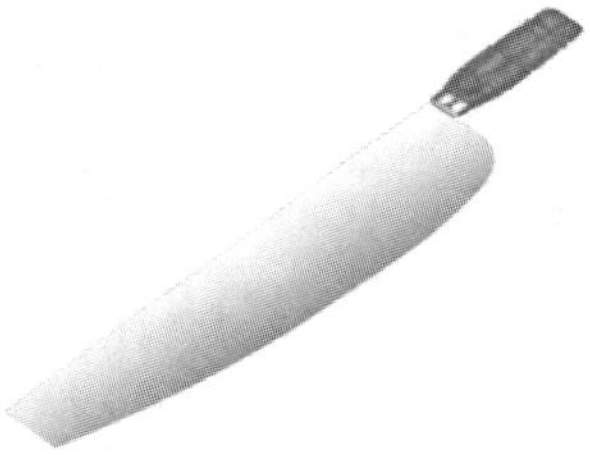
镊子刀	刀背平,下有方形刀口,刀柄为两片分离的金属片,尾部弯曲,口齿如镊	前刀可铲刮肉类表皮的脏污,刀柄部分可拔牛、羊、猪皮上的细毛	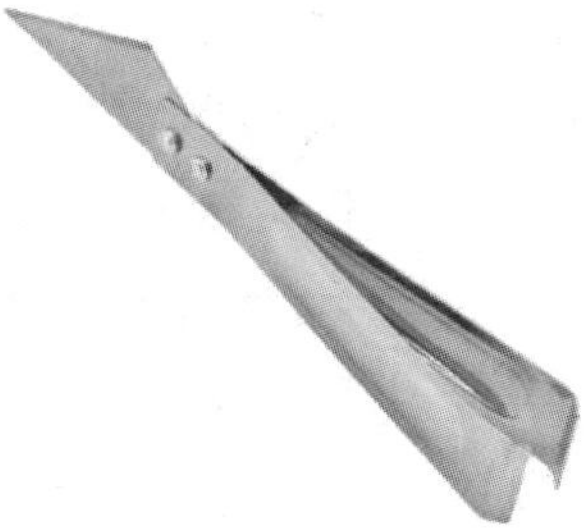
雕刻刀	主要用于雕刻果蔬,种类较多,形状不一	用于雕刻水果和蔬菜	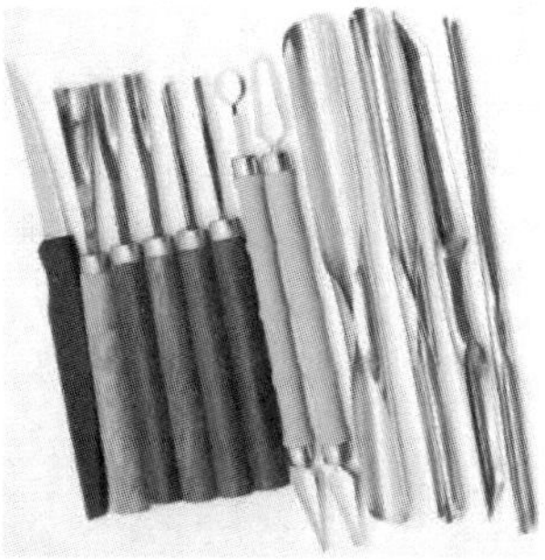

❷ **常用加热器具** 烹饪加热器具是厨房中必不可少的一类器具,有的作为加热盛器,也有的作为辅助器具。

锅是主要的加热器具,其种类繁多,按材料质地可分为铁锅(生铁锅、熟铁锅)、铜锅、铝合金锅、不锈钢锅、砂锅、搪瓷锅等,按用途可分为炒锅、蒸锅、卤锅、汤锅、饭锅、烙饼锅、煎锅、笼锅、火锅等,其中最常作为加热工具的是铁锅(又称炒勺、炒瓢等)。

炒锅可分为生铁锅和熟铁锅两种,按形状分为双耳炒锅与单柄炒锅两种(图5-19、图5-20)。在全国餐饮行业使用较多的是熟铁双耳炒锅、生铁双耳炒锅和熟铁单柄炒锅。熟铁双耳炒锅一般在我国南方地区使用较多,又称广锅;生铁双耳炒锅在华中地区使用广泛;熟铁单柄炒锅在华北地区使用广泛。这三种铁锅各有特点:单柄炒锅在菜肴原料翻锅时可前翻、后翻、拉翻、侧翻等,使用比较灵活;双耳炒锅多用于前翻、拉翻和侧翻等,但其容积较单柄式大。

图5-19 双耳炒锅

图5-20 单柄炒锅

❸ **常用辅助器具** 辅助器具是指在烹饪过程中发挥辅助作用,能起到省时省力,提高工作效率的各种器具(表5-2和表5-3)。

表5-2 中式菜肴制作常用辅助器具

名称	特点	应用	图示
炒勺	铁制圆形勺子,直径一般为9~12 cm,具铁柄,顶端装有木柄,可容汤水300~350 g,有的勺柄带测温计	炒菜时用于搅拌原料、添加调味料及盛菜出锅	
铁铲	近似方形,宽约8 cm,材质为熟铁或不锈钢,具铁柄,顶部装有木柄	用于翻炒原料或整理易散菜肴的装盘	
锅盖	大多用金属制成,大小根据锅的尺寸决定	烹制菜肴时盖上,不使菜肴走味,缩短烹制时间	
漏瓢	一般由熟铁制成,柄长10 cm左右,顶部装有木柄,形如汤瓢,瓢底有若干小孔	主要用于煮制、炸制时于锅中取料,可以漏油、漏水	

续表

名称	特点	应用	图示
笊篱	用铁丝、篾丝等编制而成	铁丝笊篱多用于在汤里捞原料,而篾丝笊篱一般用于捞面条	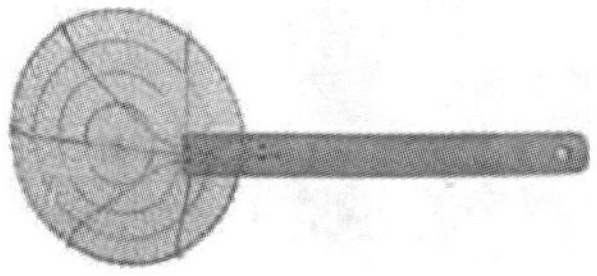
网筛	用细铜丝或不锈钢丝制成的圆形带柄的筛子,有粗细之分	过滤汤汁或液体调味品的工具	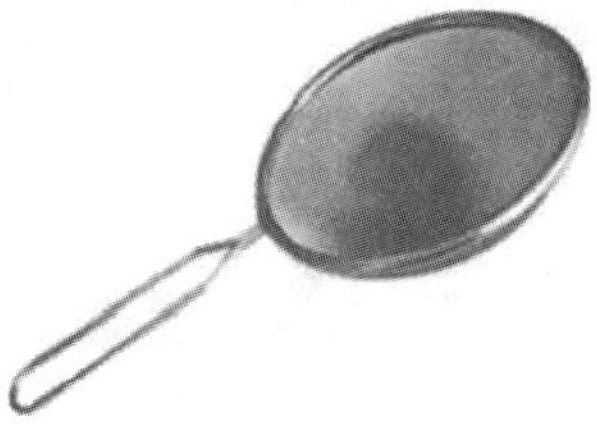
铁叉(钩)	一头是铁柄,一头是带钩的两个叉头	在汤中捞取原料的工具,用于捞取整块原料,有时也用于端双耳铁锅	
蛋抽	由一组不锈钢丝弯成椭圆形,固定在一处,形成锤状,再连接手柄所制成的	用于手工打蛋	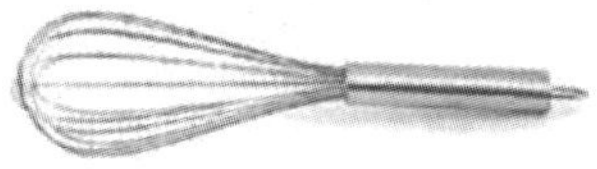
调味缸	规格、大小多样,以陶瓷、搪瓷或不锈钢制成,有方形和圆形两种	主要用来盛装调味料	
油盆	又称油鼓,由不锈钢制成,呈鼓形或喇叭形	主要用于装油或汤	

表 5-3　中式点心制作常用辅助器具

名称	特点	应用	图示
面板	又称案板,是点心制作必不可少的工具,一般选用上等的木材制成,也有大理石和不锈钢材质的。面板表面必须光滑平整,大小根据使用要求而定	主要用于和面、揉面、擀皮、成形等	

续表

名称	特点	应用	图示
擀面杖	又称单手杖,属于擀面工具,由细质木料制成,为圆柱形木棍。擀面杖有大、中、小之分,大号的长约1.5 m,粗 5 cm;中号的长约60 cm,粗 3.5 cm;小号的长约 25 cm,粗 2.5 cm	擀面条、面皮、饼等	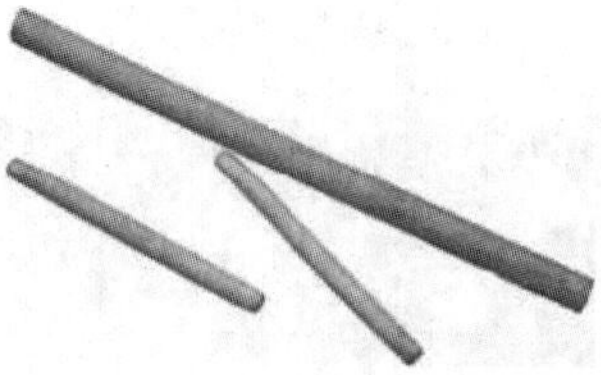
双手杖	又称手面杖,一般中间粗,两头细,长 25～30 cm,使用时需双手配合	常用于擀制包子皮、水饺皮、锅贴皮、烧卖皮等	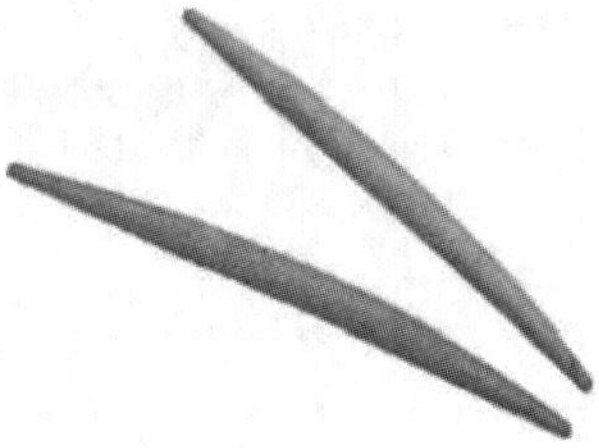
滚筒	又称走锤、通心槌,由细质木料制成,也有不锈钢质地的,呈圆柱形,长约 26 cm,粗约 8 cm,滚筒中心有孔,在孔中有一根轴	主要用于擀制花卷、大包酥等量大、形大的面皮	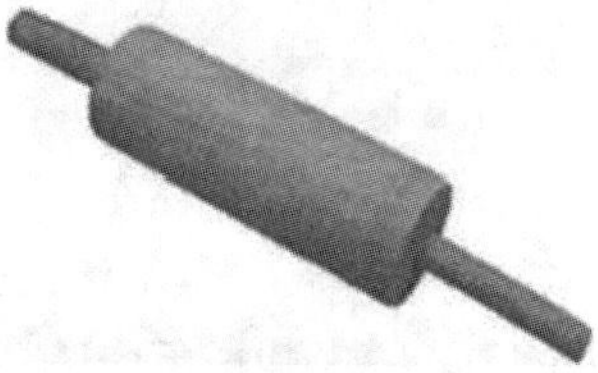
笼屉	蒸制菜肴的工具,一般圆形的称笼,方形的称屉,可以多层叠放在一起	用于蒸制菜点	
粉帚	面案上的笤帚,前端蓬松,有把。粉帚有的用秫头制成,也有的用棕苗制成,大小按实际需要而定	主要用于清扫面板上的面粉	
面筛	又称粉筛,是筛滤面粉的工具,一般用马尾、铜丝、钢丝网等制成,有粗细之分	主要用于筛粉、筛料,擦制泥、蓉	
发面缸	底小口大,比盆深,一般用不锈钢制成	主要是装发面的盛器	

续表

名称	特点	应用	图示
印模	面点制品的专用工具,有方、扁、圆、长等形状,正面凹刻有花纹图案	装饰馒头、饼、糕点的专用工具,这些工具一般是成套使用	
套模	又称卡模、花戟,是用金属(铜、不锈钢等)制成的平面图案套筒	用于片形坯料的生坯成形时,用套模将擀制平整的坯料刻成规格一致、形态相同的半成品	
盒模	又称胎模,是用金属(铁、铜、不锈钢、铝合金等)压制而成的凹形模具	主要用于蛋糕类、膨松类、混酥类等制品的成形,成形时,将坯料放入模具中,熟制后定形	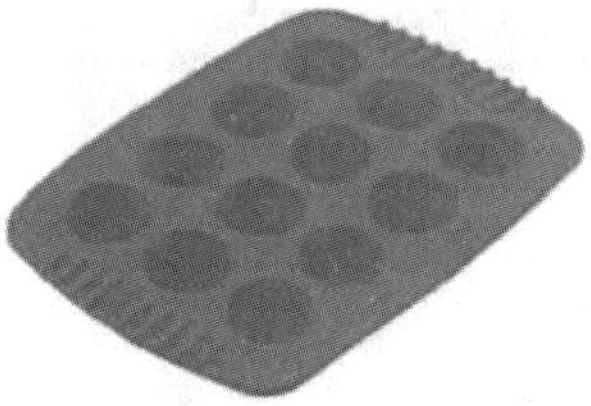
花钳	制作点心的工具,又名花夹子,用不锈钢或铜制成,一端为齿纹夹子,另一端为齿纹轮刀	多用于各种点心造型	
面点梳	用铜、铝、牛角或无毒塑料等制成,形如梳子	在面点上压制花纹和花边	
饺匙子	又称扁匙子、馅挑,用竹片或骨片制成,呈长扁圆形	主要用于挑拨馅料	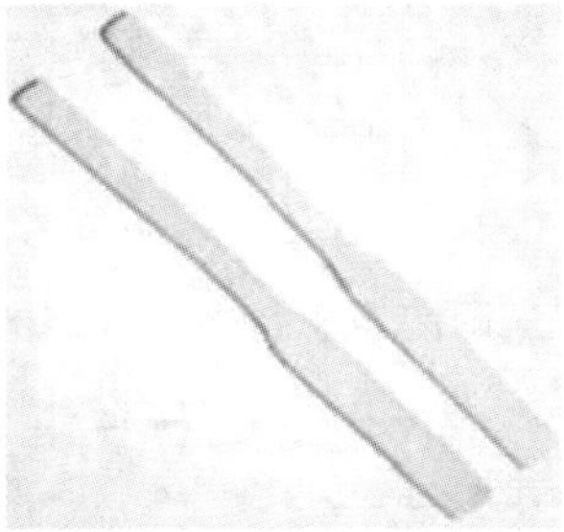

续表

名称	特点	应用	图示
刮板	用塑料或不锈钢制成，无刃，呈长方形、梯形或半圆形	用于面团调制、分割及台面清理等	
台秤	又称盘秤，根据其最大称量，有1 kg、2 kg、4 kg、8 kg等	主要用于面点主辅料的称量	
电子秤	小剂量、精确的称量工具	主要用于面点配料、添加剂的称量，如塔塔粉、小苏打、泡打粉、酵母等	
量杯	用玻璃、铝、塑料等材质制成的带有刻度的杯子	主要用于液态原料的称量，如水、油等	

三、中式菜点烹饪工艺

烹饪工艺指以烹调过程为主要研究内容，包括烹饪原料的初加工、切配、调味、加热制熟，直到成菜的各个环节的工艺，并涉及有关基础理论和知识。

由于烹饪学术用语逐渐走上规范化道路，因此烹饪被定为专业学科的名称，而烹调则仅指做菜的烹制技术。鉴于中国餐饮业的行业术语中一直将制作菜肴的工种称为红案，将制作面点的工种称为白案，故而已将红案规范称为烹调，白案规范称为面点加工。在国家有关职业法规中，红案厨师称为中式烹调师，白案厨师称为中式面点师。

(一) 中式菜肴烹饪工艺

烹调的概念是这样界定的，"烹"即加热食物，"调"即调和滋味。烹调是制作菜肴的术语，是指把经过整理加工的烹调原料，用加热和加入调味品的综合方法制成菜肴的一项专门技术。从烹调的概念中我们已经知道，"烹"和"调"是烹调操作中的两个不同方面，但是两者是紧密联系、有机结合、不可分割的。中式菜肴烹调基本流程见图5-21。

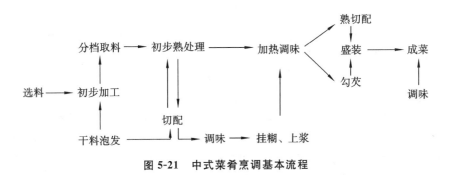

图 5-21 中式菜肴烹调基本流程

❶ 中式菜肴烹饪基础工艺 在中式菜肴烹调过程中不仅要掌握各种烹调技法,还要熟练掌握菜肴烹制前的基础工艺。因此,中式菜肴烹饪基础工艺在中式烹调中占有重要的地位,是每一位中式烹调师必须掌握的基本功。常用中式菜肴烹饪基础工艺有把控火候、调味、挂糊、上浆、勾芡、预熟处理及制汤等。

(1)把控火候:烹制菜肴时所用火力的大小和时间的长短。由于所烹制菜肴的原料质地有老、嫩、软、硬之分,形态有大、小、厚、薄之别,成品要求有脆、嫩、酥、烂之异,因而必须运用不同的火力,把握加热时间,才能烹调出色、香、味、形俱佳的菜肴。

(2)调味:用不同调料将菜肴调和成具有一定规格、特征的风味类型。它主要由滋味和香味来体现,是味觉和嗅觉的综合感觉。菜肴的味型主要借助调料的调和,也有主配料的本味和火候运用等方面的辅助作用。我国菜肴以味型丰富著称,常见的味型有咸鲜、咸甜、香咸、咸辣、酸甜、酸辣、麻辣、家常、鱼香、怪味等几十种。

(3)挂糊:先将制糊原料调制成糊状,再把烹调原料放入糊中拌匀,或是将干粉状原料直接拍在烹调原料表面,也可在拍粉基础上进行拖蛋液、滚蘸面包屑、芝麻等操作,然后进行烹调。这种方法挂在原料表面的糊较厚,适用于炸、熘、煎、贴等烹饪技法。

(4)上浆:将制浆原料和调味品等直接加在烹调原料上一起搅拌,使其均匀地裹在烹调原料表面,形成一层较薄的保护层。上浆适用于炒、爆等旺火速成的烹饪技法。

(5)勾芡:在菜肴将熟时将调好的粉汁淋入锅内使汤汁浓稠,增加汤汁对原料的附着力,从而增加菜肴汤汁的浓度,改善菜肴的光泽和口味。

(6)预熟处理:为正式烹调做准备的一种初步熟处理方法。根据烹制菜肴的目的要求,把经过初步加工的原料在油、水或蒸汽中进行预先加热,使其变为半熟或刚熟状态,以备正式烹调之用。常见预熟处理的方法有焯水、过油、汽蒸、走红等。

(7)制汤:又称汤锅、吊汤、炖汤,是把新鲜的、含蛋白质、脂肪等可溶性营养物质的、无异味的烹调原料放入水中加热,使可溶性营养物质和鲜味物质溶解于水中,制得鲜汤的工艺过程。俗话说,"唱戏的腔,厨师的汤",鲜汤在烹饪中的用途很广。在制作高档菜肴时尤其离不开鲜汤,如海参、鱼翅、燕窝等原料的烹制,必须用精制的鲜汤,才能形成鲜美的味道。

❷ 中式菜肴烹饪技法 中式菜肴烹饪技法是指制作中式菜肴的各种不同烹饪技法。常用的基本技法有 30 多种,而从基本技法派生出来的具体技法,则有上百种之多。烹饪技法的分类也有多种方法,但最常用的是以传热介质为依据进行划分,可分为水传热、油传热、蒸汽传热、固体传热、热辐射。每种传热方法各具特点且含有不同的烹饪技法(蒸汽传热只有 1 种)。

水作为传热介质具有比热容大、传热性能好,不会产生有害物质,对原料本身风味不会产生不利的影响,但会造成一部分营养成分的损失,不利于菜肴的色泽,达不到较高温度等特点。以水为传热介质的烹饪技法有煮、烧、炖、焖、煨、扒、涮、卤等。

油脂作为传热介质,其比热容较大、发烟点高、传热性能好,具有干燥性和保香性,加热均匀,有利于菜肴色泽、香气的形成及品质的提高,有利于提高人体对菜肴的消化吸收率,炸、熘、爆、烹等烹饪技法属于这一类。

蒸汽作为传热介质,具有润湿性、保原性和卫生性,营养素损失少,加热均匀、迅速等特点,用蒸汽传热的烹饪技法只有蒸。

固体(铁锅、盐、泥等)作为传热介质在烹饪中也有重要地位,它具有使原料受热迅速、营养损失小等优点,这类烹饪技法有炒、贴、煎、盐焗、泥煨等。

利用热辐射传热速度快,表皮易呈色,保原性好,此类烹饪技法有焙烤、微波加工等。

(1)以水为传热介质的主要烹饪技法:指用水作为传热介质,对原料进行加热成菜的技法的总称。在我国烹饪技法中,水传热和油传热一样,起着重要的作用,一直被认为是并立的两大主要传热介质。菜肴制作中具有鲜明特色的系列技法,受到各大菜系的重视。常用的烹饪技法介绍如下。

①煮:处理好的原料放入足量汤水中进行加热,待原料成熟时,即可出锅的技法。煮法是水烹法中用途最广、功能最齐全的一种技法,煮法也是一种最古老的技法。

②烧:将预制好的原料加入适量汤水和调料,用旺火烧沸后,改用中、小火加热,使原料适度软烂,而后收汁或勾芡成菜的多种技法的总称。业内公认并有较大影响的烧法有红烧、干烧和白烧等。

③炖:将原料加汤水及调料,旺火烧沸后用小火或微火长时间炖至原料熟软酥烂成菜的烹饪技法,属"火功菜"的技法之一,又分隔水炖和不隔水炖。

④焖:将加工处理的原料放入砂锅,加适量的汤水和调料,盖紧锅盖烧开,改用中小火进行较长时间的加热,待原料酥软入味后,收浓汤汁成菜的技法总称。焖法也是"火功菜"技法中的一种,是运用水传热中的柔性火候,以取得原料熟透酥烂的效果。焖法可分为红焖、黄焖、酱焖、油焖等。

⑤煨:将加工处理的原料先用开水焯烫,再放入砂锅中,加足量的汤水和调料,用旺火烧开,撇去浮沫后加盖,改用小火长时间加热至汤汁稠浓、原料完全松软成菜的技法。这种技法也是"火功菜"技法之一,而煨法属于其中火力最小、加热时间最长的半汤菜。

⑥扒:将加工造型的原料排列整齐放入锅中,加入适量汤水和调料,用中、小火加热,待原料熟透入味后勾芡,用大翻勺的技巧盛入盘内,菜形不散不乱,保持原有的美观形状。由于传统扒的技法难度大,部分菜肴改变加热和盛盘方法,但保持菜形不变,也称为扒,从而形成多种扒法。

⑦涮:将易熟的原料切成薄片,放入沸水火锅中,经极短时间加热,捞出,蘸调料食用的技法。涮法必须在特制的炊具即火锅中进行,原料在沸水中加热所用时间很短,原料的鲜香味不受损失,成品滋味浓厚。除开水涮以外,还可用鲜美的汤涮,味道更加丰富多样。

⑧卤:将加工好的原料或预制的半成品、熟料,放入预先调制好的卤汁锅中加热,使卤汁的鲜香味渗入原料内部成菜的冷菜技法。卤法是冷菜技法中颇有影响、富有特色的传统技法。

(2)以油为传热介质的主要烹饪技法:以油作为传热介质使原料成熟的各种烹调技法的总称。油烹法根据用油量的多少和油温的高低,可分为炸、烹等多种,其成品各具特色。油是热菜技法所用的各种传热介质中重要的一种,它之所以能够得到广泛应用,是因为油具有许多适应菜肴烹调的特性。用油作为传热介质的烹饪技法主要有以下几种。

①炸:将处理过的原料放入油量较多的锅中,用适当的油温和时间加热,使菜肴内部保持适度水分和鲜味,并使外部酥脆香爽,一次成菜的技法。炸是油烹法的基本技法之一,也是许多具体炸法的总称。各种炸法的工艺流程各不相同,风味质感也有很大差异。多数制品具有外焦里嫩,色泽油亮,干香脆酥,滋味醇厚的特点。炸的具体技法很多,常见的有清炸、干炸、脆炸、松炸、香炸、卷包炸等。

②烹:将加工的小型原料稍加腌渍,直接拍粉或挂糊,放入油量较多的锅中炸制(或用少油量煎制)后捞出,再加入预先调好的调味清汁,高温加热原料迅速吸收味汁,成为香气浓郁的菜肴。烹是炸的继续或延伸,炸是一次成菜,而烹是先炸后烹、两次成菜。烹法是烹饪史上的一个突破,它只把油炸作为一种预熟手段,形成千变万化的滋味。

③熘:将加工整理好的原料经不同方法进行预熟处理,成为断生或全熟的料,再回到锅内,以保持原料鲜味的目的,运用不同味型的芡汁和多种熘汁方法进行短时间加热,使芡汁迅速裹匀原料成

菜。因最后一道工序都要"熘汁",故称为"熘"法。

由于熘的预熟方法有多种,形成了菜肴酥、脆、软、嫩等多种质感。根据预熟方法和菜肴特点,熘又可以分为炸熘(焦熘)、滑熘和软熘等具体技法。

④爆:利用旺火沸油或沸水将加工成小型的原料进行瞬间加热,再放入有少许热油的锅内,加调味汁成菜的技法总称。这种技法经旺火高温油(水)快速操作,使原料在瞬间受高热,达到外驱异味、内增香味、内外俱熟、质感脆嫩的效果。依据所用原料的不同,爆又可细分为葱爆、酱爆、芫爆、蒜爆等技法。

(3)以固体为传热介质的主要烹饪技法:通过固体传热介质对加工处理好的原料进行加热成菜的技法的总称。主要传热介质如锅、盘、炉,或是盐、泥、石头等,经热传导使原料受热成熟。因原料性质、形状、加工处理方法、设备工具及具体操作方法的不同,特别是传热介质的不同,于是形成了菜肴之间迥然不同的风味质感。常用烹饪技法有炒、煎、贴、塌、盐焗、泥煨等。

①炒:将加工成为细小形状的原料用旺火、少量热油快速加热,边加热边放调味料,充分搅拌成菜的技法的总称。这种技法是原料在高温、热油、短时间加热的条件下,使原料既能变性成熟,又能保持鲜味,还能和油的香气以及调味料的滋味迅速融合。由于这种技法选用原料、辅料的多样性,调味的多样性,加热方法的多样性,使成品菜肴在味觉、视觉上都极为丰富多彩。炒法的分支技法各有所长,主要有生炒、干炒、滑炒、熟炒、软炒等。

②煎:将经糊、浆处理的扁平状原料平铺入锅,加少量油,用中、小火加热,使原料表面呈金黄色而成菜的技法。煎法成菜的质感与炸法类似,原料都是在受热过程中形成脆硬表层,保持了原料内部的水分和鲜味,达到外松脆、内软嫩的效果。但煎法用油量较少,一般以不淹没原料为度;使用火力以中、小火为主,较长时间加热。根据原料加工、调味手法、加热方式等的不同,煎法可分为干煎、生煎、蛋煎等技法。

③贴:将两种以上的扁平状原料叠合在一起,经糊、浆处理后平铺入锅,加少量油,用中、小火加热,使原料底面金黄酥脆、另一面软嫩的成菜技法。贴既有加工成形的意思(两种以上的原料相贴叠合在一起),又指成熟的方式(原料一面紧贴锅体)。

④塌:将经糊、浆处理的扁平状原料平铺入锅,加少量油,用中、小火加热至原料表面呈金黄色,加入调味汁使原料吸收而成菜的技法。这种技法因原料挂糊后在加热过程中形成了厚膜,在加调味汁时能够大量吸收调味汁,形成浓厚丰润的滋味,并呈现鲜艳的金黄色泽。

⑤盐焗:将加工腌渍入味的原料用锡纸包裹,埋入烧红的晶体粗盐之中,利用盐导热的特性,对原料进行加热成菜的技法。加热时间以原料成熟为准,一般不太长,从而保护原料的质感和鲜味。用锡纸包裹加热,即使严密,原料中的水分也会有一定程度的挥发,这也可起到浓缩原料鲜味的效果。因此,盐焗技法制成的成品,皮脆骨酥,肉质鲜嫩,干香味厚,是一种别有风味的佳肴。

⑥泥煨:将加工好的原料进行腌渍,用网油、荷叶等包裹,再均匀涂抹一层黏泥,埋入烧红的炭火中进行长时间的平缓加热,将炭火的热能传给原料,使之成熟的技法。因包裹严密,原料中的水分、鲜味不会散失,且调味品也渗入原料之中。

(4)以蒸汽为传热介质的主要烹饪技法:利用高温水蒸气作为传热介质,将原料加热成菜的一种技法。汽烹具有多种功能,适应多种原料。汽烹法是利用物理学中热对流的原理,用对流的热蒸汽使原料成熟。汽烹法能够使原料达到酥嫩、软烂等效果,但不能达到上色和脆化的效果。蒸是汽烹法中唯一的技法。

蒸就是将加工好的原料放入蒸笼内,利用火力产生的强弱不同的蒸汽使原料成熟的技法。由于蒸制原料的性质各异,体积大小不同,蒸汽的强度和蒸制时间长短的不同,从而形成了蒸法的不同类型和风味质感迥然不同的特色。蒸菜的主要特点:菜形美观,色泽鲜艳,原汁原味,汁清滋润,质感细嫩,香气浓郁,爽口不腻。

(5)以辐射传热的烹饪技法:用火(煤、炭、燃气等火源)产生的热能,通过热辐射对加工处理好的原料进行加热成菜的技法总称,主要代表技法是烤。

烤就是将加工处理好或腌渍入味的原料,置于烤具内部,用明火、暗火等产生的热辐射进行加热的技法的总称。原料经烘烤后,表层水分散发,使原料产生松脆的表层和焦香的滋味。烤也是一种古老的烹饪技法,演变到现在,除烤具、操作方法发生变化外,更重要的是使用了调味料和调味的方法,使烤制菜肴品种更加丰富,口味得到了改善。烤的烹饪工艺根据使用设备的不同,可分为暗炉烤、炙烤、铁锅烤、明炉烤等。

(二)中式点心烹饪工艺

中式点心是面食、点心、小吃的总称,是指各类以粮食、鱼虾、畜禽肉、蛋、乳、蔬菜、果品为原料,配以多种调味料,经加工制成的色、香、味、形、质俱佳的吃食。中式点心基本烹饪工艺流程见图 5-22。

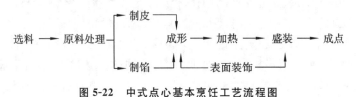

图 5-22 中式点心基本烹饪工艺流程图

❶ **中式点心基础工艺** 中式点心基础工艺主要是和面、揉面、搓条、下剂、制皮和上馅 6 项,具体介绍如下。

(1)和面:把粉料与水等原、辅料掺和均匀的过程。和面的方法分为手工和面和机器和面两大类。机器和面通常使用的设备是和面机。和面机将粉料与水等原、辅料进行机械搅拌,调制成制作中式点心所需要的各种不同性质的面团。手工和面的技法可分为抄拌法、调和法和搅和法 3 种。

(2)揉面:将和好的面揉匀、揉透、揉顺的过程。揉面主要可分为捣、揉、揣、摔、擦、叠等动作,这些动作可使面团进一步均匀、上劲、柔润、光滑或酥软等。

(3)搓条:取出一块面团,先拉成长条,然后双手掌跟轻压在长条上,来回推搓,边推边搓,必要时也可向两侧拉条,使之成为粗细均匀的圆形长条。搓条的关键是条圆、光洁、粗细一致,圆条的粗细据成品而定。

(4)下剂:也称摘坯、掐剂子,是将整块的或已搓条的面团按照品种的生产规格要求,采用适当的方法分割成一定大小的剂子。下剂必须做到大小均匀、重量一致、手法正确。

由于面团的性质和不同品种的要求不同,下剂的手法也有所区别,在操作上有揪剂、挖剂、拉剂、切剂和剁剂等。

(5)制皮:将分割好的剂子,按照中式点心品种的要求制成便于包馅和进一步成形所需的皮子。制皮是制作中式点心的基础操作之一,由于不同品种的要求不同,制皮方法主要有按皮、拍皮、捏皮、摊皮、压皮、擀皮等。

(6)上馅:调制好的馅心置于制好的皮子上的操作过程,是有馅心中式点心品种的一道必做工序。上馅的方法可分为包上法、拢上法、夹上法、卷上法和滚粘法等。

❷ **中式点心制作工艺**

(1)面团制作工艺:面团制作是中式点心制作的重要环节,就是将各种粮食粉料(包括面粉、米粉和其他杂粮粉等)加入适当的水、油、蛋等后加以调制(包括和面、揉面),使粉相互粘连,成为一个整体团块的技术手段。面团按照调制时使用的主料、辅料和面团的特性可分为水调面团、膨松面团、油酥面团、米粉面团、其他面团等。

①水调面团:面粉中掺入水(也有加入少量食盐或食碱等辅料),经过揉搓形成的面团。调制过程可分为下粉、加水、和面、揉面、饧面等环节,根据加入水的温度不同可分为冷水面团、温水面团、热水面团。

②膨松面团:指在调制过程中,除了加水或蛋,还添加酵母或化学膨松剂,或采用机械搅打,从而

形成的具备膨松结构的面团。面团要具备膨松结构,必须具备两个条件:一是面团内部要有能产生气体的物质或有气体存在,因为面团膨松的实质就是其内部气体膨胀从而改变组织结构,使制品膨松柔软;二是面团要具有保持气体的能力。根据膨松面团内部气体产生方法的不同,膨松面团可分为生物膨松面团、化学膨松面团和物理膨松面团。

③油酥面团:指以面粉和油作为主要原料,再配以水、辅料(如蛋、白糖、化学膨松剂等)调制而成的面团,其成品具有膨大、酥松、分层、美观等特点。油酥面团按照调制方法的不同,具体可分为层酥类面团(酥皮类、擘酥)和单酥类面团(浆皮类、混酥类)。

④米粉面团:指用米磨成的粉与水及其他辅料调制而成的面团。常用的米粉有糯米粉、粳米粉和籼米粉3种。由于不同米粉的特征不同,用其调制出的面团的性质也不一样。根据调制的方法不同,米粉面团可分为糕类粉团、团类粉团和发酵粉团3种。

⑤其他面团:指以面粉和米粉之外的其他原料为主料所调制的面团的总称。其他原料包括澄粉、杂粮、豆类、蔬菜类、果品类、鱼虾蓉等。

(2)制馅工艺:馅心又称馅子,是指将各种制馅原料经过精细加工、处理、调制、拌和而包入中式点心皮子内的"心子"。馅心制作是中式点心制作中具有较高技术要求的一项操作,它决定了中式点心的口味,影响着中式点心的形态,形成了中式点心的特色,还增加了中式点心的种类。

馅心种类很多,按照口味可分为咸味馅和甜味馅等;按照原料可分为菜馅、肉馅、菜肉馅、糖馅、果肉蜜饯馅等;按照制作方法可分为生馅和熟馅等。

(3)成形工艺:用调制好的面团和坯皮,按照中式点心的要求,包馅心(或不包馅心),制成不同形状的成品或半成品。中式点心成形是一项技术性较强的工作,它是中式点心制作的重要组成部分。中式点心和菜肴一样,也要求色、香、味、形俱佳,而中式点心对形态美观的要求更高,它形成了中式点心的特色,如包子、饼、糕、团,以及色泽鲜艳、形态逼真的象形花色制品,都体现了中式点心独有的特色。

中式点心成形技术主要包括抻、切、削、拔、叠、摊、擀、按、揉、包、卷、捏、钳花、压模、滚粘、镶嵌,以及拧、剪、夹、挤注、裱花、立塑、平绘等。

(4)成熟工艺:成熟技术就是通过加热将半成品熟制的过程,是制作流程中的最后一道工序。中式点心成熟的好坏,将直接影响中式点心的品质,因此是决定中式点心成品质量的关键所在,行业中也有"三分做,七分火"的说法。所以掌握中式点心成熟的原理,将其灵活运用于各种中式点心制作的过程中,使中式点心成品达到理想的效果,是中式点心岗位工作人员必须具备的职业素质。

成熟技艺主要包括煮、蒸、炸、煎、烤、烙、炒等方法,无论运用哪一种成熟方法,都要求制作者了解成熟工艺与面团性质、制品特点的关系,正确掌握技术要点。

 相关知识

中式点心的四大流派

我国地域广阔,各地气候条件、物产、经济发展情况、人们的生活习惯各不相同。因此,我国的面点制作在原料选择、口味、制作技艺等方面形成了不同的风味流派。目前,我国面点的主要风味流派有京式面点、苏式面点、广式面点、川式面点四大类。

一、京式面点

以黄河以北的大部分地区(包括山东、华北、东北等)的面点为主要代表,用料丰富,但以麦面为主。品种众多,制作精细,制馅时多用水打馅,主要代表品种有抻面、烧卖、包子、清宫仿膳的肉末烧饼、艾窝窝等。

二、苏式面点

以长江中下游、江浙一带的面点品种为主要代表，面点品种繁多，制作精美，季节性强，馅心注重掺冻，汁多肥嫩，主要代表品种有三丁包子、汤包、千层油糕、船点等。

三、广式面点

以珠江流域及南部沿海地区的面点品种为主要代表，面点品种丰富，馅心多样，制法特别，使用糖、油、蛋较多，季节性强，主要代表品种有虾饺、叉烧包、马拉糕、粉果、莲蓉甘露酥等。

四、川式面点

以长江中上游川、滇、黔一带的面点品种为主要代表，用料广泛，制法多样，口感上注重咸、甜、麻、辣、酸等味，主要代表品种有赖汤圆、担担面、龙抄手、钟水饺、提丝发糕、八宝枣糕等。

以上这四大类面点都有其鲜明的特色，除此之外，还有朝鲜族面点、清真面点、藏族面点等风味点心，虽未形成大的地域体系，但也早已成为我国面点的重要组成部分，融合在各主要面点流派中，独具魅力。

任务二　认知中式厨房菜点生产管理

任务描述

中式厨房菜点生产管理是保证厨房正常运转和菜点质量的重要环节，是厨房生产管理工作中的中心内容。当前餐饮业中，厨房管理存在很多以经验型为主的管理，现代厨房的管理更需要运用科学的管理知识，以提升厨房管理水平。通过本任务学习，带领学生了解中式厨房组织结构、岗位职责和生产流程，熟悉中式厨房生产管理的主要方面及管理把控。

任务目标

（1）了解中式厨房组织结构、岗位职责和生产流程。
（2）熟悉中式厨房生产管理中各个环节把控的关键。

任务导入

情景一：陈某毕业于烹饪高等职业院校，已有十余年的工作经历，平时工作积极，技术精湛，已经是饭店的技术骨干，深受领导好评。饭店又有新的业务拓展，在邻近的城市有一家新饭店开业，考虑到他的工作表现，提任他为新开张饭店的厨师长。

陈某在新饭店上任后，工作更加努力，但是事与愿违，管理不顺、执行无力、差错不断，领导对他的工作成效也不是很满意，令他十分困惑与苦恼。

陈某带着这个困扰回到学校请教老师，老师帮他分析，并告知他把控厨房管理中的几个重要环节，使他茅塞顿开。回去后，他结合厨房现状，制订岗位职责及厨房相应的管理制度，明确分工、职责、流程及相关环节管理。通过一系列管理手段的应用，厨房渐渐有了起色，员工的工作主动性增强了，职责意识变强了，管理流程顺畅了，菜点品质提高了，环境卫生改善了，消费者满意度提升了，厨房进入了良好有序的运行状态。

问题思考:
(1)陈某赴任新职位的初始阶段,管理中为什么会出现各种问题?
(2)中式厨房生产管理具体涉及把控哪些环节?

知识精讲

一、中式厨房组织结构、岗位职责和生产流程

中式厨房生产和管理是通过一定的组织形式来实现的。厨房组织结构关系到生产方式和完成生产任务的能力,影响工作效率、产品质量、信息沟通和职责的履行。设置合理的厨房组织结构,保证厨房的所有工作和任务都得以分工落实,才能对厨房实施有效管理,有序开展各项工作。

(一)中式厨房组织结构

❶ 中式厨房组织结构的设置原则 为了保证厨房的生产活动能够正常运转,需要建立一个机构健全、设置合理的厨房生产组织结构。由于经营规模、经营品类、经营方式和管理体系的不尽相同,所以在建立厨房组织结构时一般应遵循以下设置原则。

(1)以生产场所为中心:由于各餐饮企业规模不一,设置厨房的数量也不同,有些餐饮企业只有1个厨房,有些有2~3个,甚至更多。厨房的设置要考虑到每个厨房的运作情况,充分分析厨房的作业流程。总之,要本着节约人力资源的原则,保证组织结构精练、高效。

(2)以经营内容为中心:厨房的数量一般根据餐厅设置,各餐厅的经营时间和经营品种不同,生产内容和对生产人员的要求也不同,所以机构设置要相对独立,管理相对分开。

(3)以工作效率为中心:厨房的生产是诸多工种、若干岗位、各项技艺协调配合进行的系统流程,任务一个环节的不协调都会给整个厨房的生产带来影响,降低生产效率。厨房机构设置要考虑到各部门的工作量和承担的责任,提倡团结协作精神,保证和谐,保证效率。

(4)以权力和责任相当为中心:厨房应遵循责权分明的原则,责任是权力的基础,权力是责任的保证。在厨房组织结构的每一层级都应有相应的责权,明确每一层级各自的职责范围和权限,并将其在岗位描述中列出,使各岗位管理人员和员工互相协调配合,有效地从事厨房的各项工作,从而确保厨房管理目标的实现。

❷ 不同设置的中式厨房的组织结构 厨房组织结构是厨房各层级、各岗位在整个厨房中位置和联络关系的体现。传统中式厨房与现代中式厨房在组织结构的设置上有所区别,分别见图5-23、图5-24。

(二)中式厨房岗位职责

制订厨房各岗位职责,明确各岗位在组织结构中的地位、工作范围和工作职责,能够更好地保证厨房各部门正常运转,有效地组织生产。因此,岗位职责是衡量和评估每个人工作的依据,是工作中进行相互沟通协调的条文,是选择岗位人员的标准,同时也是实现厨房高效运转的保证。

❶ 厨师长岗位职责 负责中式厨房生产运转,合理安排厨房人员,督查厨房各岗位生产,控制出品质量,督促厨房员工合理使用原料,控制毛利率。

❷ 领班岗位职责 自觉服从厨师长的工作安排,督促本班组员工严格按照岗位规范实施操作,高质量地完成工作任务,确保操作安全。

❸ 炉台岗位职责 服从领班的工作安排,保质保量地完成工作任务。按规定的操作标准要求烹制宴会、零点等各类菜肴,保证菜肴质量。

❹ 蒸灶岗位职责 服从领班的工作安排,保质保量地完成工作任务。掌握各种干货原料的浸发和蒸、扣、炖、煲等蒸制菜肴的制作方法,按规定的操作标准加工制作各种蒸菜,保证菜肴质量。

中式厨房岗位职责

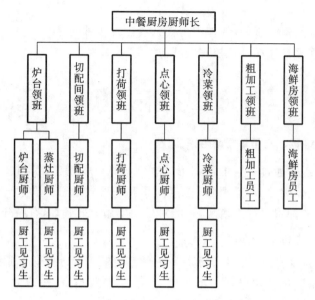

图 5-23 传统中式厨房组织结构图

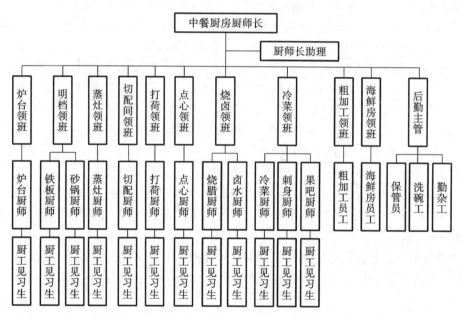

图 5-24 现代中式厨房组织结构图

❺ **切配岗位职责** 服从领班的工作安排,保质保量地完成工作任务。根据规定的操作目标进行原料的刀工处理和菜肴配制,高质量地完成菜肴切配工作。

❻ **打荷岗位职责** 服从领班的工作安排,保质保量地完成工作任务。做好开餐前的准备,包括点缀原料、小料及餐具的准备,根据菜肴的烹饪特点和餐厅运营情况,掌握出菜速度与节奏,及时将烹制好的菜肴送到指定区域。

❼ **冷菜岗位职责** 服从领班的工作安排,保质保量地完成工作任务。负责做好冷菜的烹制加工工作,在装盘时,需按标准分量配制,并做到刀面清晰,清洁美观。

❽ **点心岗位职责** 服从领班的工作安排,保质保量地完成工作任务。定量做好所需各类馅心的准备工作,合理使用各种原料,严格按照点心的质量要求实施操作。

(三)中式厨房生产流程

中式厨房生产流程涉及原料选择、加工、组配以及烹调熟制、菜肴出品等一系列工序,是整个厨房管理中最重要的一个环节。通过对厨房菜点生产、加工、制作整个过程进行有效的、有计划的、有组织的、系统的管理与控制，来实现厨房生产管理的目标。

❶ **中式菜肴生产流程** 中式厨房菜肴的出品需要经过很多生产工序，加工的工艺流程有所区别，但总体来说是大同小异的。中式菜肴的制作包括热菜和冷菜两大部分，有一些冷菜的加工是不需要进行加热处理的，直接把加工切制好的食品原料装盘即可。中式菜肴生产流程图见图5-25。

图5-25 中式菜肴生产流程图

❷ **中式点心生产流程** 点心与中式菜肴的加工过程异曲同工，中式点心生产流程图见图5-26。

图5-26 中式点心生产流程图

二、中式厨房生产管理

中式厨房的生产管理就是通过对中式菜点的生产成本、制作规范、产品质量进行检查指导，避免生产过程产生差异，以保证产品质量的稳定。同时加强厨房生产效率的管理，形成合理的生产秩序和流程。

（一）中式厨房原料管理

厨房原料管理就是申购、采购、验收、保管、领用等多个环节的管理，它包括申购的合理性、供应商的选择、采购原料的适用度、原料的品质和数量、原料的完好储存以及领用过程的严谨性等方面。原料管理是厨房生产的前奏，关系到厨房生产产品的质量，而且还对生产成本的控制产生直接影响。

❶ **中餐原料采购管理** 中餐原料采购是厨房食品生产加工和销售服务得以顺利进行的物质基础。组织和管理好厨房食品原料的采购工作，不仅能使厨房食品生产加工和餐厅经营活动顺利进行，同时，对于保证菜点质量，降低厨房生产成本，加速资金周转，提高经济效益，都具有十分重要的意义。

为了确保食品原料采购工作的顺利进行，提高采购工作质量，需制订一个行之有效的工作程序和采购准则。采购人员必须按照规定的工作程序和采购准则开展采购活动，原料采购流程图见图5-27。

食品原料采购常用的各种方法

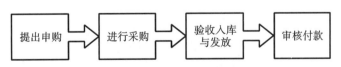

图5-27 原料采购流程图

食品原料的采购方法很多，应根据厨房的菜肴制作需要、食品原料的种类及市场情况而定。常见的采购方法主要有询价采购、比较采购、招标采购、定点采购、约定采购、异地采购、联合采购、特殊采购等。

❷ **中餐原料验收管理** 原料的验收管理是厨房管理中一个非常重要的环节。验收能够对采购渠道、原料质量、数量、价格和采购时间等起到有效的控制。原料验收要设置专业的验收人员，并安排验收的场地，配备验收工作需要的设备工具。验收人员要求受过专职培训，富有专业知识，具有较强的责任心，能够秉公办事。不同的饭店或餐饮企业对食品原料的验收程序都有具体的规定，形成

了严格的验收操作规程,使食品原料的验收日益规范化。原料验收流程图见图 5-28。

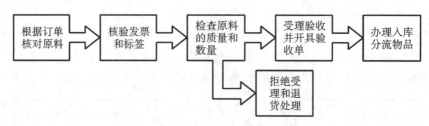

图 5-28 原料验收流程图

❸ **中餐原料库房管理** 中餐原料的库房常见的有干料库房、冷冻冷藏库房等,这些区域原料的储存、发货、保质、保洁都属于原料库房管理的内容。原料储存要做到以品种为单位设立动态账户,要做到账(保管日记账)、卡(存货卡)、货(现有库存数量)相符,防止差错。

库房原料的储存、领发是原料控制的重要环节,如果控制不当,就会造成原料变质、库存积压,直接影响经营成本。根据原料的种类、特性及在储存时所需的温度和湿度等分类进行储存,以确保原料的质量。干货仓库需控制温度在 10～20 ℃,湿度在 50%～60%,以防止霉变和虫蛀。冷藏库房是将冷库或冰箱的温度控制在 1～6 ℃,使储存的食品保持低温而不冻结。冷冻库房的温度应该控制在 -18 ℃ 以下,使食品完全处于冻结状态。在一定时间内控制微生物的繁殖,以保证食品的质量。

❹ **中餐原料发放与盘存管理** 厨房的原料使用量很大,而仓库原料的流动量更大,虽然有些原料没进入库房,但这些原料仍然需要从保管员手中办理领用手续。仓库保管员不仅要负责全部原料的进出库管理,而且还要保证原料在保管和发货过程中不变质、无短缺、无差错,且每月定期对仓库进行存货盘点,确保物品的准确性。为了核查原料的库存量,每月要对仓库存货进行数次盘点,这是仓库保管员的一项重要工作职责。仓库的盘点一般分为日常盘点、定期盘点和临时盘点。

(二)中式厨房制度管理

在厨房生产与管理中,应制订完善并行之有效的厨房管理制度,作为厨房生产的全面法规和员工奖罚的依据。厨房的一切生产经营活动都要围绕制度展开并严格执行,以维护厨房生产的有序进行。

厨房管理涉及的事务广泛,内容繁多,因此厨房管理的相关制度类型也很宽泛,厨房管理制度的类型一般包括厨房纪律制度、厨房值班制度、厨房交接班制度、厨房设备工具管理制度、厨房出菜制度、厨房食品卫生制度、厨房日常卫生制度、厨房卫生检查制度、厨房干货库管理制度、厨房冷藏库管理制度、厨房冷冻库管理制度、厨房员工休假制度、厨房员工培训制度、厨房员工考核制度、厨房安全制度、厨房奖惩制度等。

厨房 6T 管理制度

"百合花餐饮业食品安全与营养管理体系示范工程"简介

(三)中式厨房卫生管理

厨房卫生管理是从原料采购、加工到服务和销售,全过程对原料卫生及岗位工作人员的卫生操作进行检查、督导与完善的一系列管理工作,是保证菜点质量,预防食品安全问题的重要手段。它既包括工作人员的个人生活卫生和操作卫生管理,也包括烹饪原料、产品生产和销售经营的卫生管理,还包括生产、加工过程中设备工具的卫生管理。

❶ **工作人员卫生管理** 厨房的从业人员每天都在和食品直接接触,加强对该群体人员的卫生管理,是厨房卫生管理的首要任务。厨房从业人员要有自觉的卫生意识,养成良好的卫生习惯,保持良好的个人卫生。厨房从业人员必须持健康证上岗,应遵守《餐饮服务食品安全操作规范》,如操作时应穿戴清洁的工作衣帽,操作过程中应保持手部清洁。冷菜间、裱花间厨师进入专间时,应更换专用工作衣帽并佩戴口罩。

❷ **菜点加工过程卫生管理** 食品加工和烹调操作卫生是保证食品安全,预防食物中毒的重要

环节。重视加工过程中的卫生管理,可以避免在烹调加工时因操作不当对食品造成污染。

(1)初加工的卫生要求:初加工卫生是指烹饪原料在初加工间择洗、分档、宰杀、改刀过程中的卫生。初加工间应设有洗菜池、解冻池、生菜砧板、熟菜砧板、半成品放置台(架)等,保持操作环境的整洁。不同种类的原料清洗时应分池清洗,凡发现有不符合食用要求的原料都应废弃,不得作为烹饪原料使用。

(2)冷菜制作的卫生要求:冷菜品种很多,制作方法也不尽相同,但都具有直接食用的特点,所以必须高度重视冷菜制作的卫生。冷制凉食是指采用原料不经加热,调味后能直接食用的菜肴,如凉拌菜、醉腌菜等。因此原料必须用纯净水彻底清洗,去净泥沙、杂质,果蔬类原料还可用盐水或3%的高锰酸钾浸泡,再用纯净水冲洗。热制凉食以熏、烤、煮、卤等为主,操作流程需符合要求,大块原料必须一次性烧熟煮透,调料及上色的添加剂要符合食品卫生质量标准。

(3)热菜制作的卫生要求:每日开档前彻底清洗炒锅、手勺、笊篱、抹布等用品,及时清理、更换调料,保持调料罐卫生。生产过程中,应保持灶面的卫生清洁。在菜肴烹制过程中,要充分烧熟煮透,避免因烧煮不透引起食物中毒;要防止菜肴烧焦烧糊,产生损害人体健康的不利物质。营业结束后,清洁用具和设备,归位摆放,清理调料,做到卫生、光洁、无油腻。

(4)面点制作的卫生要求:保证各种原料和馅心的新鲜卫生。工具和设备要保持清洁,抹布白净,各种花色模具、面杖,随用随清洁,防止面粉、油等残留物腐败而污染面点。营业结束后,清洗各类工具和设备,并归位摆放,剩余的各类馅心、原料按不同储藏要求分别放入冰箱储藏。

❸ **设备、工具卫生管理** 在菜品的生产加工过程中,厨房的设备、工具也是细菌传播与有害物污染的重要渠道,因此厨房设备、工具的卫生管理也是厨房卫生管理的重要内容。上班前首先检查厨房各种机械加工设备和工具的卫生情况,每次使用前后都要清洁,清除设备内的污物和沾染物。生产过程中根据《各岗位卫生操作规定》进行操作。下班前必须将负责的设备、工具卫生清理干净,经检查后方可离岗。对一些不易污染或不便清洁的大型设备实行定期清洁、定期检查,做到专人负责。

(四)中式厨房安全管理

厨房的安全管理是保障员工人身安全和企业财产安全的重要措施,是厨房管理的重中之重。在厨房管理中应努力杜绝和防范各类厨房事故的发生,加强安全教育培训,提高安全防范意识,做到预防为先。

❶ **中式厨房常见安全隐患与防范措施**

(1)厨房常见安全隐患:厨房在生产过程中常见的安全隐患主要有跌伤、扭伤、撞伤、割伤、烧烫伤、电击伤、火灾等。

(2)厨房安全管理的防范措施:厨房管理者应对厨房区域定期进行安全检查,查找安全隐患并及时整改。厨房应时刻保持地面清洁无水渍,保持厨房通道的畅行无阻,在各区域显眼的位置放置相关安全告示。

对厨房生产人员定期进行安全教育培训,对厨房内的各种刀具进行规范管理。要求厨房生产人员严格按照各类设备和工具的正确使用方法进行使用和操作。落实安全防火责任制,建立健全的安全防火各项规章制度,将安全防火常态化。

❷ **中式厨房安全操作规程** 安全操作是保证厨房正常运作的前提,无论是管理者,还是下属员工,都必须认识到安全操作的重要性,在工作中要严格执行厨房安全操作规程,杜绝因为违反安全操作规程造成的安全事故与伤害,如油锅在使用过程中应保证人员不离岗;营业结束后,值班人员在离开厨房前要检查确认燃气开关已关闭。

> 相关知识

厨房生产运作特点

厨房生产是通过人与物（设备、工具）的配合，将烹饪技术运用于原料，具有一系列与其他生产不尽相同的特点。

一、厨房生产量具有不确定性

厨房生产量包括菜点及原料的洗涤加工数量、切割配份数量以及烹制出品的数量。生产过程中，由于以下因素的存在，造成厨房的生产量难以具体确定。

1. 厨房产品需求的变动因素多　影响就餐客情的变化因素比较多，如天气变化，消费者选择良辰吉日的影响，节日的影响，消费者就餐需求临时变化的影响等。

2. 食材季节的变化因素　现代消费者对厨房产品的时令性要求越来越高，使厨房生产有着很强的季节性。因此，不管是时令性原料的抢先应市，还是过时原料的设法推销，都会使厨房的生产量骤然增加。

3. 消费导向的因素　餐厅现场烹制、桌边服务，火焰、铁板类容易制造就餐的气氛，这对厨房生产量的影响是不言而喻的。

4. 出菜节奏的影响　自助餐出菜先急后缓，宴会出菜循序渐进，零点出菜高峰时来势汹涌。因出菜节奏的变化对厨房生产量的影响也是显而易见的。

二、生产制作手工性

厨房生产是厨师技术性操作过程。生产制作的手工性，既有方便生产人员发挥聪明才智、提高烹饪艺术效果的一面，同时又带来了生产及出品因人而异、难以控制的另一面。

1. 生产劳动多凭借手工　厨房产品品种繁多，规格各异，生产批量小，出品快慢要求不一，技术复杂程度千差万别，决定了厨房生产方式只能多以手工操作为主。

2. 手工制作的差异性　厨房生产多凭借手工，生产人员认识水平不一致，判断、解决问题的方式、角度不一样，加之烹饪技术特有的模糊性和经验性，也会造成生产及出品的质量难以控制。

三、产品具有特殊性

厨房产品不仅是消费者直接享用的食品，同时还具有与餐饮服务相配合、相依存，与饭店星级档次相适应、相媲美的特殊要求。

1. 产品是供消费者享用的食品性商品　厨房产品与普通商品一样，具有价值和使用（食用）价值，并且需要通过餐饮服务来体现和实现其价值。因此，厨房产品，同时作为餐厅服务员服务的载体，出品质量标准的实现有赖于厨房生产和服务两个方面的配合。

2. 产品多、规格异、批量小　厨房产品因消费者需要而定，根据消费者所预订的数量进行生产。同批消费者人数和进食数量决定厨房生产单位产品生产量。因此，往往表现为个别的、零星的、时断时续的、规格不一的生产作业方式。

3. 产品销售的即时性　厨房产品，无论菜肴、点心，一经出品，其质量、效果便随着时间的延长而降低。质量降低的表现有菜点色、香、味、形、温等影响消费者的视觉、感觉鉴赏效果变差和菜点内部营养成分的损失。因此，厨房生产应与服务销售密切沟通，保证产品在出品的第一时间内用于消费。

4. 产品质量具有多元性　厨房产品的质量不仅取决于生产该产品的厨师及其菜点本身，而且还受服务销售、就餐环境以及就餐消费者等诸多因素的影响。因此，其产品质量具有不同于其他商品的多元性特点。

四、生产成本多变性

厨房生产所使用的原料、调味料,构成生产成本的主体。原料、调味料的采购、验收、储存、领用及其加工制作,众多环节的循环往复,保障了厨房生产得以正常进行。厨房生产成本既受以上诸多环节的影响,同时还随原料的季节性、价格变化而波动。厨房生产人员的技术力量、主人翁精神以及生产管理的力度,厨房产品出品的控制手段等,都可能使生产成本呈现频繁波动的特点。

项目小结

通过本项目的学习,我们对中式菜点的常用原料,常用工具和设备,主要烹饪技法,中式厨房的组织结构、岗位职责、生产流程和生产管理有了较清晰的认知,让学生能够全面了解专业知识,明确学习目标。我们以思维导图总结(扫描二维码即可获取)。

同步测试

一、选择题

1. 我国的烹调技术主要经历了( )发展阶段。
   A. 3个　　　　B. 4个　　　　C. 5个　　　　D. 6个

2. ( )原料是动物性原料中的家养哺乳动物原料及其制品的总称,是人们日常生活中的主要食物来源,在人们的膳食结构中占有较大比重。
   A. 畜类　　　　B. 禽类　　　　C. 禽畜类　　　　D. 猪牛羊

3. 调味料又称调味品,指在烹调过程中主要用于调和食物味道的一类原料的统称。调味料大体上可分为咸味、甜味、酸味、辣味、( )和鲜味等几大类。
   A. 香味　　　　B. 麻味　　　　C. 苦味　　　　D. 涩味

4. 鉴于中国餐饮业的行业术语中一直将制作菜肴的工种称为( ),将制作面点的工种称为白案,故而已将( )规范称为烹调,白案规范称为面点。在国家有关职业法规中,( )厨师称为中式烹调师,白案厨师称为中式面点师。
   A. 黑案　　　　B. 黄案　　　　C. 红案　　　　D. 蓝案

5. ( )就是为正式烹调做准备的一种初步熟处理方法。根据烹制菜肴的目的要求,把经过初步加工的原料在油、水或蒸汽中进行预加热,使其成为半熟或刚熟状态,以备正式烹调之用。
   A. 过油　　　　B. 汽蒸　　　　C. 预熟处理　　　　D. 熟制

6. ( )就是将预制好的原料,加入适量汤汁和调味料,用旺火烧沸后,改用中、小火加热,使原料适度软烂,而后收汁或勾芡成菜的多种技法总称。
   A. 煮　　　　B. 焖　　　　C. 烧　　　　D. 炖

7. ( )就是将加工成为细小形状的原料,用旺火、少量热油快速加热,边加热边放调味料,充分搅拌成菜的技法总称。
   A. 煎　　　　B. 烹　　　　C. 扒　　　　D. 炒

8. 面团按照调制的主料、辅料和面团形成的特性可分为水调面团、膨松面团、( )、米粉面团、其他面团等。
   A. 油酥面团　　B. 发酵面团　　C. 糕点面团　　D. 层酥面团

9. 冷藏是将冷库或冰箱的温度控制在( ),使储存的食品保持低温而不冻结。这样既控制了

思维导图

同步测试答案

微生物的繁殖,保证了食品的质量,又使食品取用方便而不必解冻。

A. 1~6 ℃　　　　B. -18 ℃以下　　C. -4~0 ℃　　D. 0~16 ℃

二、简答题

1. 我国烹调技术发展有哪几个主要阶段?
2. 中式菜肴烹饪基础工艺包括哪些内容?
3. 什么是水烹法?常用的烹饪技法又有哪些?
4. 中式点心的成形技术是什么?主要包括哪些方面?
5. 中式点心的面团主要有哪几类?
6. 中式厨房的组织结构设置应该遵循哪些原则?
7. 中餐原料常见的采购方法有哪几种?
8. 中式厨房卫生管理的内容包括哪些方面?

项目六

认知西式菜点加工与生产管理

扫码看 PPT

项目描述

随着我国餐饮业的发展,西餐业异军突起。在国际化的今天,西餐作为一种美食、一种文化,已被全世界人民所接受。它是文化交流、经济往来的使者,又是我们了解、认识西方的纽带。本项目将带领大家了解世界西餐的发展演变、各国西餐的饮食文化和风格特色,从西式菜点加工及西餐厨房菜点生产管理方面对西餐有一个基本认识。

项目目标

(1) 了解西式菜点常用原料的种类。
(2) 了解西式菜点生产常用烹饪设备与工具。
(3) 了解西式菜点常用烹饪工艺技法。
(4) 了解西餐的发展演变概况及各国西餐文化特色。
(5) 熟悉西餐的分类与组成,了解西式菜点烹饪工艺基本流程。
(6) 熟悉西式厨房的组织结构、岗位职责和生产流程。

任务一 认知西式菜点加工

任务描述

西式菜点的质量和特色受原料影响。通过本任务的学习,了解西餐主菜原料、西餐配菜原料、西餐常用辅料和其他香辛料、调味料的特点及其在西餐的作用;初步掌握不同原料的选择标准和加工原则,以及加工后原料应用方面的知识与能力。

任务目标

(1) 了解西式菜点制作的基本原料分类及应用。
(2) 熟悉各类西式菜点加工的设备、工具的分类与应用。
(3) 了解不同地区西餐菜肴的工艺特点及烹饪工艺方法。

任务导入

情景一:小丽的父母为庆祝小丽顺利结束期末考试,决定带她出去吃顿大餐。他们走进了一家中餐厅,在点餐时,小丽对父亲说要吃牛排和比萨。父亲对小丽说,这里没有你要吃的这些东西,小丽不解,为什么这里没有?于是父亲开始给她讲起中餐与西餐的区别。

情景二:第二天,父亲带小丽来到一家西餐厅,餐厅门上的牌匾标注了意大利风味,小丽问父亲,"为什么是意大利不是法国、德国?"父亲耐心地说:"你不是想吃比萨,这里的最正宗。"小丽似懂非懂地走了进去。点餐时,菜单上的头盘、汤菜、主菜、面食、甜品让小丽晕头转向,不知如何点餐,她满脸疑惑地看向父亲,最终父亲点好菜并给她讲起了意式风味菜肴的相关知识。父女俩开开心心地吃完了小丽人生中第一次正式的西餐。

问题思考:
(1)小丽混淆了中餐与西餐的哪些关系?父亲应如何对小丽讲解中餐与西餐的异同点?
(2)不同地区西餐的菜点风味一致吗?比萨是如何成为意大利著名饮食的?

知识精讲

一、西式菜点常用原料

(一)西餐主菜原料

主菜是指西式餐饮中最重要的一道核心菜肴,这道菜肴在整套菜点中,无论在数量、质量、器皿还是盘饰等方面,都是非常精美的。西式餐饮是按一定规格结构和程序组成的一套菜式,传统的西餐一般由开胃菜、汤、副菜、主菜、蔬菜、甜品、咖啡、茶等组成,其中主菜是整套西餐的灵魂。主菜是相对存在的,它是一餐中最重要菜肴的代名词,但其"身份"并非一成不变,它的地位是随着套餐的结构变化而变化的。

西式主菜用料较广,并非都是牛排,它只是重要代表,如意粉、比萨、烤鸡、肉串等均可作为主菜。通常情况下,主菜原料一般选用滋味纯正、肉质软嫩的、高等级、高质量的红肉和白肉,如牛肉、羊肉、猪肉、家禽、野味、水产品等。

❶ **牛肉**　牛肉是西餐烹调中最常用的原料。西餐对牛肉原料的选用非常讲究,主要以肉用牛的肉作为烹调原料。目前已培养出了很多品质优良的肉用牛品种,如法国的夏洛莱牛、利木赞牛,瑞士的西门塔尔牛,美国的安格斯牛等,这些肉用牛出肉率高、肉质鲜嫩、品质优良,现已被引入世界各地广泛饲养。美国、澳大利亚、德国、新西兰、阿根廷等国均为牛肉生产大国。日本、澳大利亚、美国等国家,拥有世界上顶级品种的肉用牛。美国将牛肉、小牛肉和羊肉分为4个级别:特级(prime)、一级(choice)、二级(good)、三级(standard 或 utility)。我国商业和饭店业目前对牛肉尚无等级划分,主要强调它们的部位,如T-骨牛排、带骨通脊牛排、肉眼牛排、西冷牛排、菲力牛排、里脊牛排。牛肉在西餐中的常用烹饪技法有煎、烤、照烧等。

❷ **羊肉**　在西餐烹调中,羊肉的应用仅次于牛肉。羊在西餐烹调上有羔羊(lamb)和成羊(mutton)之分。羔羊是指生长期为3～12个月的羊,其中没有食过草的羔羊又称为乳羊(milk fed lamb)。成羊是指生长期在1年以上的羊。西餐烹调中以使用羔羊肉为主。羊的种类很多,其品种类型主要有绵羊、山羊和肉用羊等,其中肉用羊的羊肉品质最佳。肉用羊大都是用绵羊培育而成,体形大,生长发育快,出肉率高,肉质细嫩,肌间脂肪多,切面呈大理石花纹,其肉用价值高于其他品种,其中较著名的品种有无角多赛特、萨福克、德克塞尔及德国美利奴、夏洛来等。澳大利亚、新西兰等国是世界主要的肉用羊生产国,我国的羊肉市场供应以绵羊肉为主,山羊肉因其膻味较大,故使用相对较少。目前餐饮市场主要用于制作西餐的羊肉有法式羊排、肋骨羊排、腰脊羊排、羊腿等。

❸ **猪肉**　猪肉也是西餐烹调中常用的原料,尤其是德式菜对猪肉更是偏爱,其他欧美国家也有不少菜肴是用猪肉制作的。猪在西餐烹调上有成年猪和乳猪(sucking pig)之分。乳猪是指尚未断奶的小猪,肉嫩色浅,水分充足,是西餐烹调中的高档原料,其肉色淡红,肉质鲜嫩,味美。常用的猪

肉原料有带骨猪排、带骨肉眼排、无骨猪排、整条猪脊肉。

❹ **禽肉** 西餐烹调中常用的家禽主要有鸡、火鸡、鸭、鹅、珍珠鸡、鸽子等,根据其肉色又可分为白色家禽肉与红色家禽肉两类。肉色为白色的家禽主要有鸡、火鸡等,肉色为红色的家禽主要有鸭、鹅等。根据家禽躯体的形状,其肌肉和脂肪的含量及皮肤和骨头是否有缺陷等,常被分为 A 级、B 级和 C 级 3 个等级,A 级禽肉体形健壮、外观完整;B 级禽肉体形不如 A 型健壮,外观可能有破损;C 级禽肉外观不整齐。

(1)鸡:西餐烹调中常用的家禽类原料。在西餐烹调中,根据鸡的部位不同,鸡肉分为整鸡、鸡腿、鸡翅、鸡排。鸡肉在西餐中可以做很多种菜式,既可以鸡肉为主,如烤鸡、炸鸡块、炸鸡柳、炸鸡排,又可以鸡肉为辅,如鸡肉色拉、鸡肉比萨、烤鸡肉卷、鸡肉汉堡等。

(2)火鸡(turkey):又名吐绶鸡、七面鸡,原产于北美,最初为印第安人所驯养,是一种体形较大的家禽。因其发情时头部及颈部的褶皱皮变得火红,故称火鸡。西餐中作为烹调原料使用的主要是肉用型火鸡,如美国的尼古拉火鸡、加拿大的海布里德白钻石火鸡、法国的贝蒂纳火鸡等。肉用火鸡胸部肌肉发达,腿部肉质丰厚,生长快,出肉率高,低脂肪,低胆固醇,高蛋白,味道鲜美,是西餐烹调中的高档原料,也是欧美许多国家圣诞节、感恩节餐桌上不可缺少的食品。

(3)鸭:家鸭由野生鸭驯化而来,历史悠久。鸭从其主要用途看,可将其分为羽绒型、蛋用型、肉用型等品种。因肉用型鸭胸部肥厚,肉质鲜嫩,西餐烹调中主要使用肉用型鸭作为烹调原料。比较著名的肉用型鸭品种主要有美国的美宝鸭,丹麦的海格鸭、力加鸭,澳大利亚的史迪高鸭等。鸭在西餐中的使用也很普遍,常用的烹饪技法主要有烤、烩、焖等。

(4)鹅:在世界范围内饲养很普遍,从其主要用途看,鹅的品种可分为羽绒型、蛋用型、肉用型、肥肝用型等。与西餐烹调有关的主要是肉用型和肥肝用型鹅。肉用型鹅生长期不超过 1 年,又有仔鹅和成鹅之分。肥肝用型鹅主要是利用其肥大的鹅肝。这类鹅经"填饲"后,肥肝重达 600~1000 g。肥鹅肝是西餐烹调中的上等原料,在法式菜中的应用最为突出,鹅肝酱、鹅肝冻等都是法式菜中的名菜。

❺ **野味** 西餐中曾经非常广泛地使用野味原料,尤其是德式菜、英式菜。现在随着人们对生态平衡的了解和环保意识的增强,真正的野味在西餐中已经越来越少,取而代之的是用特殊方法人工饲养的野味。这些经特殊方法饲养的野味,既保留了特殊的风味,又保护了生态环境,非常受消费者青睐。西餐中常用的野味原料主要有野兔、红鹿、黄鹿、野猪、山鸡、松鸡、珍珠鸡等。

(1)野兔(hare):又称山兔,在世界范围内分布很广,9—10 月最为肥壮。野兔肉色暗红,瘦肉多,脂肪少,蛋白质含量较高,肉质鲜香,风味独特,是一种高蛋白、低脂肪、易被人体消化吸收的食品。野兔肉适宜烧烤、红烩、红焖等。

(2)红鹿:又称牡鹿,喜栖居于开阔多草的林间空地,草食,皮毛夏天呈赤褐色,冬季带灰色,体躯高大,成年公鹿体重可达 150~300 kg。红鹿性情温顺,肉质好,风味独特,是优良的肉用品种。红鹿肉适宜烧烤、铁扒、煎、红烩、红焖等。

(3)黄鹿:又称黄猄,原产地为欧洲地中海沿岸和小亚细亚地区。黄鹿体形较小,成年公鹿体重50~80 kg,肉质细嫩,风味独特,适宜烧烤、铁扒、煎、红烩、红焖等。

(4)野猪(wild boar):又名山猪,主要生活在山地、半山地地区,秋冬季节肉质最佳。野猪肉脂肪少,瘦肉多,虽肉质较粗,但蛋白质含量高于家猪肉,胆固醇含量低于家猪肉。野猪肉在烹制时,应先用冷水浸泡以除去不良气味,适宜红焖、红烩、烤等。

(5)山鸡(pheasant):学名雉,又名野鸡,原产于黑海沿岸和亚洲地区,世界上很多地区均有分布。野鸡的体形丰满,嘴短,尾长,较家鸡略小。野鸡体重一般为 500~1000 g,胸部丰满,出肉率高,肉质较好,适宜烤、焖、烩等。

(6)松鸡(grouse):主要分布在北半球的寒冷地区。松鸡的品种很多,常见的有红松鸡、黑松鸡、鼠尾松鸡等。松鸡的肉质较肥,味道可口。幼松鸡可用于烤,老松鸡适宜烩等。

(7)珍珠鸡(guinea fowl):又名珠鸡,原产于非洲,羽毛非常漂亮,全身灰黑色,羽毛上有规则地散布着白色圆斑,形似珍珠,故名珍珠鸡。其肉色深红,脂肪少,肉质柔软细嫩,味道鲜美,在西餐烹调中使用较多,适宜铁扒、烩、焖或整只烧烤等。

❻ 水产品　水产品分布广,品种多,营养丰富,味道鲜美,是人类所需动物蛋白质的重要来源。水产品涵盖的范围广泛,可食用的品种也很多,根据其不同特性,大致可分为鱼类、甲壳类、软体类等。

鱼类的品种是最多的,按其生活习性和栖息环境的不同,可分为海水鱼和淡水鱼两类。西餐中主要用到的是海水鱼,指的是生活在海水中的各种鱼类,品种极其丰富,分布在世界各大洋。常用的主要有比目鱼、鳕鱼、鲱鱼、鲑鱼、凤尾鱼、金枪鱼、海鲈鱼、沙丁鱼等。

甲壳类水产品指带触角的及相连体外壳的水产品,包括海蟹(crab)、龙虾(lobster)、虾(shrimp)。软体类水产品指只有后背骨和带有成对硬壳的海产品,如蜗牛(snail)、鱿鱼(squid)、蚝(oyster)、蛤(clam)和鲜贝(scallop)。以上原料常用焗、烩等烹调方式,如芝士焗龙虾、法式焗蜗牛等。

(二)西餐配菜原料

西餐配菜是一类菜肴,它是一份完整菜肴的辅助菜肴,是菜肴的组成之一。它既可独立存在与应用,又可以与某些主菜搭配而呈现,如炸薯条可单独成菜出现,又时常与某些烤肉类菜肴组配,此时的炸薯条就是烤肉的配菜。配菜常用米饭、面食、蔬菜、土豆等食材烹制,具有配合、衬托及均衡营养的功能,通常是在西式主菜中出现的一种组合形式,如意式肉酱面、普鲁旺斯式焗番茄、法式炸洋葱圈、烤奶油土豆等都可用作配菜。配菜的类型品种很多,常见的有水果、蔬菜和谷物3大类。

❶ 水果　水果在西餐中用途甚广。习惯上水果用于甜菜,如布丁水果馅饼和果冻等,常与奶酪搭配作为甜菜。此外,在咸味菜肴中也占有重要位置,如在传统法式菜比目鱼中配绿色葡萄。多年来水果在西餐中常作为配菜或调味品,如解除畜肉和鱼的腥味,减少猪肉和鸭肉的油腻或增加小牛肉和鱼肉的味道等。常用的水果可分为软水果(如草莓、醋栗、黑莓、酸果蔓等)、硬水果(如苹果、梨等)、核果(如杏、樱桃、李子、桃等)、柠檬果(如甜橙、柠檬、橘子等)、热带水果及其他外来品种(如香蕉、菠萝、无花果、荔枝和各种瓜类等)。

❷ 蔬菜　蔬菜是西餐主要的配菜原料之一,也是欧美人非常喜爱的食品。蔬菜含有各种人体必需的营养素,是人们不可缺少的食材。蔬菜有多种用途,可生食,可熟食,有很高的食用价值。蔬菜有多个种类,如叶菜类、花菜类、果菜类、茎菜类、根菜类等,不同种类的蔬菜又可分为许多品种。蔬菜的市场形态可分为鲜菜冷冻菜、罐头菜和脱水菜。常以土豆、胡萝卜、西芹、番茄、芦笋、菠菜、青椒、卷心菜、生菜、西兰花、蘑菇、茄子、荷兰芹、黄瓜等食材为主,经过煎、煮、烤、炸等方法制成配菜。

❸ 谷物　谷物类原料也是西餐烹调的重要原料之一,在西餐烹调中常作为制作主菜或配菜的原料。除常见的面粉、大米外,还包括大麦、燕麦和意大利面条等。

(1)大麦(barley):富含糖类,约占70%,含粗纤维较多,是一种保健食品。西餐烹调中常使用的是大麦仁和大麦片,主要用于制作早餐、汤菜、烩制菜肴,也可用于制作配菜和沙拉。

(2)燕麦(oat):在西餐中被称为营养食品,它含有大量可溶性纤维素,可控制血糖,降低血中胆固醇含量。燕麦由于缺少麦胶,一般可加工成燕麦片、碎燕麦。在西餐烹调中燕麦主要用于制作早餐食品和饼干制品等。

(3)意大利面条(pasta):一般是用优质的专用硬粒杜兰小麦研磨的面粉和鸡蛋等为原料加工制成的面条。其形状各异,色彩丰富,品种繁多。根据意大利面条的质感可以分为干制和新鲜两类。从意大利面条的外观和形状区分,可分为棍状直身意大利面、片状意大利面、管状意大利面、花饰意大利面和填馅意大利面等。

(三)西餐常用辅料

除主菜与配菜常用的主要原料外,西式菜点常用的原料还包括乳及乳制品、鸡蛋、酵母、巧克力等。

❶ **乳及乳制品**　乳制品是西餐不可缺少的原料,包括很多品种,如各种牛奶、奶粉、冰淇淋、奶油、黄油和各式各样的奶酪等。奶制品在西餐中用途广泛,既可以直接食用,也可以作为菜肴原料,尤其是黄油和奶酪在西方人的饮食中占有举足轻重的地位。

黄油香味浓郁,可用来煎牛排、煮海鲜、烤蔬菜等,除在各式各样的菜肴里使用黄油增添香气外,还会用黄油搭配一些配料来制作酱汁。

奶酪营养丰富,既可直接食用也可制作菜肴,深受欧美人的青睐。奶酪也是制作沙拉和沙拉酱的理想原料,用奶酪制作的开胃菜别具一格,西方人喜爱带有奶酪的三明治和汉堡包。在制作调味汁时,奶酪通常是最后放入的原料。常用的奶酪种类有奶油奶酪、马什卡彭奶酪、马苏里拉奶酪、帕马森奶酪等。

❷ **鸡蛋**　鸡蛋是西餐常用的原料,它可以作为菜肴主料,又可以作为菜肴和少司配料,也是生产面包、蛋糕等西点品种的重要原料。蛋品对西式菜点的生产工艺及改善制品的色、香、味、形和提高营养价值等方面都起到一定的作用。

❸ **酵母**　酵母是制作膨松类西点的重要原料之一,它是单细胞微生物。在一定的条件下通过酶的作用能分泌酵素,产生大量的二氧化碳气体,可使面团组织膨松柔软,还能产生醇、醛、酮及酸等物质,这些物质能够产生人们喜欢的风味。

酵母一般为灰白色或淡土白色,有鲜酵母和干酵母之分。鲜酵母色泽淡黄或呈乳白色,使用时只需按配方规定的用量加入,再加入少量 20～30 ℃ 的水,用手捏成稀薄的泥浆状,稍经复活后倒入面粉中即可。干酵母是由鲜酵母经低温干燥而成的条状或颗粒状的酵母,使用前要用 5 倍左右的水,加适量的蔗糖,搅拌均匀,静止活化 1～2 小时,将酵母溶解活化,然后调制面团。活化是为了恢复酵母的生活能力,提高它的发酵力。

❹ **巧克力(chocolate)**　巧克力是西点制作中使用非常广泛的一种原料,可以用于各类甜点、蛋糕和面包的调味。巧克力按原料油脂的性质和来源可分为天然可可脂巧克力和代可可脂巧克力。巧克力按特点可分为黑巧克力、白巧克力、牛奶巧克力、无味巧克力、特色巧克力等。

黑巧克力由可可脂和少量糖组成,硬度较大,颜色呈棕褐色或棕黑,可可味浓郁且微苦。白巧克力中不含可可固体或可可浆,其糖和乳制品含量较高,融化温度比黑巧克力低,且容易变色,适用于制作慕斯、少司和糖果等,也可以用于装饰蛋糕和甜点,很少用于制作烘焙制品。牛奶巧克力中加入了大量乳和乳制品,呈浅棕色且具有可可香味和奶香味,可以用于蛋糕的装饰、夹馅、淋面、裱花装饰和脱模造型等。

(四)西餐常用香料

香料是由植物的根、花、叶子、花苞和树皮经干制加工而成。香料香味浓,广泛用于西餐菜肴的调味。香料有很多种类,不同香料的特色、味道和在烹调中的作用也不同。以下主要介绍几种多用于西餐中的香料的名称、特点及用途。

(1)罗勒(basil):属唇形科,一年生芳香草本植物,种类较多,常见的有甜罗勒、紫叶罗勒、柠檬罗勒、意大利罗勒等。其中甜罗勒因其香味柔和带甜味,用途最广泛。罗勒作为调味品,常用于番茄类菜肴、肉类菜肴及汤类。

(2)麝香草(thyme):又名百里香,茎叶富含芳香油,主要成分有百里香酚,含量约 0.5%,其叶及嫩茎可用于调味,在法、美、英式菜中使用较普遍和广泛,主要用于制汤和肉类、海鲜、家禽等菜肴的调味。

(3)迷迭香(rosemary):一种浅绿色树叶,形状像松树针,带有辣味,略有松子和生姜的味道,常作为面包和沙拉的装饰品,也用于畜肉、禽和鱼类菜肴的调味。

(4)莳萝(dill weed):属伞形科多年生草本植物,叶羽状分裂,最终裂片成狭长线形,可用于调味,也可作为沙拉的装饰品。果实椭圆形,叶和果实都可作为香料。在烹调中主要用其叶调味,常用于海鲜、汤类及冷菜的调味。

(5)细叶芹(chervil/french parsley):又称法国蕃芫荽、法香、山萝卜等,色青翠,但叶片如羽毛状,味似大茴香和蕃芫荽的混合味。细叶芹既可用于菜肴的装饰,又可用于菜肴的调味,是西餐烹调中常用的原料。

(6)薄荷(mint):原产于地中海沿岸,唇形科草本植物,有20多个品种,其中最为常用的是绿薄荷、胡椒薄荷。薄荷具有特殊的芳香辛辣感和清凉感,在烹调中常与羊肉搭配,也常用于冷菜调味和菜肴装饰。

(7)香兰草(vanilla):又称香英兰、香子兰、上树蜈蚣,多年生攀缘藤木,其果实富含香兰素,香味充足,香兰草豆荚及其衍生物在餐饮中应用十分广泛,尤其是糖果、冰淇淋及烘烤食品中。

(8)藏红花(saffron):又称番红花,原产于地中海地区及小亚细亚。早年,我国的藏红花常经西藏入境,故称藏红花,是西餐中名贵的调味品,也是名贵药材。藏红花既可调味又可调色,是法式菜海鲜汤等菜肴中不可缺少的调味品。

(五)西餐常用酒

酒是一种能够营造浪漫氛围的特殊饮品,所以酒在西餐中有着特殊的地位,不仅种类多,而且既可作为辅料加入菜肴中,又可以单独饮用,各有各的配菜,各有各的喝法。西餐用酒可分为酿造酒、蒸馏酒和配制酒3大类。

❶ **蒸馏酒**　蒸馏酒通常用于菜肴调味。根据原料的不同进行细分,可分为果实、糖质原料蒸馏酒(如白兰地、朗姆酒等)和谷薯类原料蒸馏酒(如伏特加、威士忌、烧酒等)。白兰地是以葡萄为原料,通过蒸馏制作的烈性酒,褐色,香味浓郁,用于鱼和虾类菜肴的调味。朗姆酒又译成兰姆酒、老姆酒,是以甘蔗及甘蔗的副产品为原料制成的烈性酒,味甘甜香醇,适用于点心和甜菜的调味。

❷ **酿造酒**　酿造酒常用于搭配菜肴直接饮用。根据酿造原料的不同,酿造酒又可分为果实原料酿造酒、糖质原料酿造酒(如葡萄酒、苹果酒、雪莉酒、蜂蜜酒等)和谷物原料酿造酒(如啤酒、清酒、黄酒、陈皮酒等)。葡萄酒中最常见的有红葡萄酒和白葡萄酒,红葡萄酒颜色较深,适宜吃肉类菜肴时饮用;白葡萄酒颜色青黄,适宜吃海鲜类菜肴时饮用。

❸ **配制酒**　配制酒常用于调制餐前开胃酒。依据配制基酒的不同可进行分类,一类是以葡萄酒为基酒配制而成的(如苦艾酒、波特酒),另一类是以蒸馏酒为基酒配制的(如利口酒、料酒等)。苦艾酒也称味美思,以葡萄酒为酒基,加入多种芳香植物,根据不同的品种再加入冰糖、食用酒精、色素等,经搅匀、浸泡、冷澄、过滤、装瓶等工序制成,常用作餐前开胃酒。利口酒是以烈性酒和植物香料或水果香料混合制成的酒,有多个品种和多种口味,适合搭配各种点心和水果。

二、西式菜点烹饪设备及工具

(一)西式菜点烹饪设备

❶ **常用加热设备**

(1)西餐灶(range/kitchen range):又称四眼灶或六眼灶,一般用钢或不锈钢制成,灶面平坦,有4个或6个灶眼,高档西餐灶还有自动点火和温控装置。西餐灶热能来源主要有电和燃气两种。燃气西餐灶可以看到燃烧器有明火(图6-1),电西餐灶的燃烧器被厚金属盘覆盖,看不见明火(图6-2)。

(2)铁扒炉(grill/char grill):又称扒炉、烧烤炉。其表面架有一层铁铸的槽型铁条,铁条宽约1.5 cm,每条之间间距约2 cm。热能来源主要有电、燃气和木炭等,其中以木炭为热源的又称烧烤炉。铁扒炉通过下面的辐射热和铁条的传导,使原料受热。使用前应提前预热(图6-3)。

项目六　认知西式菜点加工与生产管理

图 6-1　燃气西餐灶

图 6-2　电西餐灶

（3）平面煎板（griddle）：又称平面扒板。其表面是一块厚 1.5～2 cm 的平整或带浅槽的铁板，四周是滤油槽，铁板下面有一个能抽拉的铁盒。热能来源主要有电和燃气两种，靠铁板传导使被加热食材均匀受热（图 6-4），使用前应预热。

图 6-3　铁扒炉

图 6-4　平面煎板

（4）深油炸炉（deep-fryer）：一般为长方形，主要由油槽、油脂过滤器、钢丝篮及热能控制装置等组成。大部分以电加热，能自动控制油温，主要用于炸制食品（图 6-5）。

（5）明火焗炉（salamander）：又称面火焗炉，是一种立式的扒炉，中间为炉膛，有铁架，一般可升降。热源在顶端，热能来源主要有电和燃气两种，一般适用于原料的上色和表面加热（图 6-6）。

图 6-5　深油炸炉

图 6-6　明火焗炉

（6）烤炉（baking oven）：又称烤箱、焗炉。从热能来源上分主要有燃气烤炉和远红外电烤炉等。从烘烤原理上分又有对流式烤炉和辐射式烤炉两种。现在主要流行的是辐射式电烤炉，其工作原理主要是通过红外线辐射产生热能，烘烤食品。烤炉主要由烤炉外壳、电热管、控制开关、温度仪、定时器等构成(图 6-7)。

(7)蒸汽汤炉(boiling pan)：热能来源主要有电和燃气两种，容积较大，有盖，通过管道蒸汽加热。一般有摇动装置，能使汤炉倾斜(图 6-8)。由于用蒸汽加热，不会糊底，适于长时间加热的煮焖及制汤。

图 6-7 烤炉

图 6-8 可倾斜蒸汽汤炉

❷ 常用加工辅助设备

(1)切片机(slicer)：主要用于肉、火腿、香肠、水果等原料的切片，也可加工其他食品，可根据要求切出规格不同的片。

(2)多功能搅拌机(mixer)：又称立式万能机，由电机、升降装置、控制开关、速度选择手柄、容器和各种搅拌龙头组成，适宜搅打蛋液、黄油、奶油及揉制、搅打各种面团等。

(3)压面机(dough sheeter)：用于各类面包和饼干等的整形以及酥皮糕点起酥的专用设备，分为落地式和桌上式两种。它代替了手工用面杖辊压面团的工作，具有碾压和拉伸的双重作用，具有碾压量大，速度快，可来回碾压，可调节碾压厚度，且碾压出的面皮厚薄均匀的特点。

(4)分割搓圆机(split rolling)：将面团进行均匀分割后，再将这些形状不规则的小面剂子进行搓圆处理的设备。分割搓圆机常与其他配套设备组成面包生产线。

(5)多功能粉碎机(cutter mixer)：由电机、原料容器和不锈钢叶片刀组成，适用于打碎水果、蔬菜、肉馅、鱼泥等，也可以用于混合搅打浓汤、鸡尾酒、调味汁、乳化状的少司等。

❸ 其他设备

(1)砧板台：西餐厨房的砧板台由绿色、黄色、蓝色、红色、白色 5 种颜色的砧板组成，分别用于处理蔬菜、禽类、海鲜水产、猪牛羊肉、即食食品，之所以使用不同颜色的砧板是为了从源头上切断食物受到污染的可能性，确保食品安全。

(2)制冰机：主要由蒸发器的冰模、喷水头、循环水泵、脱模电热丝、冰块滑道、储水冰槽等组成。整个制冰过程是自动进行的，先由制冷系统制冷，水泵将水喷在冰模上，逐渐冻成冰块，然后停止制冷，用电热丝加热使冰块脱模，沿滑道进入储冰槽，再由人工取出，冷藏制冰机主要用于制备冰块、碎冰和冰花。

(3)冰淇淋机：由制冷系统和搅拌系统组成，制作时把配好的液状原料装入搅拌系统的容器内，一边冷冻一边搅拌使其成糊状。由于冰淇淋的卫生要求很高，因此，冰淇淋机一般用不锈钢制造，不易沾染污物，且易消毒。

(4)清洁槽：一般由不锈钢材料制成，或用砖砌瓷砖贴面而成，主要用于清洗原料、洗涤用具等。

(5)冷藏冷冻箱：由压缩机、冷凝器、电子控温组件及箱体等构成，主要对面点原料、半成品或成品进行冷藏保鲜或冷冻加工。

(6)烤盘车:又称烤盘架子车,主要用于烘烤完成后产品的冷却和烤盘的放置。

(二)西式菜点烹饪工具

❶ **常用切配器具**　西式菜点烹饪常用切配器具主要是指切配刀具,在前面项目五中我们已经基本了解中餐烹饪常用的刀具,因此,本部分内容着重介绍区别于中餐的刀具名称、形状及用途,西式菜点加工常用刀具如表6-1所示。

表6-1　西式菜点加工常用刀具

名称	特点	应用	图示
厨刀	刀锋锐利平直,刀头尖或圆	主要用于切割各种肉类	
剔骨刀	刀身又薄又尖,较短	一般用于肉类原料的剔骨	
剁肉刀	呈长方形,形似中餐刀,刀身宽,背厚	用于带骨肉类原料的分割	
锯齿刀	刀身较长,有圆头和尖头两种	一般用来切牛排、面包、派、蛋糕等	

❷ **常用加热器具**　西式菜点烹饪常用加热器具主要有煎盘、炒盘、少司锅、汤桶(表6-2)。

表6-2　西式菜点烹饪常用加热器具

名称	特点	应用	图示
煎盘	又称法兰盘,圆形、平底,直径有20 cm、30 cm、40 cm等规格,用途广泛	主要用于煎制各种肉类原料	
炒盘	又称炒锅,圆形、平底,形较小、较深,锅底中央略隆起	一般用于少量油脂快炒	
少司锅	圆形、平底,有长柄和盖,深度一般为7~15 cm,容量不等,锅底较厚	一般用于少司的制作	

续表

名称	特点	应用	图示
汤桶	桶身较大、较深,有盖,两侧有耳环,容积 10～180 L 不等	一般用于制汤或烩煮肉类	

❸ **常用辅助器具** 西式菜点烹饪常用辅助器具主要有刨丝器、西餐夹子、烤盘(表 6-3)。

表 6-3 西式菜点烹饪常用辅助器具

名称	特点	应用	图示
刨丝器	有平板型、三角形、梯形等形状,铁片上有不同孔径的密集小孔	主要用于擦碎奶酪、水果、蔬菜	
西餐夹子	一般是用金属制成的有弹性的"V"形夹子,形式多样	用于夹取食品	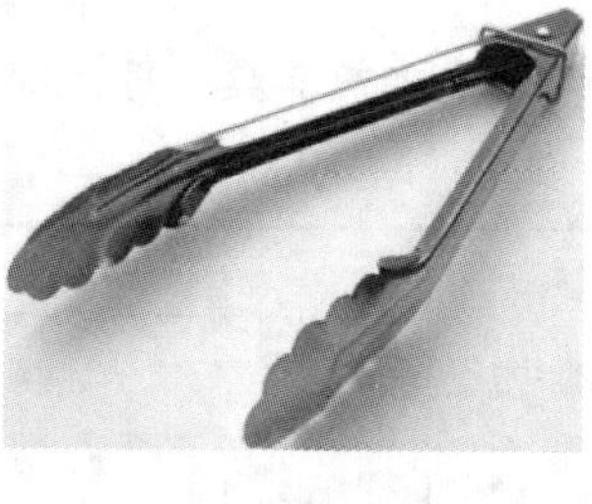
烤盘	呈长方形,立边较高,薄钢制成	主要用于烧烤食品原料	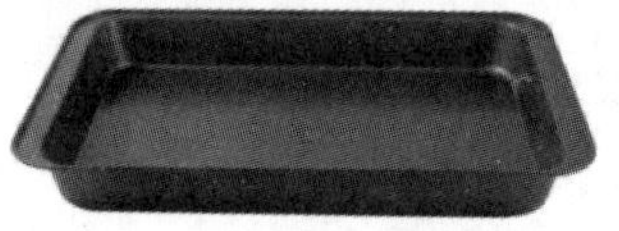

三、西式菜点烹饪工艺

(一)西式菜点烹饪技法

❶ **焗** 焗是指将加工成型的原料放入烤炉内,利用原料自身受热后产生的水蒸气和辐射热对原料进行加工,使之成熟上色的烹饪技法,适用于含水分较多、优质、鲜嫩的原料,如鱼类、蔬菜等。

❷ **烩** 烩是指将加工成型的原料放入用本身原汁调成的浓少司内,加热至成熟的烹饪技法。由于烩制过程中使用的少司不同,又分为白烩、红烩、黄烩和混合烩等。白烩以白少司或奶油少司为基础,典型菜肴有白汁烩鸡;红烩以布朗少司为基础,典型菜肴有法式红烩牛肉;黄烩以白少司为基

各种工艺方法制作的西式菜肴

础，调入奶油、蛋黄，典型菜肴有黄汁烩鸡；混合烩是利用菜肴自身的颜色，典型菜肴有咖喱鸡。由于烩制菜肴加热时间较长，并且经初步热加工，所以适宜制作的原料很广泛，各种植物性原料及质地较老、较为廉价的肉类、禽类等动物性原料，均可烩制。

❸ 炸　炸是指把加工成型的原料，经调味并裹上面糊后，放入油锅中，浸没原料，加热至成熟并上色的烹饪技法。由于炸制的菜肴要求原料在短时间内成熟，所以适宜制作粗纤维少、质地脆嫩、易成熟的原料，如嫩的肉类、家禽、鱼虾、水果、蔬菜等。

❹ 煎　煎是指把加工成型的原料，经腌渍入味后，用少量的油脂，加热至上色，并达到成熟的烹饪技法。煎时所用的油脂量一般为原料厚度的1/5～1/2。由于煎的烹饪技法要求原料在短时间内成熟，并保持质地鲜嫩的特点，所以适宜制作水分多、肉质上乘、鲜嫩的块或片状肉类和某些蔬菜、鸡蛋及薄饼等。

❺ 烤　烤是指将初步加工成型、调味抹油的原料，放入封闭的烤炉中，利用高温热空气和油脂的传热作用，对原料进行加热上色至成熟的烹饪方法。烤适宜加工制作各种形状较大的肉类原料（T骨牛排、整条的里脊、外脊肉、羊腿等）、禽类原料（嫩鸡、鸭、火鸡等）和部分西点制品。

❻ 铁扒　铁扒是指将加工成型并经调味、抹油的原料，放在扒炉上，利用高度的辐射热和空间热量对原料进行快速加热并达到规定火候的烹饪技法。西餐中肉质一流的牛排大多采用铁扒的烹饪技法加工制作。铁扒是一种温度高、时间短的烹饪技法，所以适宜制作鲜嫩、优质的肉类原料、小型的鱼类、小型的家禽及蔬菜等。

牛排成熟度标准

❼ 串烧　串烧是指将加工成小块片状的原料经腌渍后，用金属钎穿成串，放在铁板扒炉上，利用高温的辐射热或空间热使之成熟的烹饪技法。该方法适宜制作质地鲜嫩的原料，如鸡肉、羊肉、牛里脊肉、鸡肝及一些鲜嫩的蔬菜等。

(二)西式菜点分类

广义的西式菜点泛指除中式菜点以外的各国的餐点。西式菜点烹饪时注重对食材的选择，在制作一份主菜时，不仅要有高质量的肉，同时还要用果蔬等单独制作一份菜点与之搭配，成为一份完整的菜品。一份完整的西式菜点，一般由主体部分、配菜部分、少司部分、装饰部分等组成，摆放相互独立，各有空间而不失调，立体造型盘中留白，形态抽象，富于联想，给人美感，同时盘中留白利于品尝食物。在某种意义上，西餐菜点更加注重给人带来精神上的愉悦，通过原料选择、烹饪技术、色彩与气味、造型与命名等，给人带来无限美好的空间。西式菜点制作也非常讲究规矩，尤其是经典名菜、著名餐厅代表菜、世代传承菜，不可随意改变其制作工艺和特色。

各国的饮食文化虽然有着千丝万缕的联系，有许多共同之处，但是由于历史的原因，同时由于自然条件、饮食习俗、社会经济文化发展等方面的不同，因而也就出现了风格不同的菜式流派。其中，影响较大的有法式风味菜、英式风味菜、意式风味菜、俄式风味菜、美式风味菜、德式风味菜和日韩风味菜等。

法式经典菜肴制作工艺

❶ **法式风味菜**　公元843年法国成为独立国家，在此之前它是古罗马的一个省。当时经常有一些雅典等地的著名厨师来这里献艺，为法式风味菜奠定了基础。到16世纪时，法国国王亨利二世迎娶了酷爱烹饪艺术的意大利公主凯瑟琳·美黛丝，美黛丝随嫁带去了许多著名的厨师，把意大利式烹饪技艺带到了法国。而原本就对饮食文化颇为重视的法国人，便将两国在烹饪上的优点融合在一起，使法式风味菜更加丰富。到路易十四时期，法式风味菜发展到一个高峰，此后的路易十五、路易十六也都崇尚美食。在这种环境的影响下，厨师成了一个新兴职业，并且名厨辈出，烹饪作品也随之增多，从而奠定了法式风味菜在西餐中的重要地位，也造就了法式风味菜独有的特点：

一是选料广泛，讲究用料部位。法式风味菜的选料广泛，如蜗牛、鹅肝、黑菌、洋百合、椰树心、菊苣等皆可入菜，在选料的新鲜度和原料部位方面要求极高，讲究做什么菜用什么部位的食材。

二是烹饪精细，讲究原汁原味。法式风味菜制作精细，有时一道菜要经过多种工序，尤其是主菜的制作十分讲究。法式风味菜要求原汁充足，质感软嫩，讲究成熟度，特别是牛羊肉类菜肴，通常有三成熟、五成熟、七成熟，讲究菜肴鲜嫩的质感。

三是用酒调味，品种对应。由于法国盛产酒类，烹饪中也喜欢用酒调味，做什么菜用什么酒，要求十分严格，而且酒的用量也很大，品种丰富，如白兰地、白葡萄酒、红酒、香槟酒、朗姆酒及甜酒等。

法式风味菜在就餐程序上通常先上一道面包，食用时用手将其掰成小块放入口中或抹上黄油后食用，忌在整个面包抹上黄油食用。然后菜品依次为冷/热头盘、开胃汤、主菜、甜品、餐后甜酒及茶、咖啡。

法式风味典型菜：洋葱汤、牡蛎杯、焗蜗牛、鹅肝酱、烤牛脊、煎牛扒等。除此之外，法国还有许多著名的地方菜，如阿尔萨斯的奶酪培根蛋挞、勃艮第的红酒烩牛肉、诺曼底的诺曼底烩海鲜、马赛的马赛鱼羹等。

英式经典菜肴制作工艺

❷ **英式风味菜** 英国人在饮食方面不像法国人那样崇尚美食，相对来说比较简单。由于英国的畜牧业和乳制品业比较发达，形成了英式风味菜的特点：

一是偏爱肉食。英式风味菜选料的局限性比较大，英国虽是岛国，但渔场不太好，畜牧业发达，所以英国人不大爱吃海鲜，反倒比较偏爱牛肉、羊肉、禽类、蔬菜等。

二是烹饪简单。英式菜中的肉类、禽类、野味等大都整只或大块烹制，调味也比较简单。

三是饮食习俗有特点。就饮食习惯而言，英国人有起床前喝浓茶的习惯。英式早餐内容非常丰富，很有特色，主要品种有燕麦片牛奶粥、面包片、煎蛋、水煮蛋、煎培根、黄油、果酱、火腿片、香肠、红茶等。另外，英国人还有吃下午茶的习惯，一般在 16 时左右，以红茶或咖啡点心组成。晚餐时英国人的主餐，一般先是开胃汤，然后是主菜、沙拉和甜品。

英国英式风味典型菜肴：煎羊排配薄荷汁、煎鸡蛋、土豆烩羊肉、烤鹅填栗子馅、牛尾浓汤等。

意式经典菜肴制作工艺

❸ **意式风味菜** 意大利位于欧洲南部，优越的地理条件使意大利的农业和食品工业都很发达，作为古罗马帝国和欧洲文艺复兴的中心，其餐饮业也非常发达，影响了欧洲大部分国家和地区，被誉为欧洲大陆烹饪之始祖。意大利北部邻近法国，受法式风味菜的影响较大，多用淡奶油、奶酪等乳制品入菜，口味较浓郁，而调味则较简单。南部三面临海，物产丰富，擅长用番茄酱、橄榄油等制菜，口味丰富，其中以巴美仙奶酪、面条、色拉米肉肠著称于世。意式风味菜特点同样较为鲜明。

一是巧用米面。意式风味菜以米、面入菜是其他菜式所不及的明显特色。意大利面食可谓千变万化，闻名世界。

二是讲究质感。意式风味菜对菜肴火候的要求很讲究，很多菜肴要求烹制成六七成熟，牛排要鲜嫩带血。意大利饭、意大利面条一般习惯七八成熟、有硬心时食用，这是其他国家所没有的。

三是调味巧妙。在调味上直接、简单，除盐、胡椒粉外，主要以番茄酱、橄榄油、香草、红花、奶酪等调味。在少司的制作上讲究汁浓味厚，原汁原味。

意大利餐饮的全套菜点，包括开胃头盘、汤、面食、比萨主菜及甜品。在就餐程序上头盘、汤或面食为第一道菜，主菜相当于第二道菜，然后是色拉、甜品或奶酪，最后是咖啡或餐后甜酒。

意式风味典型菜点：佛罗伦萨烤牛排、意大利菜汤、米兰式猪排、罗马式炸鸡、撒丁岛烤乳猪、比萨饼、意式馄饨等。

俄式经典菜肴制作工艺

❹ **俄式风味菜** 俄罗斯地跨欧亚两大洲，绵延的海岸线从北冰洋一直伸展到北太平洋，冬天漫长严寒，且大都集中在欧洲部分，受到了西欧文化的强烈影响。此外，俄罗斯贵族比较崇尚法国饮食文化，还曾以讲法语为荣，导致俄式风味菜受法式风味菜影响较大。俄罗斯有广阔的森林、众多的湖泊、丰富的野生动物和水产品等资源，其畜牧业较为发达，乳制品的生产量较大，伏特加酒、鱼子酱均闻名于世。俄式风味菜在其形成的过程中，还不断借鉴吸收了意大利、奥匈帝国等国菜式的特色和优良传统，并结合俄罗斯的物产和饮食文化，逐渐形成了颇具特点的俄式风味菜。

一是口味浓重。俄式风味菜喜欢用番茄、番茄酱、酸淡奶油调味，菜肴口味浓重酸、咸、甜、微辣各味俱全,并且喜欢生食大蒜、葱头。

二是冷餐小吃。俄式风味菜讲究冷小吃,口味酸咸爽口。常见的有酸黄瓜、酸白菜、腌青鱼、鱼子酱等。

三是油脂较大。俄罗斯大部分地区气候比较寒冷,人们需要较多的热能,许多菜做完后要浇上少量黄油,部分汤菜上面也有浮油。但随着社会的进步,人们的生活方式也在改变,到了二十世纪六七十年代,俄式风味菜也逐渐趋于清淡。

四是擅长做汤。汤可以驱走寒冷,带来温暖,还可以帮助进食,增进营养。俄罗斯人擅长用蔬菜等调制蔬菜汤,常见的就有六十多种,汤是俄式风味菜的重要组成部分。

在就餐程序上,通常情况俄式风味菜的第一道菜是汤,一般由肉、甘蓝及其他食材制作而成,如罗宋汤;第二道菜是炖、烧、煎烤肉类菜肴及各种蔬菜炒的牛肉;第三道是甜品和水果等。

俄式风味典型菜:鱼子酱、罗宋汤、黄油鸡卷、罐焖牛肉、莫斯科烤鱼等。

❺ **美式风味菜** 美国是讲究餐饮的国家,餐饮业在美国非常发达。由于美国是多民族国家,历史文化受各民族影响,菜点有多种风味,其加工工艺变化和创新的速度极快。至目前为止,还没有任何一种烹调方法能代表美国烹调风味。

美式经典菜肴制作工艺

美式风味菜具有两大特点。一是选料广泛,由于美国有优越的地理和自然条件,交通运输方便,因此食品原料来自世界各国;二是制作简便,美国的食谱中有众多制作方法简单的菜点,基本口味清淡,保持原料的自然特色。

在就餐习惯上,美国人早餐时间一般在8时,内容较为简单,烤面包、麦片及咖啡,或者还有牛奶、煎饼。午餐时间一般在12—13时,有时还会更晚些,午餐通常比较简单,如几片三明治,一个水果,另加一杯咖啡。晚餐通常是在17—19时享用,是一天之中较为注重的正餐,通常有几个菜,还有点心、水果等。

美国人常吃的肉食是牛排和猪排,一块牛排的重量一般在150 g以上,看上去往往是半生不熟的,难以嚼碎,但美国人却视为珍馐。美式风味典型菜点有烤火鸡、橘子烧野鸭、式牛扒、苹果沙拉、糖酱煎饼等。

❻ **德式风味菜** 德国人在生活上一直热爱运动、食量较大,德式菜以丰盛实惠、朴实无华著称。德国人的早餐通常食用面包、黄油、咖啡、嫩煮的鸡蛋、蜂蜜和麦片粥等;午餐包括肉类菜肴、马铃薯、汤、三明治等。部分德国人有喝午茶的习惯,午茶经常包括香肠和啤酒;德国人正餐时间大约在晚上7时,正餐菜肴包括冷肉类开胃菜、面包、汤、甜点等。德国人的夜餐常包括香肠、奶酪、三明治、甜点和咖啡等。德式风味菜肴特点如下。

德式经典菜肴制作工艺

一是猪肉制品丰富。德国人喜食肉类食品,所以德国的肉制品非常丰富,种类繁多,仅香肠类就有上百种,以猪肉制成的各种香肠,令德国人百吃不厌。

二是口味注重酸咸。德式菜肴中,酸菜的使用非常普遍,经常用作配菜,调味较为浓而不腻,口味酸咸而适当。

三是啤酒运用巧妙。德国盛产啤酒,啤酒的消费量也居世界之首,一些菜肴常用啤酒进行调味,既形成菜肴的清雅独特风味,又使菜品柔嫩多汁。

德国人就餐程序通常是奶酪、冷头盘、开胃菜、热菜、煮或烤制的肉类菜肴、鱼类菜肴和蛋、甜品、咖啡等饮料、餐后甜酒。

典型的德式菜:柏林酸菜煮猪肉、酸菜焖法兰克福肠、汉堡肉扒、鞑粗牛扒等。

❼ **日韩风味菜** 日本料理就是日本的菜,传统上日本人称其为"和食"。如今,用日式方法制作的菜点被称为"日本料理"。按照字面的含义,"料"就是把材料搭配好的意思,"理"就是盛东西的器皿。日本料理主食多为米饭、面条,副食多为新鲜鱼虾等海产品,常配以日本清酒。"和食"以清淡著称,烹饪时尽量保持材料本身的味道。随着日本和世界各国加强往来,尤其是近几十年来逐步引进

日式经典菜肴制作工艺

韩式经典菜肴制作工

了一部分外国菜的做法,结合日本人的传统口味,形成了现代的日本菜,最有代表性的是刺身、寿司、饭团、天妇罗、火锅、石烧、烧鸟等。

韩国料理一般以辣见长,兼具中国菜原料丰富、菜点味美与日本料理鱼多汁鲜的饮食特点,比较清淡、少油腻,而且基本上不加味精,蔬菜以生食为主,用凉拌的方式做成。韩国料理口味上讲究酸、辣、甜、苦、咸五味并列,菜点色泽搭配上讲究绿、白、红、黄、黑五色,赏心悦目。韩国料理还特别讲究药食同源菜肴的营养搭配和烹饪原料的食疗与生息相克的理论。传统的韩国菜包括汤、米饭和几碟配菜。泡菜、石头火锅、韩国烤肉、人参鸡是韩国最有特点的菜肴。他们的主食包括米饭、杂粮米饭、粥、面条、饺子、年糕、片汤各个种类;副食包括汤、酱汤、烤肉、酱肉、炒菜、蔬菜、烧菜、炖菜、火锅、泡菜等,种类繁多,其就餐顺序与中餐相似。

(三)西式面点烹饪工艺

① 面包制作工艺

(1)面包的概述。面包是西方人的主食,是一种发酵的烘焙食品,它以面粉、酵母、盐和水为基本原料,添加适量的糖、油脂、乳品、鸡蛋、果料、添加剂等,经搅拌、发酵、成型、醒发、烘焙而制成的组织松软、富有弹性的制品。

(2)面包的分类。面包的品种较多,分类方式也较多,如根据面包的用途不同,可将其分为主食面包、餐包、点心面包和快餐面包等;根据面包成型方法不同,可分为普通面包和花式面包;根据面包原料种类不同,可分为白面包、全麦面包、裸麦面包、杂粮面包、水果面包、奶油面包等;根据柔软程度不同,可分为硬式面包和软式面包。

软式面包配方中使用较多的糖、油脂、鸡蛋和水等柔性原料,糖、油脂用量大于4%,组织松软,结构细腻,包括我国在内的大部分亚洲和美洲国家生产的大多属于软式面包。

硬式面包配方中以面粉、酵母、水和盐为基本原料,糖、油脂用量少于4%,表面硬脆,有裂纹,内部组织松软,咀嚼性强,麦香味浓郁,如法国面包、荷兰面包、维也纳面包、英国面包等,这类面包以欧式面包为主。

(3)面包的制作流程。面包的基本制作流程如图6-9所示。

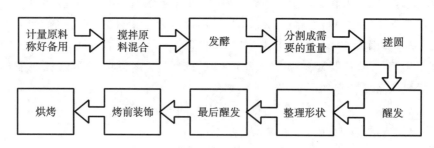

图6-9 面包的基本制作流程图

①计量。将各种原料按配方中的烘焙百分比计算出实际用量,用电子秤称好备用。
②搅拌。将面粉、酵母等干性原料与水和牛奶等湿性原料混合搅拌,形成面筋。
③发酵。在适当的条件下发酵,使酵母菌大量增殖,面团变得柔软蓬松。
④分割。分割成需要的重量,尽量使剂子的大小保持一致。
⑤搓圆。分别搓成表面光滑的圆球。
⑥醒发。中间醒发15~20 min,使面团松弛便于成型。
⑦整理形状。将面团制作成不同的形状,摆放在刷过油的烤盘中,留出间隙。
⑧最后醒发。放入醒发箱中醒发,待面包表面有一层半透明的薄膜时取出。
⑨烤前装饰。面包进行装饰,如甜面包刷蛋液,脆皮、硬质面包割口等。

⑩烘烤。放入预热至适宜温度的烤箱中烘烤至成熟。

❷ 蛋糕制作工艺

(1)蛋糕的概述。蛋糕是以鸡蛋、糖、油脂、面粉为主料,配以奶酪、巧克力、果仁等辅料,经一系列加工制成的具有浓郁蛋香、质地松软或酥散的制品。

(2)蛋糕的分类。蛋糕可以分为海绵蛋糕、戚风蛋糕、油脂蛋糕、乳酪蛋糕、慕斯蛋糕。

①海绵蛋糕因其组织结构类似多孔的海绵而得名。海绵蛋糕充分利用了鸡蛋的发泡性,与油脂蛋糕和其他西式面点相比,具有更突出的、更致密的气泡结构,质地松软而富有弹性。

②戚风蛋糕是采用分蛋搅拌法,即蛋白与蛋黄分开搅打后再混合而制成的一种海绵蛋糕。通过蛋黄面糊和蛋白泡沫两种性质面糊的混合,从而达到改善戚风蛋糕组织和颗粒状态的作用,其质地非常松软,柔软性好。

③油脂蛋糕是一类在配方中加入较多固体油脂,主要利用油脂的充气性而蓬松的蛋糕。

④乳酪蛋糕是以乳酪为主要原料制作的一类蛋糕,具有浓郁的乳酪香味,营养价值高。

⑤慕斯蛋糕是一种冷冻式的甜点,是在打发的奶油或蛋白中加入凝固剂,经冷冻后制成的一种凝冻式的甜点,可以直接吃,也可以做蛋糕夹层。

(3)蛋糕的制作流程。蛋糕的基本制作流程如图 6-10 所示。

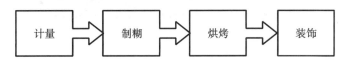

图 6-10　蛋糕的基本制作流程图

蛋糕与其他西式面点的主要区别在于蛋的用量较多,糖和油脂的用量也较多。蛋糕制作中,原辅料混合的最终形式不是面团,而是含水较多的浆料(亦称面糊、蛋糊)。浆料倒入一定形状的模具或烤盘中,烘焙后制成各种形状的蛋糕。

❸ 饼干制作工艺

(1)饼干的概述。饼干是以面粉、糖、油脂、膨松剂等为主要原料,经面团调制、辊压、成型、烘烤等工序制成的一类方便食品。饼干一词来源于法国,称为 biscuit,意思是再次烘烤的面包,所以至今还有国家把发酵饼干称为干面包。

(2)饼干的分类。饼干的花色品种很多,通常按制作工艺特点把饼干分为四大类:酥性饼干、韧性饼干、苏打饼干、其他饼干等。

①酥性饼干是以面粉、糖、油脂为主要原料,加入膨松剂与其他辅料,经调制、辊压、成型、烘烤等工艺制成的酥松点心。酥性饼干在调制面团时尽量不使面筋过多地形成,常见的品种有甜饼干、挤花饼干等。

②韧性饼干是以面粉、糖、油脂为主要原料,加入疏松剂、改良剂与其他辅料,经热粉工艺调制、辊压、辊切或冲印、烘烤制成的造型多样的食品。韧性饼干在调制面团时,容易形成面筋,一般需要较长时间。常见的品种有牛奶饼干、大圆饼干等。

③苏打饼干的制作特点是先在一部分面粉中加入酵母,然后调成面团,经较长时间发酵后加入其余面粉,再经短时间发酵后整理形状,烘烤而成的一种饼干。

除上述三种饼干外,还有一些其他类的饼干,如威化饼干、杏元饼干、蛋卷、夹心饼干、巧克力饼干等。

(3)饼干制作流程。饼干的基本制作流程如图 6-11 所示。

①面团调制。原料依次加入,充分地混合,注意不要过度搅拌。

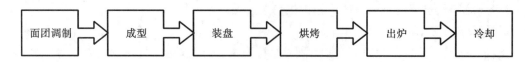

图 6-11 饼干的基本制作流程图

②成型。成型方式分为挤注成型和印模成型两种,前者是利用裱花袋或裱花器,将面团挤成厚薄均匀、大小一致、形态美观的形状;后者将面团放入冰箱冷藏冻硬,擀成薄片后再用印模刻成。

③装盘。直接将成型后的面团放入烤盘中,每个生坯间的距离要适当,分布均匀。

④烘烤。将烤盘放入预热的烤箱中,烘烤至饼干表面呈棕红色为止。

⑤出炉。端出烤盘,振动后倒出饼干,并将饼干摊匀冷却,防止饼干弯曲变形。

⑥冷却。冷却至 40 ℃ 以下,若室温为 25 ℃,则自然冷却 5 min 左右即可。

❹ 点心制作工艺　西式点心是继面包、蛋糕之后发展起来的另一大类,品种繁多、特色各异。为使成品质地酥松,多依靠油脂、糖、化学膨松剂的作用。其基本制作工艺流程是将原料混合调制成面团,经成型后再烘烤为成品,一般可分为油酥、清酥、泡芙、华夫、布丁和冷冻甜点等类型。

任务二　认知西式厨房菜点生产管理

任务描述

西式厨房菜点生产管理是保障餐厅正常运转和菜点质量的重要环节。通过任务二的学习,了解西式厨房组织结构与职责,熟悉西式厨房生产流程等相关内容。

任务目标

(1)了解西式厨房的组织结构与各岗位职责。
(2)熟悉西式厨房菜点加工流程。

任务导入

情景一:小王的父亲是一名连锁餐饮店的区域经理,一个周末,小王和父母到一家西餐厅吃饭,经过餐厅门前时,发现其窗上张贴了一份招聘公告,上面包含了不同的岗位,每个岗位对应的薪资均不相同。小王产生了疑惑,都是在同一个餐厅上班,为什么工资差异如此之大?他问父亲其中的缘由。于是父亲详细地给小王讲起了餐厅中人员配置结构和各岗位的职责……

情景二:上海,某网红发布了一条探店视频,该网红在食用一道菜品时,在店家使用的芝士碗上咬了一口。随后,有人爆料称在该西餐厅用餐时,吃到了一块"被咬过"的芝士,疑似与网红视频中为同一块,相关话题立即引起热议。该西餐厅工作人员回应称,确实为同一个芝士碗,但已对网红咬过的部位进行了切除处理,而且每次制作时需要用到酒精喷灯消毒,所以应该不存在食品安全问题。已重新联系该顾客解释原因,目前该芝士碗也已经不再使用。

问题思考:
(1)小王不理解同一餐厅不同岗位员工薪资水平不同的原因是他还没有详细了解哪些知识?
(2)上海这家餐厅忽略了哪些消费者极为关注的问题,以致出现负面舆情?

> 知识精讲

一、西式厨房组织结构、岗位职责和生产流程

（一）西式厨房组织结构

中西式厨房组织结构设置原则与岗位级别划分基本一致,在工作岗位和工作职责上略有不同。西式厨房组织结构根据企业规模、菜单内容、厨房间规划与布局等情况安排,由于餐饮企业规模不同,因此对应的西式厨房组织结构也不同。

❶ **小型西式厨房** 传统式小型西式厨房的全部菜肴生产管理工作由 1 名厨师负责。该厨房配有若干助手或厨工辅助加工和生产(图 6-12)。

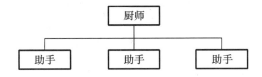

图 6-12 小型西式厨房组织结构图

❷ **中型西式厨房** 传统中型西式厨房按照菜肴生产需要将厨房分为若干部门,每个部门由 1 名领班厨师负责生产管理,厨房全部管理由 1 名不脱产或半脱产的厨师长负责(图 6-13)。

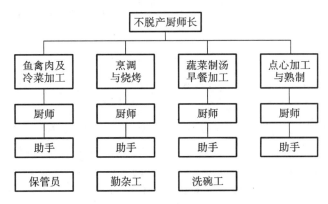

图 6-13 中型西式厨房组织结构图

❸ **大型西式厨房** 大型西式厨房组织结构主要由一个主厨房和数个分房组成。主厨房是以生产和加工半成品及宴会为主的综合性厨房,分厨房是把半成品加工为成品的餐厅厨房。一个主厨房可以为几个分厨房加工半成品。主厨房人员编制像传统式厨房一样,分为若干部门,每个部门各自负责某一项生产工作。分厨房不再设立部门,厨师要做几项不同的生产工作。现代西式厨房组织结构节省劳动力,降低人工成本和经营成本,减少厨房占地面积,节约能源(图 6-14)。

（二）西式厨房岗位职责

西式厨房与中式厨房在岗位设置上大致相同,由于西式菜点品种的特殊性,单独设立了少司厨师、制汤厨师及西式面点厨师等特殊岗位。

少司厨师负责制作各种调味汁、各种热菜的制作,还负责各种热菜的装饰和装盘及每天特别菜肴的制作。制汤厨师负责制作各种汤,如清汤、浓汤、奶油汤、鲜汤和民族风味汤,并负责制作各种汤的装饰品。西式面点厨师主要负责制作各种面包和各种冷、热、甜、咸点心,制作宴会装饰品,如巧克力雕、翻糖花篮等。

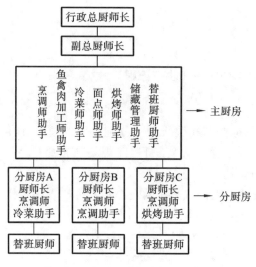

图 6-14 大型西式厨房组织结构图

(三)西式厨房生产流程

1 西式菜肴总的工艺流程 西式菜肴生产流程指食品原料经过不同的加工、加热、调味和装饰等步骤,使菜肴具有理想的色香味形的过程,其总的工艺流程归纳如图 6-15 所示。

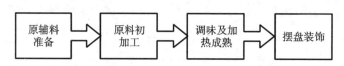

图 6-15 西式菜肴总的工艺流程图

(1)原辅料准备。优质的西餐首先从选择优质的食品原料开始。所谓优质的食品原料指新鲜卫生、没有化学和生物污染的原料,具有营养价值,并在质地、颜色和味道方面达到需要的标准。

(2)原料初加工。原料初加工是西餐生产不可缺少的环节,它与菜点质量有着紧密的联系,合理的初加工可以综合利用原料,降低成本,增加效益,并使原料符合烹调要求,保持原料的清洁卫生和营养成分,增加菜肴颜色和味道,突出形状特点。不同的菜点原料有不同的初加工方法。

(3)调味及加热成熟。西式菜肴制作时调味与成熟的顺序根据菜肴的变化而变化,既有先调味后成熟的,如以肉类原料为主的菜肴;亦有边成熟边调味的,如汤类菜肴。热量在西餐生产中起着重要的作用,它直接影响菜肴质量、特色、质地和成熟度,并影响生产成本。西餐的成熟方法包括水熟法,如煮、炖、蒸、焖、烩等;干熟法,如烤、焗、炸、煸炒、煎、扒、串烤等。一般来说,合理选择热量是西餐生产的一项基础工作。

(4)摆盘装饰。西餐装盘与装饰技术是指西餐厨师将已经烹制好的菜肴原料,运用一定的美学装饰手法盛装到西餐盛器中的技术。西餐装盘与装饰技术是西餐制作成菜的最后一道工序。通过艺术美化后装盘的西餐菜肴,在上菜后能给顾客带来精致、美观的感受,有增进进餐气氛、美化餐厅环境、提高人们视觉享受和增强美食艺术感受的作用。

2 西式面点生产流程 西式面点的种类繁多,制作工艺也各不相同,但其总的工艺流程归纳如图 6-16 所示。

(1)原辅料准备。根据配方要求,查看各种原辅料的数量和种类,并检查原辅料质量是否符合要求。对原辅料进行初加工,如面粉过筛,打蛋,水果、果料和果仁的清洗加工,籽仁类的清洗预烘等。

(2)计量。按配方和产量要求进行计算,求出各种原辅料的实际用量,并进行称量。

(3)面团(浆料)调制。将称量好的各种原料,按照产品投料的顺序,依次加入搅拌缸中进行搅打或搅拌,使原辅料充分混合均匀,并形成符合一定要求的面团或浆料。

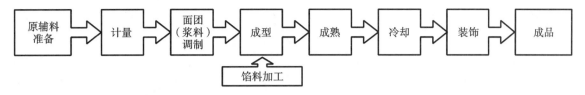

图 6-16 西式面点总的工艺流程图

(4)馅料加工。馅料制作是西式面点制作中一道极为重要的工序,制馅是把用于制作馅心的原料加工成蓉、末、丁,再加以各种配料和调料,调制好口味拌制均匀。西式面点的馅料大多为甜馅,如果酱馅、水果馅、奶黄馅、吉士馅等。

(5)成型。成型是指将调制好的面团或浆料加工成具有一定形状的制品。西式面点的成型方法很多,有在成熟前成型的,也有在成熟后成型的,大多数为成熟前成型。成型的方法有手工成型、模具成型和器具成型等。对于有馅料的制品,成型的过程也包括包馅工序。

(6)成熟。成熟就是将已经成型的西式面点生坯,经过成熟而制成成品的工序。西式面点的成熟大多采用烘烤,即利用烤箱加热成熟,但也有采用其他方式成熟的,如油炸、蒸、煮、煎等。

(7)冷却。将加热成熟后的制品放在室温下冷却,使制品的温度降低,内部的水蒸气散失一部分,以利于后续工序的操作,如装饰、切块、卷制、包装等。

(8)装饰。西式面点的装饰是指选用适当的装饰材料对制品进行进一步的美化加工,如蛋糕裱花,面包、饼干表面撒上果仁、酥粒等。西式面点的装饰可分为烤前装饰和烤后装饰两种,可根据制品和装饰材料的特点进行选择,如面包、饼干的装饰多在烤前,而蛋糕的装饰多在烘烤后,果仁类、蔬菜类等装饰料多用在烘烤前,而奶油类、新鲜水果、巧克力等则必须用在烘烤后。

二、西式厨房生产管理

在餐饮业中,西式厨房与中式厨房的生产管理有着相似之处,在厨房制度管理、厨房卫生管理、厨房安全管理等方面较为一致,但因西式菜点与中式菜点在原料及加工工艺上差异较大,因此二者在原料管理上存在一些差异。

西式菜点加工时会用到些许进口原料,因此在原料采购时格外注重产地。在验收时,需额外关注其进出口检疫检验合格证及原料的中文标识,若无以上内容,则不予采用。此外,特殊原料,尤其是牛肉,还要注重 M1~M12 不同等级的划分。在西餐原料存放过程中,同样存在少许原料不同于中餐的特殊处理,如肉类原料储存时,需要放置在具有杀菌功能的冰箱内经过排酸及为期两周的成熟过程;刺身类原料在采购时不可选择淡水产品,冷冻温度必须控制在 -18 ℃ 或以下,冷藏温度保持在 1~6 ℃,加工刺身的周围环境中禁止出现热源。西餐原料在盘存与发放管理上与中餐一致。

▶ 相关知识

西餐厅种类与特点

一、高级餐厅

高级餐厅(Up-scale Restaurant)是提供特色传统西餐和特色西餐的餐厅。该种餐厅有雅致的空间、豪华的装饰、温柔的色调和照明。高级餐厅提供周到和细致的餐饮服务,讲究摆台,使用银器和水晶杯,常有高雅现场音乐或文艺表演,用餐费用较高。

二、大众西餐厅

大众西餐厅(Mid-priced Restaurant)是提供大众化西餐的餐厅。该种餐厅有实用的空间、典雅的装饰、明快的色调和照明,有良好的用餐环境,提供周到的餐饮服务,讲究餐具和摆台,强调实用性,有小提琴演奏或钢琴演奏等,用餐费用适合大众。

三、传统餐厅

传统餐厅(Traditional Restaurant)是将菜肴和酒水服务上桌的餐厅,包括海鲜餐厅、扒房等。

四、自助餐厅

自助餐厅(Cafeteria Restaurant)是顾客到餐台拿取自己需要的菜肴和酒水,然后经收款台付款的餐厅。这种餐厅根据顾客用餐习惯,将菜肴和酒水分作几个餐台,每个餐台陈列各种菜肴,顾客只需走到餐台自取菜肴。大多数自助餐厅不摆台或只摆部分餐具,顾客自己在取菜台拿取餐具。

五、快餐厅

快餐厅(Fast Food Restaurant)是销售快餐的西餐厅,它的菜肴品种有限,原料都是预先加工的,可以快速制熟,快速服务。该种餐厅装饰常采用暖色调,布局显示明亮和爽快,菜肴大众化。

六、咖啡厅

咖啡厅(Coffee Shop)是销售大众化的西餐和各国小吃的餐厅。在非用餐时间销售咖啡和饮料,供人们聚会和聊天。咖啡厅营业时间和销售品种常根据顾客需求而定。许多咖啡厅营业时间从早上6点至午夜1点,甚至24小时营业。咖啡厅有时被称为咖啡花园,这是因为该种咖啡厅内的设计和布局像花园,里面有鲜花草地、人工山、人工瀑布等。一些咖啡厅的规模较小,装饰很雅致,称为咖啡室。

七、多功能厅

多功能厅(Function Room)是用于举行各种宴会、酒会、自助餐会和其他各种会议等的活动场所,空间大,服务设施齐全。根据需要,多功能厅可分割成几个不同规模的餐厅。

项目小结

通过项目六的学习,我们对西式菜点的原料、西式菜点烹饪设备及工具、西式菜点的烹饪工艺、西式菜肴分类、西式面点工艺流程及西式厨房组织结构与职责有了清晰的认识,我们以思维导图总结(扫描二维码即可获取)。

思维导图

同步测试

同步测试答案

一、选择题

1. 西餐是我国和其他东方国家对( )菜点的总称。
   A. 意大利　　　B. 法国　　　　C. 英美　　　　D. 西方各国

2. 以下原料中( )不是西餐主菜的主要原料。
   A. 牛肉　　　　B. 猪肉　　　　C. 鸡肉　　　　D. 西瓜

3. 西式菜点加工时常用到的酒中有一种被称为白兰地,这种酒属于( )。
   A. 配制酒　　　B. 蒸馏酒　　　C. 酿造酒　　　D. 甘蔗酒

4. 西式厨房的黄色砧板通常用来切配( )。
   A. 蔬菜　　　　B. 禽肉　　　　C. 海鲜　　　　D. 即食食品

5. 煎时所用的油脂量一般为原料厚度的( )。
   A. 3/4~4/5　　 B. 1/2~2/3　　 C. 1/5~1/2　　 D. 没有限制

二、简答题

1. 西餐中的主要菜式有哪些?
2. 意式风味菜点的特点有哪些?
3. 西式菜肴工艺方法有哪些?
4. 铁扒的注意事项是什么?
5. 焗的工艺方法适用于哪些原料?
6. 简述西式菜点的分类及其就餐特色。
7. 试述法式、英式及德式风味菜的代表名菜及其制作工艺。

项目七

认知酒水调制与服务管理

扫码看 PPT

项目描述

随着新时代人们生活水平的提高,餐饮业迎来了广阔的发展前景,从字面上餐饮一词拆解开为"餐"与"饮"。前面项目的学习大家充分认知了"餐"的相关知识,本项目将带领大家学习关于餐饮中"饮"的一系列知识和技能。

项目目标

(1)了解酒水知识、酒水调制和服务管理的基本概念。
(2)熟悉调酒的各种原料、工具和技法的相关知识和技能。
(3)掌握酒水调制的工作程序和标准。
(4)掌握酒水服务工作内容和标准。
(5)掌握酒水管理相关知识。

任务一 认知酒水调制

任务描述

餐饮一词,"餐为主,饮为辅",近代美食哲学不断向人们展示饮料对于餐饮的重要作用,一顿没有美酒的美食是不完整的,饮料和酒水是餐饮环节中的"画龙点睛"之笔。而鸡尾酒是酒水大家族中耀眼而夺目的存在,近年来深受消费者的青睐,在餐饮业有着不可替代的作用。通过任务一的学习,了解调酒原料的分类,熟悉基酒的概念和特点,学习调酒工具的选用和使用方法,掌握鸡尾酒的调制方法。

任务目标

(1)了解调酒原料的分类,熟悉基酒的概念和特点。
(2)熟悉调酒工具的选用和使用方法。
(3)掌握鸡尾酒的调制方法。

任务导入

情景一:某天,餐饮管理专业入职不久的教师受邀来到某五星级酒店酒吧与朋友聚会,席间该教师在吧台点了一杯鸡尾酒,教师满怀期待以为可以像电视剧里一样,看到调酒师精彩的抛瓶表演。但是调酒师面带微笑,迅速操作,调制好一杯鸡尾酒,并无表演。

教师感到不解,在餐桌上分享了刚才发生的事情,他的朋友为他解释了原因……

情景二:刚刚结束酒吧实训课程后,同学小王对鸡尾酒产生了浓厚的兴趣,回想着上课时教师讲授的经典鸡尾酒马天尼的做法,小王独自尝试调制一杯。由于上课时专注形形色色的酒水而忘记教师讲授的调制方法,小王随意选择了自认为最炫酷的摇和法制作马天尼,调制过后发现味道截然不同。课后小王向教师请教,教师耐心地向小王讲授知识,并告诉他调制方法的重要性。

问题思考:

(1)情景一中的教师对于调酒存在哪些误区?

(2)小王同学对于调酒方法一知半解,是否影响学习?

 知识精讲

一、调酒原料

(一)基酒

基酒为调酒过程中不可或缺的基础性原料,一般为蒸馏酒,常见的基酒共分为七大类,有威士忌、金酒、伏特加、朗姆酒、特基拉、白兰地和中国白酒。它们不仅是鸡尾酒的原料,还是十分畅销的酒精饮料,接下来我们通过对基础知识的学习,来认识常见的基酒。

❶ 威士忌 威士忌是以大麦、黑麦、小麦、玉米等谷物为原料,经发酵、蒸馏后放入橡木桶中醇化而酿成的高酒精度饮料,酒精度一般为38°~60°。根据产出国家以及原料的不同,威士忌名称各异,香气也不胜枚举,常见的有苏格兰威士忌、爱尔兰威士忌、美国威士忌、加拿大威士忌以及日本威士忌。

(1)苏格兰威士忌(Scotch Whisky)。苏格兰威士忌以当地盛产的麦芽为原料,蒸馏时使用当地盛产的泥煤为燃料进行烘烤,特殊的工艺形成了苏格兰威士忌的一大特点——泥煤风味,蒸馏出的酒液要陈酿4年以上,装瓶前还需要调配等工艺。常见的苏格兰威士忌品牌有尊尼获加以及芝华士,见图7-1和图7-2。

图7-1 尊尼获加威士忌

图7-2 芝华士威士忌

(2)爱尔兰威士忌(Irish Whiskey)。爱尔兰威士忌以大麦、小麦、燕麦、黑麦为主要原料(其中大麦占80%),经发酵蒸馏3次后入桶陈酿而成。陈酿3年以上,通常为8~15年。爱尔兰威士忌的名品有尊美醇(Jameson),见图7-3。

(3)美国威士忌(American Whiskey)。美国威士忌以玉米、大麦等为主要原料(其中玉米占

51%～75%),经发酵、蒸馏后入桶陈酿而成。其陈酿期为 2～4 年,一般不超过 8 年。美国威士忌以肯塔基州波本(Bourbon)地区的产品最著名,名品有杰克丹尼(Jack Daniel's),见图 7-4。

(4)加拿大威士忌(Canadian Whisky)。加拿大威士忌以裸麦(黑麦)作为主要原料(占 51% 以上),再配以大麦芽及其他谷类组成,经发酵、蒸馏、勾兑等工艺,并在白橡木桶中陈酿至少 3 年,一般陈酿 4～6 年,名品有加拿大俱乐部(Canadian Club),见图 7-5。

图 7-3　尊美醇威士忌　　　　　图 7-4　杰克丹尼威士忌　　　　　图 7-5　加拿大俱乐部威士忌

(5)日本威士忌(Japanese Whisky)。日本威士忌的生产采用苏格兰的传统工艺和设备,以麦芽作为主要原料,采用橡木桶或者木樽多次过滤、蒸馏而成,陈酿期一般为 10～50 年。陈年后的日本威士忌潜力巨大,味道醇厚,价格昂贵,名品有山崎(Yamazaki),见图 7-6。

❷ **金酒**　金酒又称琴酒、毡酒或杜松子酒,是以玉米、麦芽等谷物为原料经发酵、蒸馏后,加入杜松子和其他一些芳香原料再次蒸馏而制成的含酒精饮料。金酒属于调配蒸馏酒,其最大特点是散发令人愉悦的香气。金酒无须陈酿,酒精度为 40°～52°。

金酒的主要产地有荷兰、英国、美国、法国等国家,其中最著名的是荷兰和英国。因此通常把金酒分为荷式金酒(Dutch Gin)和英式金酒(London Gin,又称伦敦干金酒,London Dry Gin)两大类。

(1)荷式金酒。荷式金酒产于荷兰,金酒是荷兰的国酒。荷式金酒是以麦芽、玉米、黑麦和其他的香料制成的。其特点是色泽透明清亮,酒香味突出,辣中带甜,风格独特。因为荷式金酒具有浓郁的松子香和麦芽香,会掩盖其他酒的味道,所以不适合作为鸡尾酒的基酒,名品有波士(Bols),见图 7-7。

图 7-6　山崎威士忌　　　　　　　　　　　图 7-7　波士金酒

(2)英式金酒。英式金酒又称伦敦干金酒,这种酒并非都产自伦敦。英式金酒是用谷物酿制的中性酒精和杜松子及其他香料共同蒸馏而得到的干金酒。其特点是无色透明,口感甘洌、醇美,气味奇异清香。英式金酒既可以单饮,又可与其他酒调配或作为鸡尾酒的基酒,名品有哥顿(Gordon's)、必富达(Beefeater),见图 7-8 和图 7-9。

❸ **伏特加**　伏特加的名字源字俄语"Boska"一词,是"水酒"的意思。其英语名字是 Vodka,即

俄得克,所以伏特加又称为俄得克酒。它是以马铃薯或玉米、大麦、黑麦等多种谷物为原料,用重复蒸馏、精炼、过滤的方法,除去其中所含毒素和其他异物的一种高酒精浓度的饮料,酒精度高达95°,最后用蒸馏水稀释成40°~50°的含酒精饮料。此酒不用陈酿即可出售、饮用,也有少量的伏特加在稀释后还要经过串香程序,使其具有芳香味道。

目前除俄罗斯和波兰外,美国、芬兰、瑞典、乌克兰等国家都在生产伏特加,但最著名的产地还是俄罗斯和波兰,伏特加深受两国人民的喜爱,且都被称为"国酒"。伏特加可以分为纯净伏特加和芳香伏特加两大类。

(1)纯净伏特加(Straight Vodka)。纯净伏特加是指将蒸馏后的原酒注入活性炭过滤槽内过滤掉杂质而得的酒,一般无色、无杂味、味烈、劲大,可以以任何浓度与其他饮料混合饮用,所以被用作鸡尾酒的基酒。名品有苏联红牌伏特加(Stolichnaya,又称红牌伏特加),见图7-10,斯米诺伏特加(Smirnoff),见图7-11。

图7-8　哥顿金酒

图7-9　必富达金酒

图7-10　苏联红牌伏特加

图7-11　斯米诺伏特加

图7-12　绝对伏特加

图7-13　蓝天伏特加

(2)芳香伏特加(Flavored Vodka)。芳香伏特加是指在纯净伏特加酒液中放入药材、香料等浸制而成的酒,因此带有色泽,又带有药材、香料的香味。目前波兰等国家都在生产芳香伏特加,名品有瑞典绝对伏特加(图7-12)、蓝天伏特加(图7-13)。

❹ **朗姆酒**　朗姆酒,又被译为兰姆酒、罗姆酒,是以蔗糖汁或者甘蔗制糖的副产品——糖蜜和糖渣为原料,经原料处理、发酵、蒸馏,在橡木桶中陈酿而成的烈性酒。新蒸馏出来的朗姆酒必须放入橡木桶陈酿1年以上,酒精度为45°左右。朗姆酒酒香和糖蜜香浓郁,口感味辛而醇厚。朗姆酒主要产区集中在盛产甘蔗及蔗糖的地区,如牙买加、古巴、海地、多米尼加、波多黎各、圭亚那等加勒比海沿岸的一些国家,其中以牙买加、古巴生产的朗姆酒最著名。朗姆酒按其色泽可分为以下3类。

(1)白朗姆(Silver Rum)。白朗姆又称银朗姆,是指蒸馏后的酒须经活性炭过滤后入桶陈酿1年以上。酒液无色或者淡色,为清淡型朗姆酒,酒味较干,香味不浓,主要产地是波多黎各,名品有百加得白朗姆酒(Bacardi),见图7-14。

(2)金朗姆(Golden Rum)。金朗姆又称琥珀朗姆,是指蒸馏后的酒需存入内侧灼焦的旧橡木桶中至少陈酿 3 年。酒液金黄色,味柔和、稍甜,酒色介于白朗姆和黑朗姆之间,通常用两种酒混合而成,名品有摩根船长金朗姆酒(Captain Morgan),见图 7-15。

(3)黑朗姆(Dark Rum)。黑朗姆又称红朗姆,是由掺入甘蔗糖渣的糖蜜在天然酵母菌的作用下缓慢发酵,然后在蒸馏器中进行二次蒸馏,最后在橡木桶中熟化 5 年以上而制成的。酒色较浓,呈深褐色,为浓烈型朗姆酒,酒味浓郁,主要产地为牙买加,名品主要有哈瓦那俱乐部(Havana Club),见图 7-16。朗姆酒既可净饮,也可加冰块饮用,还可广泛用于调制鸡尾酒或混合饮料。

图 7-14　百加得白朗姆

图 7-15　摩根船长金朗姆

图 7-16　哈瓦那俱乐部黑朗姆

❺ **特基拉**　特基拉是墨西哥的特产,被称为墨西哥的灵魂,是墨西哥的国酒。特基拉是以一种被称为龙舌兰的热带仙人掌类植物的汁浆为原料,经发酵、蒸馏而酿造的烈性酒,又称为龙舌兰。新蒸馏出来的特基拉可以放在橡木桶内陈酿,也可直接装瓶出售。特基拉酒带有龙舌兰独特的芳香味,口味浓烈,酒精度大多为 38°~45°。根据颜色不同,特基拉酒分为银色和金色两种。

(1)银色特基拉(Tequila silver)。银色特基拉酒液无色,不需要熟化,为非陈年酒,名品主要有豪帅(Jose Cuervo),见图 7-17。

(2)金色特基拉(Tequila reposado)。金色特基拉酒液呈金黄色,为短期陈酿酒,要求在橡木桶中至少储存 2 年,以增添色泽和口味。名品有奥美加金色特基拉(图 7-18)、佩恩金色特基拉(图 7-19)。特基拉酒可净饮或加冰块饮用,也可用于调制鸡尾酒。在净饮时常用柠檬角蘸盐伴饮,以充分体验其独特风味。

图 7-17　豪帅银色特基拉

图 7-18　奥美加金色特基拉

图 7-19　佩恩金色特基拉

❻ **白兰地**　白兰地(Brandy)是以葡萄为原料,发酵后经过蒸馏而制成的含酒精饮料。以其他水果为原料制成的蒸馏酒也称为白兰地,但是必须在白兰地酒名称前加原料名称,例如,以苹果为原料制成的白兰地酒称为苹果白兰地。新蒸馏出来的白兰地须盛放在橡木桶内使之成熟,并经过较长时间的陈酿(如法国政府规定至少 18 个月),白兰地才会变得芳郁醇厚,并产生其色泽。白兰地的储存时间越长,酒的品质越佳。白兰地酒为褐色,酒精度为 38°~48°。白兰地主要用作餐后酒,一般不

掺任何其他饮料。

世界上绝大多数葡萄酒生产国都出产白兰地,但是以法国的白兰地品质为最佳,无论是质量还是数量都居世界领先地位,而在法国的白兰地产地中,以干邑(Cognac)和雅文邑(Armagnac)白兰地最负盛名,并且在产品上冠有地名。法国人几乎不用白兰地来称呼这两种酒,而直接称其为干邑和雅文邑。干邑和雅文邑代表着世界高品质的白兰地,二者中又以干邑尤为驰名,现今干邑已经是优质白兰地的代名词。

(1)干邑。干邑又称科涅克,是法国南部的一个地区。法国政府规定,只有在这个区域内生产的白兰地才可称为干邑,其他地区的产品只能称为白兰地,不能称为干邑。干邑被称为"白兰地之王",酒精度一般为43°,酒体呈琥珀色,清亮透明,口味芳香浓郁,风格优雅独特。白兰地会根据陈年时间对酒进行级别区分,常见的级别有 VS 10 年陈酿、VSOP 20 年陈酿、XO 40 年陈酿。干邑的名品有人头马(Remy Martin)和马爹利(Martell),分别见图 7-20 和图 7-21。

(2)雅文邑。雅文邑位于干邑南部,以产深色白兰地驰名,虽然没有干邑著名,但风格与其很接近。干邑与雅文邑最主要的区别在蒸馏的程序上。前者初次蒸馏和第二次蒸馏是连续进行的,而后者则是间隔进行的。雅文邑酒体呈琥珀色,发黑发亮,酒精度为43°。陈年或者远年的雅文邑酒香袭人,风格稳健沉着、醇厚浓郁、回味悠长。

雅文邑也是受法国法律保护的白兰地品种。只有雅文邑当地产的白兰地才可以在商标上冠以 Armagnac 字样。雅文邑的名品有嘉宝(Chabot),见图 7-22。

图 7-20　人头马干邑　　　　图 7-21　马爹利干邑　　　　图 7-22　嘉宝雅文邑

❼ **中国白酒**　中国白酒是以高粱、玉米、大麦、大米、精米、小麦等粮食谷物为原料,经发酵、蒸馏而制成的一种烈性酒,由于该酒为无色液体,因此称为白酒。白酒质地纯净、醇香浓郁、口感丰富,酒精度一般为35°~67°。

白酒是中华民族的传统饮品,有数千年的历史,发展到现在已成为世界蒸馏酒中产量最大、品种最多的蒸馏酒。但由于中国的白酒的出口量极少,所以在其他国家影响不大。中国白酒香型可分为酱香型、浓香型、清香型、米香型和兼香型常见的五种。近年来,一线城市的大多数酒吧,越来越多的尝试使用中国白酒作为鸡尾酒的基酒,并广受好评。

(二)辅料

辅料一般为调酒使用中除基酒之外的其他原料的总称,其功能性极强,主要包括对整杯鸡尾酒的调味,以及鸡尾酒颜色的改变。调酒中辅料的分类有很多,功能也千差万别,大类可分为配制酒、糖浆以及无酒精饮料等。

❶ **配制酒**　配制酒是广义名词,一般指的是利用常见的基酒,加入香料、水果、药材、食材,经特殊酿制、特殊蒸馏工艺加工而成的酒。世界上配制酒的产地广泛,每种酒的味道、颜色也截然不同,调酒时应根据不同配制酒的口感、颜色等特点进行合理搭配。

(1)开胃酒(Aperitif)。开胃酒也叫餐前酒,是以葡萄酒或蒸馏酒为基酒,添加植物的根、茎、叶、

白酒香型分类

鸡尾酒不同酒品的密度

芽和花调配而成的具有开胃功能的酒精饮料,具有酸、苦、涩的特点,起到生津开胃的作用。常见的开胃酒一般有味美思、比特酒、茴香酒。名品有马天尼(Martini)(图 7-23),金巴利(Campari)(图 7-24)、潘诺(Pernod)(图 7-25)。

图 7-23　马天尼

图 7-24　金巴利

图 7-25　潘诺

(2)甜食酒(Dessert Wine)。甜食酒通常以葡萄酒作为基酒,加入食用酒精或白兰地以增加酒精含量,故又称为强化葡萄酒,口味较甜,常见的有雪莉酒、波特酒、马德拉酒等,名品有潘马丁(Pemartin)、泰勒(Taylor)(图 7-26)。

图 7-26　潘马丁(Pemartin)、泰勒(Taylor)

(3)利口酒(Liqueur)。利口酒又称为餐后甜酒,一般以葡萄酒、食用酒精或蒸馏酒为基酒调入树根、果皮、花叶、香料等原料。采用浸泡、蒸馏、陈酿等生产工艺,并用糖、蜂蜜等甜化剂配制而成的酒精饮料,色泽娇艳,气味芳香,一般用作餐后酒和调酒。名品有波士(Bols)(图 7-27)、甘露咖啡(Kahlua)(图 7-28)、君度(Cointreau)(图 7-29)、马利宝椰子利口酒(Malibu)(图 7-30)。

❷ **糖浆**　糖浆是在餐饮制作和酒水调制领域十分常见的辅料,糖浆种类繁多,但制作工艺简单,掌握好合适的比例加入水、糖,以及所需要的糖浆味道的水果、香料、植物等充分融合后即可。糖浆不仅能为鸡尾酒带来所需要的水果风味和甜度,更是改变鸡尾酒颜色的重要元素。成熟的调酒师可以自己制作糖浆,最常见的自制糖浆为单糖糖浆,也就是白砂糖糖浆,制作方法为糖和水按比例(2∶1)煮沸,熬制 5 分钟左右即可。

糖浆的种类数不胜数,其中名品有莫林(Monin)(图 7-31)、必得利(Bardinet)(图 7-32)、萨酷乐斯(Sarklass)(图 7-33)。其中莫林糖浆有 170 余年的历史,是世界上销量最好的糖浆。糖浆对于调酒非常重要,可以直接突出一杯酒的风味偏向,糖浆的口味也有多种,莫林品牌就有 120 余种。

❸ **无酒精饮料**　无酒精饮料又称为软饮料,指的是酒精度低于 0.5% 的饮料。世界公认的三大

图 7-27　波士

图 7-28　甘露咖啡

图 7-29　君度

图 7-30　马利宝椰子利口酒

图 7-31　莫林

图 7-32　必得利

图 7-33　萨酷乐斯

无酒精饮料分别为茶、咖啡、可可。无酒精饮料是人们日常生活中最常见的饮料,在调酒中应用也十分广泛,如为了增加水果风味,增加气泡口感或制作长饮鸡尾酒等。常用于调酒的无酒精饮料种类很多,例如碳酸饮料、果汁饮料、矿泉水等。知名品牌也有很多,例如可口可乐、百事可乐、美汁源、汇源、依云等。

(三)装饰物

对于一杯鸡尾酒,装饰物不仅决定了一杯酒的形(外观),有时也可影响酒的味道。装饰物丰富的视觉可以让鸡尾酒本身更具吸引力,装饰物与鸡尾酒的连接度,能增加喝酒时的感官体验,看了、吃了可食用类装饰物再饮用鸡尾酒,酒体味道会更加浓厚,或是与酒体相互对比,让这杯酒具有不同的层次来做搭配变化而达到平衡。常见的装饰物可分为 3 大类,可食用类、不可食用类以及创意类。

❶ **可食用类装饰物**　可食用类装饰物,顾名思义是满足两种特性的装饰物,一是美观性,二是可食用性。可食用类装饰物也是装饰物中最常见的种类,常见的原料有柠檬、糖、橙子、草莓等。调

酒师会根据不同的酒对食材进行切割造型融入鸡尾酒中,以达到所需的美观效果,如柠檬作为装饰物时可以制作柠檬片、柠檬角、柠檬皮条等,同理,其他水果类也可以制作类似的装饰物。可食用类装饰物常见的还有糖、饼干、香草叶片等,见图7-34和图7-35。

图 7-34　可食用类装饰物 1

图 7-35　可食用类装饰物 2

❷ **不可食用类装饰物**　不可食用类装饰物是为满足鸡尾酒美观的需要制作的,在消费者享用鸡尾酒时服务员需要提醒消费者不可食用的特征。因为其本身的特性,该类装饰物并不是鸡尾酒常用的装饰物,常见的有纸伞、纸扇、麦穗等,见图7-36、图7-37。

图 7-36　不可食用类装饰物 1

图 7-37　不可食用类装饰物 2

❸ **创意类装饰物**　创意类装饰物是现代星级酒店和社会酒吧追求的重点,标新立异、取材广泛是这类装饰物的特点,目的是迎合绝大多数消费者审美和求新的心理制作,该类装饰物还会融合一些当下主流的分子鸡尾酒的概念。常见的该类装饰物有迷你胡萝卜、菩提树叶、红菜头、分子泡沫等,见图7-38和图7-39。

图 7-38　创意类装饰物 1

图 7-39　创意类装饰物 2

二、调酒工具

(一)调酒工具

❶ **酒吧匙(bar spoon)** 酒吧匙是一种不锈钢制品,一边是匙,一边是三尖装饰叉,有多种型号,可搅拌饮品与摆放装饰物,酒吧匙见图 7-40。

❷ **量酒器(jigger)** 量酒器又称盎司,是一种用来计量酒水容器的金属杯,通常有大、中、小 3 种型号,且每种量酒器的容量不同,大号量酒器的容量一般为 30～60 ml,中号量酒器的容量为 30～45 ml,小号量酒器的容量为 15～30 ml。量酒器见图 7-41。

图 7-40 酒吧匙

图 7-41 量酒器

❸ **摇酒壶(shaker)** 摇酒壶是调制鸡尾酒最主要的用具,其功能主要是使酒液在摇酒壶内充分融合。摇酒壶一般可以分成两种,一种为三段式的英式摇酒壶,另一种为两段式的波士顿摇酒壶。英式摇酒壶主要由壶身、过滤网、壶盖三部分组成。摇酒壶有 250 ml、350 ml、550 ml 和 750 ml 4 种型号。波士顿摇酒壶主要由金属壶身和上盖杯组成,摇酒壶见图 7-42 和图 7-43。

图 7-42 英式摇酒壶

图 7-43 波士顿摇酒壶

❹ **过滤器(strainer)** 用波士顿摇酒壶调制鸡尾酒时,需要将调酒杯中调制好的鸡尾酒倒入酒杯,过滤器就是防止酒精中冰块滑落的过滤专用器皿。过滤器因为用途不同有网式过滤器和朱利过滤器,网式过滤器主要用于过滤杂质,朱利过滤器一般用来将酒从搅拌混合杯中过滤出来,常见过滤器见图 7-44。

❺ **搅拌杯(mixing glass)** 搅拌杯又称为混合杯,一般由玻璃或水晶制成。在搅拌杯中加入冰块时,用酒吧匙搅拌可达到使酒液混合、降温、稀释等目的,搅拌杯见图 7-45。

❻ **碾压棒(muddler)** 碾压棒属于钝性工具,一般用于捣碎水果或捣果皮油,以及调配鸡尾酒的风味,材质分为木质、不锈钢和塑料 3 种,使用时根据原料的硬度和性质调节力度碾压即可。碾压棒见图 7-46。

❼ **冰桶、冰夹** 冰桶是用于盛装调制鸡尾酒冰块的容器,冰夹用于夹取冰桶中的冰块。冰桶、冰夹见图 7-47。

酒吧常用冰块类型介绍

图 7-44　过滤器

图 7-45　搅拌杯

图 7-46　碾压棒

图 7-47　冰桶、冰夹

图 7-48　古典杯

（二）酒吧载杯

酒吧用来装载酒的杯子称为酒吧载杯，简称酒杯。酒杯是酒艺术风格的重要组成部分，酒杯的运用是随着酒的种类、风格不同而变化的。酒杯按照鸡尾酒的性质可以分为长饮鸡尾酒杯和短饮鸡尾酒杯，酒杯的配用要符合特定的规则。

❶ **古典杯**（old fashioned，又称岩石杯，rock glass）　古典杯原为英国人饮用威士忌的酒杯，也常用于装载鸡尾酒。古典杯呈直筒状或喇叭状，杯口与杯身等粗或稍大，无脚，现多用此杯盛烈性酒加冰，见图 7-48。

❷ **柯林杯**（collins glass）　柯林杯又称长饮杯，标准的柯林杯高与底面周长相等，其容量为 12 盎司。柯林杯常用于装载长饮鸡尾酒，其他长饮混合酒也可以用柯林杯装载，饮用时通常需要插入吸管，见图 7-49。

❸ **鸡尾酒杯**（cocktail glass）　鸡尾酒杯是高脚杯的一种，杯具外形呈三角形，杯底有尖形和圆形，脚为修长或圆粗，光洁透明，杯具的容量为 3～6 盎司，其中 4.5 盎司的鸡尾酒杯用得最多，是常见的鸡尾酒短饮杯。鸡尾酒杯见图 7-50。

❹ **飓风杯**（hurricane glass）　飓风杯是粗犷长饮酒杯，一般用于装载热带鸡尾酒类，呈矮脚杯，本身上大下小，收腰、底厚，容量为 12～14 盎司，见图 7-51。

❺ **玛格丽特杯**（margarita glass）　玛格丽特杯为高脚、宽酒杯，其造型特别，杯身呈梯形，并逐渐缩小至杯底，用于盛装玛格丽特鸡尾酒或其他类型的鸡尾酒，容量为 7～9 盎司，见图 7-52。

❻ **香槟杯**（champagne glass）　香槟杯用于盛装香槟，用其盛装鸡尾酒也很普遍。其容量为 4.5～9 盎司，以 4 盎司的香槟杯用途最广。香槟杯主要有两种杯型：一种是浅碟形香槟杯，外形为高脚、宽口、杯身低浅的杯子，可用于盛装鸡尾酒或软饮料，还可以叠成香槟塔；另一种是郁金香型香槟杯，外形高脚，长杯身，呈郁金香花形的杯子，用于盛放鸡尾酒或香槟，可以观赏酒在杯中缓缓升起的气泡，香槟杯见图 7-53。

图 7-49 柯林杯

图 7-50 鸡尾酒杯

图 7-51 飓风杯

图 7-52 玛格丽特杯

图 7-53 香槟杯

三、调制方法

调制方法为鸡尾酒制作方法的入门引导,如何调制一杯经典鸡尾酒,为保证鸡尾酒质量,更多需要的是反复实践练习。常见的调制方法包括搅和法、兑和法、调和法、摇和法等。

(一)搅和法

搅和法又称为搅和滤冰法,或机器搅拌法,是指把酒水与冰块按照配方分量放入调酒杯中,以酒吧匙迅速搅拌均匀后,用滤冰器过滤冰块,将酒水斟入酒杯中。搅和法比较适合在搅拌容易混合的材料时或灵活处理材料时使用。具体步骤如下。

第一步:准备器具,如日式搅拌杯、酒吧匙、朱利过滤器或者霍桑过滤器、古典杯。

第二步:加冰块,向搅拌杯中加入冰块。

第三步:搅拌,用右手的中指和食指夹住酒吧匙中部螺旋状的部位,用左手握住杯底,把酒吧匙放入搅拌杯内冰的底部紧贴杯壁,用中指轻轻扶住酒吧匙向内按,用无名指向外推,慢慢顺时针方向转动冰块,如不熟悉动作,最开始不要转得太快,一般转动 20 s 左右,起到稀释和冷却的作用。搅拌结束后,酒吧匙背面朝上,慢慢从杯中取出。

第四步:滤冰,将朱利过滤器放在调酒杯口,迅速将调制好的酒水滤出。搅和法见图7-54。

使用搅和法时需要把酒水按配方分量倒入调酒杯中,加入冰块,用酒吧匙搅拌均匀。搅拌的目的是在最少稀释的情况下,把各种成分迅速冷却混合。具体操作要求:用左手握杯底,右手以按握毛笔姿势,使酒吧匙背靠杯边按顺时针方向快速旋转。搅动时只有冰块转动声。搅拌完成后,将滤冰器放在搅拌杯口,迅速将调制好的酒水滤出。

(二)兑和法

兑和法是直接在酒杯里进行鸡尾酒的制作,把酒及配料按照顺序倒入加满冰块的杯中,最后用酒吧匙搅拌一下,适用于比较简单、不需摇动或长时间搅拌的鸡尾酒。具体步骤如下。

第一步:准备设备,如酒吧匙、量酒器、长饮杯。

第二步:兑和。通常材料容易混合,不需要用较大的力量去调匀的饮料都可以用此方法进行调配。兑和法一般不搅拌或只需轻微搅拌,用酒吧匙搅拌2～4次就足够了。如果原料中有碳酸饮料,搅拌次数不超过2次。以免气泡消失太快,影响它的口感和新鲜度。

第三步:出品。用这种调制方法调制的鸡尾酒通常有自由古巴、特基拉日出、渐入佳境等。兑和法见图7-55。

图7-54 搅和法

图7-55 兑和法

在使用兑和法时,需要按照酒水配方要求,依次加入酒水材料(需要可提前在杯中加入冰块)进行酒水制作。

(三)调和法

调和法又称为材料混合法以及漂浮法,指的是将两种或两种以上的材料混合均匀,或利用原料糖分比重不同的原理调制鸡尾酒,如风靡全球的彩虹酒、B52轰炸机就是经典代表。该方法的原理与啤酒的"杯壁下流"法类似。调和法的注意事项和要领:调制时使用酒吧匙背靠住酒杯内壁,用量酒器慢慢将酒按含糖比重的不同依次加入杯中,糖分最大的在底层。调制这一类鸡尾酒应注意掌握"三度",即力度、速度和角度,以免造成酒液分层不明显或酒液部分融合。具体步骤如下。

第一步:准备器具,如量酒器、酒吧匙、子弹杯或长饮杯。

第二步:注入酒。控制酒的斟倒速度,右手大拇指和其余四指捏住量酒器,手臂缓缓向上抬起,让酒均匀流入或滴入酒杯中。

第三步:清洗器具。量酒器和酒吧匙清洗,右手大拇指和四指环握量酒器端,左手大拇指、食指和中指捏住酒吧匙的中部将量酒器和酒吧匙放入清洗桶中,右手顺时针转动量酒器,左手逆时针转动酒吧匙清洗。

第四步:调和。用酒吧匙贴紧杯壁缓缓倒入,左手大拇指、食指和中指捏住酒吧匙的中部将酒吧匙贴近杯壁,右手大拇指和其余四指分开捏住量酒器,手臂缓缓向上抬起,让酒沿着酒吧匙缓慢均匀流入或滴入酒杯。

第五步:擦拭酒吧匙。右手握住量酒器,左手大拇指、食指和中指捏住酒吧匙的中部,将酒吧匙正放于口布的一角,右手用大拇指和食指掀起口布角擦拭酒吧匙。

第六步:擦拭量酒器。右手大拇指和其余四指捏住量酒器,左手掀起口布的一角并用大拇指塞入量酒器,右手大拇指和食指旋转量酒器擦拭。调和法见图7-56。

在使用调和法时需要按配方要求,在酒杯中倒入第一层酒水,然后将酒吧匙紧贴杯壁,将剩余的酒水依次沿酒吧匙缓慢倒入酒杯中。每层酒水厚度要均匀,层次分明,不能混合。

(四)摇和法

摇和法是将两种以上的饮料或原料以及冰块放入摇酒壶中,通过手腕以及手臂的配合摇动使之混合均匀,再过滤倒入酒杯的调制方法。具体步骤如下。

第一步:准备器具,如量酒器、摇酒壶、鸡尾酒杯。

第二步:注入材料。向摇酒壶内加入所有原料,右手大拇指和其余四指捏住量酒器,依次倒入准确量好的原料,均匀加入冰块。

第三步:组合调酒壶。英式摇酒壶共分为3部分,依次将壶身、过滤器、壶盖组合完成。

第四步:摆正姿势。左右手握壶,右手大拇指按住顶盖,用中指和无名指夹住摇酒壶,食指按住壶身,左手中指和无名指同时按住壶底,食指和小拇指夹住壶身,大拇指按住过滤器。

第五步:摇和。手握摇酒壶向前方推出,到达手臂夹角约90°的位置,再收回至原位,不同酒液特征不同,摇和的时间也不相同,一般约为15次,或摇酒壶起霜。

第六步:出品。注入杯中,将摇酒壶的壶盖打开,左手将酒杯扶住,右手持壶将过滤的鸡尾酒倒入酒杯之中。摇和法见图7-57。

图 7-56　调和法

图 7-57　摇和法

摇和法使用调酒器把酒水按配方量倒入调酒杯中,加入冰块,把各种成分迅速冷却混合。摇和完成后,将过滤器放在调酒杯口,迅速将调制好的酒水滤出。在使用调酒壶时,应先把冰块及原料放入壶体,然后加上过滤器和壶盖。过滤器必须放正,否则摇晃时壶体的材料会渗透出来。

任务二　认知酒水服务与管理

任务描述

酒水服务有一定的技术性,尤其是在社会交往的正式活动和规模较大的餐饮活动中,酒水服务的技术性显得十分突出;酒水管理直接关系到企业经营的成败。通过任务二的学习,了解掌握酒水调制操作流程和标准、酒水服务具体工作和标准、酒单筹划与设计、酒水原料管理相关知识;通过技能的训练,充分认识到只有将一丝不苟、精益求精的精神融入训练和工作的每一个环节,才能制作出精美的作品,提供完美的服务。

任务目标

(1)熟悉酒水调制操作流程,掌握操作标准。

(2)熟悉酒水服务具体工作,掌握服务标准。

(3)熟悉酒单筹划与设计、酒水原料管理,掌握酒水管理的方法。

任务导入

情景一:David是某酒吧的实习调酒师,第一天上班,在酒吧开业前的准备工作中,清洗器具时,将不锈钢调酒工具和玻璃杯具同时清洗,导致玻璃杯有破损,受到经理的批评,增加了酒吧的经营成本。在摆放酒杯时,David对酒杯类型记忆不准确,鸡尾酒杯、葡萄酒杯、香槟杯等摆放混乱,造成在服务过程中,手忙脚乱,引起客人的不满。

情景二:李先生在酒吧点了一份"金汤力"鸡尾酒,该鸡尾酒是用一盎司金酒加适量汤力水调制而成的。调酒师接到点单后,立即当着客人的面随手倒了一份金酒,然后兑上汤力水递给客人。客人不接受这杯鸡尾酒,认为金酒不足量,要求退还。后来,调酒师只好重新用量杯制作,给他换了一份。由于调酒师未按照标准配方调制酒水,导致客人退还酒水,造成酒水的损失和浪费,增加了酒吧的经营成本。

问题思考:

(1)请围绕职业能力、职业精神和服务意识等方面,谈一谈一位优秀的调酒师应该具备哪些素养?

(2)鸡尾酒调制的服务程序和出品标准?

知识精讲

一、酒水调制操作标准

(一)酒水调制的工作程序

调制鸡尾酒时要特别注意顺序和调制的原则。

❶ 调制前的用品准备

(1)拿到鸡尾酒的配方后,分析主要原料,进行酒品准备;使用规定的合格酒水,不能以其他酒水随意代替或用劣质酒水。

(2)对调制工具的卫生进行检查,量杯、酒吧匙要保持清洁,尤其是调酒器具和电动搅拌机,每使用一次就要清洗一次。

调酒师国家
职业技能
——2 基本
要求

(3)酒杯要擦干净,透明光亮,调制时手只能拿酒杯的下部。

(4)水果、装饰物要选用新鲜水果,切好后用保鲜膜包好,放入冰箱备用。

(5)使用新鲜的冰块。

❷ 酒水调制操作流程

(1)传瓶:指把酒瓶从工作台上取到手中的过程。用左手拿瓶颈部传到右手上,用右手拿住瓶的中间部位,或直接用右手从瓶的颈部上提至瓶口,要求动作快、稳。

(2)示瓶:指把酒瓶展示给客人。用左手托住瓶底部,右手持中间部位,成45°角,将酒标面向客人。传瓶到示瓶应是一个连贯的动作。

(3)开瓶:用右手拿住瓶的中下部,左手中指逆时针方向向外开酒瓶盖,并用左手拇指和食指夹起瓶盖。开瓶是在酒吧没有专用酒嘴时使用的方法。

(4)量酒:开瓶后,用左手的中指和食指夹住量酒器中间最狭窄的部分,两臂略微抬起呈环抱状,把量杯放在容器的正前上方约3 cm处,量杯要端平,用右手将酒倒入量酒器,倒完之后收瓶,同时将量酒器中的酒倒进所用的调酒用具中,然后用左手顺时针方向盖上盖子。

(5)调酒:要严格按照配方调制酒水。原料准备就绪后,开始对鸡尾酒的调制方法进行分析。不同的鸡尾酒有不同的调制方法,酒吧常用的是英式调酒法,它是传统的鸡尾酒调制方法。

(6)制作装饰物:选择相适应的装饰物,进行制作、装饰。

❸ 调制后收尾工作 清理工作台、清洗所有的调酒用具,并将所用过的酒瓶及调酒器具放回原处。

(二)酒水调制的标准

❶ 酒水调制标准的衡量指标

(1)时间:调完1杯鸡尾酒的规定时间为1 min。实际操作中,要求一位熟练调酒师在1 h内能为客人提供80～120杯酒水。

(2)姿势:调制鸡尾酒时要求调酒师动作熟练、姿势优美,不能有不规范的动作。

(3)仪表:调酒师的形象既影响酒吧的声誉,也影响客人的饮酒情绪,所以调酒师工作时一定要仪表整洁。

(4)调法:调酒方法与酒水要求一致。

(5)程序:调制鸡尾酒时要严格按照配方要求逐步操作。

(6)酒杯:所用的酒杯与鸡尾酒要求一致,不能用错酒杯。

(7)用料:要求用料准确,少用或错用主要原料都会破坏鸡尾酒的标准口味。

(8)装饰:装饰应与酒水要求一致,并做到操作卫生。

(9)颜色:颜色深浅程度应与配方要求一致,太浅或太浓都会影响酒水的整体美观。

(10)香气:香气的浓度要符合鸡尾酒的香型。

(11)味道:调出饮料的味道正常,不能偏重或偏淡。

(12)卫生:多数饮料是不需要加热而直接提供给客人的,所以在操作上的每个环节都要严格按卫生要求和标准进行。任何不良习惯都会直接或间接影响卫生状况。

机器人
调酒师

❷ 酒水调制的服务程序及出品标准

(1)使用调酒壶调制鸡尾酒:在酒吧服务中,使用调酒壶调制鸡尾酒的服务程序及出品标准见表7-1。

表7-1 使用调酒壶调制鸡尾酒的服务程序及出品标准

服务程序	出品标准
准备调酒壶	先放入冰块,再放入果汁等辅料,最后加入基酒
拿取调酒壶	• 将外盖盖紧使酒液不能透出,拿取时食指应紧扣外盖,拇指和其他手指握住调酒壶,平稳地扣在手掌中 • 壶身悬空,不可贴在掌心中
摇制鸡尾酒	• 用双手或单手上下摇摆调酒壶,注意姿态美观 • 时间不应过久,只要摇至酒液混合变冷即可,或摇至酒壶外面出现白霜即可
倒入酒杯内	• 去掉外盖,将壶内饮料滤入酒杯 • 同时向两个酒杯内倒入饮料时应轮流进行,以保持两杯饮料浓度、口味、颜色的一致

(2)使用手工搅拌调制鸡尾酒:在酒吧服务中,使用手工搅拌调制鸡尾酒的服务程序及出品标准见表7-2。

表 7-2　使用手工搅拌调制鸡尾酒的服务程序及出品标准

服务程序	出品标准
准备调酒材料	• 先将冰块放入摇酒壶内,然后依次放入果汁等辅料,最后倒入基酒
调制鸡尾酒	• 用酒吧匙轻轻搅拌至各种材料完全调和为止
倒入酒杯中	• 盖上中层过滤盖,将混合后的鸡尾酒隔冰过滤到所需的酒杯中

(3)使用电动搅拌机调制鸡尾酒:在酒吧服务中,使用电动搅拌机调制鸡尾酒的服务程序及出品标准见表 7-3。

表 7-3　使用电动搅拌机调制鸡尾酒的服务程序及出品标准

服务程序	出品标准
准备调酒材料	• 将碎冰放入电动搅拌机内,然后依次放入果汁等辅料、基酒
调制鸡尾酒	• 确认壶身和电动搅拌机底座吻合后,盖上壶盖 • 左手按并扣紧壶盖后,右手按动搅拌开关,使各种配料充分调匀
倒入杯中	• 关闭电源,拿起搅拌壶,去盖后,倒入酒杯中即可

二、酒水服务标准

(一)服务前的准备工作

酒水服务前的准备工作主要包括清洁整理工作区、酒水、器具补充工作、调酒准备工作。

❶ 清洁整理工作区

(1)吧台与工作台的清洁:清洁时要用湿毛巾擦拭,如有污迹则可用清洁剂,最后用干毛巾擦干。

(2)酒瓶与罐装饮料的表面清洁:每日用湿毛巾将瓶装酒及罐装饮料的表面擦干净,以符合食品卫生标准。

(3)酒杯与调酒器具的清洁:清洁与消毒要按照规程做,即使没有使用过的酒杯每天也应重新消毒,要求无水渍、无破损。

(4)酒柜的清洁:酒柜要每天清洁,擦酒柜玻璃时要用干的口布清洁,不要用带水的抹布擦拭。

❷ 酒水、器具补充工作

(1)填写《领料单》,领取物品。根据每天所需酒水数量和食品数量填写《领料单》,送管理人员签字。根据《领料单》去仓库领用酒水、食品等,领取物品时要核对数量并检查质量。

(2)存放酒水饮料。酒水、果汁、牛奶等应尽快放入冷藏柜,瓶装酒一般应存入酒柜或在陈列柜上陈列。陈列时注意摆放合理,葡萄酒、烈性酒、配制酒等分开摆放,贵重酒和普通酒分开摆放。

(3)酒杯和瓷器以及各种表格(酒水供应单、领货单、调拨单等)、笔、记录本、棉织品等用品,应按照规定的领用手续领用。

❸ 调酒准备工作

(1)取放冰块:用冰桶从制冰机中取出冰块放进工作台上的冰块池中,把冰块池放满,没有冰块池的可用保温冰桶装满冰块,盖上盖子放在工作台上。

(2)配料:如辣椒油、胡椒粉、盐、糖、豆蔻粉等放在工作台前面,以备调制时取用;鲜牛奶、淡奶、菠萝汁、番茄汁等,开罐装入玻璃容器,橙汁、柠檬汁要先稀释再倒入瓶中备用,存放在冰箱中;其他调酒用的水也要放在伸手可拿到的位置。

(3)准备水果装饰:橙角、柠檬片、柠檬角等水果装饰物要预先切好,放在碟子中备用,表面封上保鲜膜;红樱桃取出应用清水冲洗后放入杯中备用,以上几种装饰物都放在工作台上。

(4)准备用具:把酒杯拿到清洗间消毒后按需要放好,工具用餐巾垫底摆放在工作台上。量杯、酒吧匙、冰夹要浸泡在干净水中;杯垫、吸管、调酒棒和鸡尾酒酒签也要放在工作台上。

(二)待客服务的工作标准

待客服务的工作程序主要包括以下几个步骤:迎宾入座、递送酒水单、点酒开单、调制酒水、服务酒水。

❶ **迎宾入座**

(1)迎候顾客:当客人到达时,服务人员应精神饱满地迎接,面带微笑主动招呼客人。

(2)引领入座:用适当的步调,匀速走在客人的侧前方,用手势示意座位的方向,为其拉椅入座。

❷ **递送酒水单** 当客人坐下后,服务员或调酒师应及时递送酒水单,然后暂时离开,让客人有时间详阅,片刻后再上前询问其需求。如果客人要求服务员或调酒师提出建议,服务员或调酒师应权衡客人的喜好及配饮原则行事。

❸ **点酒开单** 调酒师或服务员在填写酒水供应单时要重复客人所点的酒水名称、数目,避免出错。为避免客人因点酒发音不清楚或调酒师精神不集中听错而做错饮品,所以要特别注意听清楚客人的要求。

❹ **调制酒水** 调酒师按照订单上的要求准确迅速地提供酒水饮料。对于柜台边的客人,调酒师要先为早到的客人调制酒水,若有五六位客人同时点酒水时,不必慌张忙乱,可先一一答应下来,再按次序调制。

❺ **服务酒水** 调制好酒水后可先将酒水、纸巾、杯垫和小食放在托盘中,放到客人面前;对于在酒吧吧椅上就座的客人可直接放在酒吧吧台上而不必用托盘。使用托盘时要注意,将大杯的酒水放在身边的位置,从最先开单的那位客人开始,顺时针绕台从客人右侧递送饮料杯或酒杯,每递送或斟倒一份酒水时,应先说明名称,以确认和订单中的酒水一致。随时注意观察台面,看到客人的酒水快喝完时要询问客人是否添加,随时撤空杯或空瓶罐。

(三)送客后的收尾工作

送客后的收尾工作主要包括结账服务、送客服务、清理台面。

❶ **结账服务** 客人要求结账时,要立即到收款员处取账单,拿到账单后要检查一遍,看台号、酒水的品种、数量是否准确,询问结账方式,迅速为客人结账。

❷ **送客服务** 客人结账后,上前拉椅,提醒客人带好自己的随身物品,如客人存放的衣物,据客人交回的记号牌帮客人取回,并提醒客人进行核实。礼貌送别客人,欢迎再次光临。

❸ **清理台面** 要等客人全部离开后才能动手收拾台面或吧台,先把脏的酒杯全部送到清洗间,清洁消毒后再取回;清理小食,收回小食盘、杯垫和没用过的餐巾纸;然后将台面或吧台擦拭干净,恢复后迎接下一位客人。

三、酒水管理

(一)酒单筹划与设计

❶ **酒单的种类** 酒单是酒吧为客人提供酒水品种和酒水价格的一览表,是客人购买酒水的主要依据,酒吧销售酒水的重要工具。由于各种类型的酒吧和餐厅经营方式、提供酒水存在差异,因此酒单的种类也各不相同。常见的酒单有酒吧酒单、葡萄酒吧酒单、娱乐厅酒单、餐厅酒单、客房迷你吧酒单。

❷ **酒单的设计** 酒单的设计应充分考虑目标客人群体的需求及消费能力、原料的供应情况、调酒师的技术水平及酒吧设施和季节性的因素。酒单设计的内容包括酒水品种、酒水名称及代码、酒水价格、销售单位、酒品介绍等。

(1)酒水品种:酒单中的各种酒水应按照其特点进行分类,每个类别列出来的酒水品种都不能过多;设计酒水品种时,应注意其味道、特点、产地、级别、年份及价格的互补性,使酒单上的每一种酒水产品都具有特色。

(2)酒水名称:酒水名称是酒单的中心内容,酒水名称直接影响客人对酒水的选择。因此,设计酒水名称要真实,尤其是鸡尾酒;酒水产品要名副其实,必须与名称相符;酒单上的外文名称及翻译后的中文名称要正确。

(3)酒水价格:酒单上应该注明酒水的价格,如果在酒吧服务中加收服务费,必须在酒单上注明。若有价格变动,应立即更新酒单。

(4)销售单位:销售单位是指酒单上在价格右侧注明的计量单位,如瓶、杯、盎司,如对白兰地、威士忌等烈性酒,注明销售单位为1盎司(oz);对葡萄酒,注明销售单位为杯(glass)、1/4瓶(quarter)、半瓶(half)、整瓶(bottle)等。

(5)酒品介绍:酒品介绍是酒单上对某种酒水产品的解释或介绍。酒品介绍以精练的词语帮助客人认识酒水产品的主要原料、特色及用途,使客人可以在短时间内完成对酒水产品的选择,从而提高服务效率。

❸ **酒单酒水定价**　酒单上的饮品,是以其价值为主要依据制订销售价格的。在制订酒水价格时,经营者必须考虑经营目标、价格目标、酒吧投资回收期及预期收益,同时还要考虑竞争对手定价状况、客人需求特点和消费水平等因素。

(二)酒水原料管理

❶ **采购管理**　酒水采购管理的目的在于保证酒水产品生产所需的各种主辅料的适当存货,保证各种主辅料的质量符合要求,保证按合理的价格进货,以最终保证供应。酒水采购管理的内容包括以下几点。

(1)品种:必须通过市场调研仔细地分析客源市场和客人的喜好,确定酒水采购的品种,以避免浪费。

(2)供应商:在选择酒水供应商时应考虑供应商的地理位置、财务稳定性、信用状况、业务人员的业务技术能力、交货周期、价格的合理程度等因素。

(3)数量:一般而言,酒水的储存时间较长,因此可以适当批量选购,很多酒吧的酒水采用"永续盘存表"制度。

(4)质量:根据使用情况,酒吧的通常做法是先从各类酒中选择一种价格较低或价格适中的品牌,作为通用牌号,其他各种牌号的烈酒则作为指定牌号。

(5)制订酒水采购订单:每个企业都应保存书面订单,以便到货时核对,书面订单可防止订货牌号、数量、报价、交货日期等方面的误解和争论。

❷ **验收管理**　酒水验收管理的内容包括以下几个方面。

(1)核对到货数量是否与订单发票上数量一致。

(2)核对发货票上的价格是否与订购单上的价格一致。

(3)检查酒水质量。应从酒水的度数、保质期、颜色、有无沉淀、有无破损、有无瓶口拆封、有无瓶盖松动等方面,来检查酒水的质量是否符合要求。

(4)验收之后,验收员在每张发票上盖验收章并签名。

(5)验收员应根据发票填写验收日报表,然后送财务部,以便在进货日记账中入账和付款。

❸ **库存管理**　由于酒水品种繁多,且许多高级的酒类价格昂贵,因此应加强酒水的库存控制,避免因储存不当导致酒水成本上升。酒水储存仓库要有足够的储存和活动空间,确保通风良好,保持干湿度和适当的温度,避免强光照射,防震动干扰。酒水储存控制要注意尽量分区定位摆放,做到合理放置,做好酒品登记,打上储存标记。

❹ 发放管理

（1）审批人管理：酒吧必须以制度的形式确定酒水发放的各级审批人，掌握酒水使用情况的动态信息，根据客观需求进行酒水审批，以动态的眼光把握酒水分配量。

（2）执行人管理：执行人涉及酒水发放过程各方面的人员，领用酒水需凭部分主管或其他有审批权限的人员签署的《领料单》，在项目填写完整之后发料人员才可以发料，严禁先出货后补手续的做法，严禁白条发货。

（3）发放区域管理：仓库是酒水存储重地，每种酒水对储藏环境和条件都有严格、明确的要求，如果大量人员频繁进出仓库，会极大地影响储藏环境，应当尽量在仓储空间之外设置专门的发货发放区域，领货人在此区域点数交接，不直接进入仓库领料。

（4）发放时间管理：发放时间可以根据酒水的用途，采取定时和不定时相结合的办法。

（5）酒水交接管理：在进行酒水交接时，发料人和领料人都必须要按照《领料单》复核，检查点清所发酒水的品种、规格、数量，确保无差错时才可出库。

酒水账单管理注意事项

酒水销售的相关指标

相关知识

鸡尾酒的品鉴

作为调酒师，特别是有经验的调酒师，不但要懂得如何调制鸡尾酒，而且要会品尝、鉴别调制好的鸡尾酒品种。品尝鸡尾酒分为3个步骤：观色、嗅味、品尝。

（1）观色。调制好的鸡尾酒都有一定的颜色，通过观色可以初步判断其配方和分量是否准确，如红粉佳人调制好后呈粉红色，青草蜢调制好后呈奶绿色，马天尼调制好后清澈透明，如水一般。如果颜色不对，则整杯鸡尾酒就要重做，不能出售给客人，也不必再去嗅味了。如彩虹鸡尾酒，只要观色便可断定是否合格，任意一层浑浊了都不能出售。

（2）嗅味。嗅味是用鼻子去闻鸡尾酒的香味，但在酒吧中进行时不能直接拿起整杯酒来嗅味，而要用酒吧匙。凡鸡尾酒都有一定的香味，首先是基酒的香味，其次是所加进的辅料或饮料的香味，如果汁、甜酒、香料等各种不同的香味。变质的果汁会使整杯鸡尾酒报废。

（3）品尝。品尝鸡尾酒不能像喝开水那样，要小口地喝，喝入口中要停顿一下再吞咽。如此细细地品尝，才能分辨出多种不同的味道。

项目小结

通过项目七的学习，我们对酒水调制与酒水服务管理相关概念、相关分类有了清晰的了解，并了解了酒吧中涉及的酒水服务知识和管理，我们以思维导图总结（扫描二维码即可获取）。

思维导图

同步测试

同步测试答案

一、选择题

1．以下不是鸡尾酒组成部分的是（　　）。
　A．基酒　　　　B．辅料　　　　C．调酒工具　　　　D．装饰物

2．以下不属于鸡尾酒基酒的是（　　）。
　A．金酒　　　　B．中国白酒　　　C．威士忌　　　　D．利口酒

3．以下属于调酒原料中的辅料是（　　）。
　A．糖浆　　　　B．白兰地　　　　C．伏特加　　　　D．金酒

4. 酒水调制操作流程包括( )。
A. 传瓶　　　　B. 示瓶　　　　C. 开瓶　　　　D. 量酒　　　　E. 调酒、制作装饰物
5. 酒水服务前的准备工作主要包括( )。
A. 清洁整理工作区　　　　　　B. 酒水补充
C. 器具补充　　　　　　　　　D. 调酒准备工作
6. 待客服务的工作程序主要包括以下哪几个步骤?( )
A. 迎宾入座　　B. 递送酒水单　C. 点酒开单　　D. 调制酒水　　E. 服务酒水
7. 酒单设计的内容包括( )。
A. 酒水品种　　　　　　　　　B. 酒水名称及代码　　　　　　C. 酒水价格
D. 销售单位　　　　　　　　　E. 酒品介绍
8. 酒水原料管理一般包括( )。
A. 采购管理　　B. 验收管理　　C. 库存管理　　D. 发放管理
9. 酒水验收过程中一般特别注意( )方面是否有出入。
A. 数量　　　　B. 品种　　　　C. 质量　　　　D. 价格

二、简答题

1. 搅和法和调和法的区别有哪些?
2. 畅想鸡尾酒创意对于酒吧的影响。
3. 酒水调制操作流程及标准是什么?
4. 准确描述使用调酒壶调制鸡尾酒的服务程序及出品标准。
5. 待客服务的工作程序主要包括哪几个步骤?

项目八

探寻菜点属性与筵席审美

扫码看 PPT

项目描述

筵席是烹饪技艺的集中反映,是饮馔文明发展的标志之一,是饮食文化遗产的重要组成部分。菜点作为餐饮的核心产品,菜点的质、味、触、香、色、形等是人们追求美食的目标,也是判断菜点品质的标准,研究菜点的属性与筵席审美,满足人们由生理到心理,由粗放到精细,由形式到内容,由单一到多元的饮食需求,我们从对菜点属性的研究扩大到对筵席审美的探索,涉及与饮食相关的社会环境和文化环境,从而使餐饮智能管理专业学生能够更加全面系统地掌握有关菜点及筵席审美的相关知识。

项目目标

(1)掌握菜点属性的概念和构成。
(2)熟悉筵席的基础知识,包括其含义、发展过程及特征。
(3)掌握筵席的审美标准。

任务一　解析菜点属性

任务描述

中国菜点是中国传统烹饪艺术的一个突出代表,而菜点的"属性"则是中国菜点的显著特点之一,也是我们通常用以鉴别、评论菜点与烹调技术质量的主要标准。任务一将从营养、味道、口感、香气、色彩、形态、盛器 7 个方面客观、全面、科学地对菜点的属性进行分析。

任务目标

(1)熟悉菜点的属性。
(2)掌握菜点营养、味道、口感、香气、色彩、形态、盛器 7 大属性的具体内涵。

任务导入

北京大董烤鸭店创始人董振祥先生认为:烹饪在某种意义上就是一门艺术,是一门综合了味觉、触觉、嗅觉、视觉的艺术。他创造性地提出了中国意境菜的概念,其装盘设计,不似之似的意象造型与传统绘画的美学、小中见大的写实艺术手法如出一辙,力求达到源于自然又高于自然的审美效果,如"江雪糖醋小排"的意境构思来自柳宗元的《江雪》，将其意境皆浓缩于咫尺盘盏之内。与菜品意境相关的员工服务方式也为顾客营造了一种审美的意境。上菜时，服务员一边浅声低吟"孤舟蓑笠翁，独钓寒江雪"，一边潇洒地扬手，从空中纷纷地洒下洁白的雪花，随视线落在桌面的是一盘墨黑色石器上承载的绛红色小排。大董意境菜是"皿中画"但不是画；是"皿中景"但又不是盆景。它的艺术造型皆是为了提高菜点的品位，皆是为了服务于顾客的品位需求。

董振祥先生对于烹饪的执着追求与不断创新，展示了烹饪大师的成长之路与奋斗之路，也让烹饪专业学子感悟到对专业执着追求的价值所在。

问题思考：

查找资料，分析董振祥先生提出的中国意境菜是从哪一方面对菜点进行了创新？

→ 知识精讲

一、菜点属性的内涵

界定菜点的属性，首先要从属性的本质入手。属性是指物质的固有特性、特征、特质。其包含物质的物理及化学性质，并且涵括了与物质有关联的其他物质载体，是一个综合性的表现形式。根据属性的本质，菜点属性可以概括为食物原料在饮食习俗引导下，经过烹饪工艺制成的菜点所具有的特性和特质。菜点的特性和特质不仅包括菜点外在的表现形式，即菜点的质、味、触、香、色、形等及它们之间的关系，还包括菜点内在的本质，即菜点的营养性和安全性。菜点属性是由诸要素组成的系统及各个组成要素之间相互联系、相互作用的方式。

二、菜点属性的构成

（一）营养属性

营养是机体摄取、消化、吸收和利用食物中的养料以维持生命活动的生物学过程。菜点的营养属性是菜点的本质属性，也是人们就餐吃饭的最终目的。当一种菜点中的营养素和能量满足人体需要的程度高时，其营养价值就高。因此，整体判断一种菜点的营养价值，涉及营养素的种类、质量和数量，主要包含食物的营养素种类、营养素之间的比例、营养素质量和食物中的非营养素成分4个方面。不同的原料、不同的烹饪方式，使各种营养素实际吸收利用率相差很大。因此，评价菜点营养价值的高低，不仅包括营养素的含量与质量、种类的多少，还应搞清烹饪过程中营养素的损耗率和实际吸收利用率。营养素含量和质量是菜点营养价值的基础，需要研究和思考的是如何保持其量和质不发生变化或少发生变化。另外，通过适当的原料搭配、适当的烹饪方法来增加或提高菜点的营养价值，也是现代烹饪工艺研究的主要内容之一。

（二）味道属性

味道，即菜点的呈香物质在口腔中给予味觉器官刺激的感受，是一种狭义的味感，并不包括物理及心理感受，仅指菜点特有的能尝到的酸、甜、苦、辣、麻、咸、鲜7种单一味和咸鲜味、咸甜味等18种复合味。菜点的味道属性是菜点风味特征的集中体现。中式菜点对味道的追求，自古以来都放在最重要的位置上，通过对菜点味道的调配，来达到愉味悦情的目的。从菜点味道呈现的过程来看，菜点的味道主要通过人的味觉和嗅觉来感受，也因为味道属性所呈现的多样性和人体感官的能动性，两者互相影响，使得菜点味道呈现出多样性和复杂性。因此，菜点的味道属性是菜点的核心属性，也是烹调工艺研究的核心内容。中国菜点可谓"一菜一格、百菜百味"，而菜点的味道主要被原料选择、火候掌握、调味讲究3个步骤影响，最终达到醇正、清鲜，油而不腻，咸而不苦，鲜而不恶，酸而不酷，辣而不烈，甜而不浓，苦而不显，浓厚而不糊重，清香而不淡薄。烹制各种菜点要达到"五味调和百味鲜"，以鲜为第一。

（三）口感属性

口感，即菜点与口腔接触时所产生的一种触感，表现为对食物的咬断、咀嚼、品味、吞咽的反应。根据接触时菜点形变与受力的大小，其应力感受所获取的刺激作用于人脑，形成细嫩、滑嫩、柔软、酥松、焦脆、酥烂、肥糯、粉糯、软烂、黏稠、老柴、粗糙、滑润、外焦内嫩、脆嫩爽口等多种口感类型。菜点口感是由原料的结构和不同的烹饪方法形成的，要随菜选料，因料施艺。主辅料及配料要"脆配脆，软配软"，如爆双脆，必须用肚仁和鸡胗相配，且形态大小、厚薄相近，剞刀深度一致；也有软脆相配情形，如冬笋肉丝，一硬一软，入口别具风味，但烹调时要注意火候调节，保持各种原料的性质特点。与此同时，人的口感多样，有的喜欢香脆，有的喜欢软嫩；少年儿童喜食脆的菜点，中青年人喜食硬、酥、肥、糯的菜点，老年人喜食酥烂、松软、滑嫩的菜点。

（四）香气属性

香气，即菜点气味分子扩散进入鼻腔而产生的感觉，包括能嗅到的酱香、脂香、乳香、菜香、菌香、酒香、蒜香、醋香等香气。香是菜点之气，人们进食时总是未尝其味，先闻其香。嗅觉较味觉灵敏得多，但嗅觉感受器比味觉感受器更易疲劳，对气味的感觉总是减弱得相当快，所以，菜点香气力求纯正持久，浓淡适宜，诱发食欲，给人以快感。具体而言，香气包含原料香气和菜点香气，其中原料香气包含骨香（原料本身具有的清香，如芹菜、老母鸡，烹调时很少用香料，以免喧宾夺主）和气香（原料自身缺乏香气甚至还有些不良气味，烹饪时须用香料增香，如鱼翅、海参离不开葱、油增其气香），菜点香气包含调料香气和混合香气（两种或多种原料混合煮熟时发出的混合香气）。烹饪中为了追求菜点香气，常用挥发、吸附、渗透、溶解、矫臭等方式来增加香气。菜点越热，香气物质挥发得越多，人的嗅觉灵敏度在37~38 ℃时最高，因此要保证菜点温度，如叫起即烹、成菜快上、传菜加盖等方法。

（五）色彩属性

色彩，即通过人的眼睛能够看到的菜点的色泽。色是菜点之肤，既可美化菜点、诱人食欲，又能愉悦心理，还能活跃气氛。绿色菜点给人以清新感，金黄色菜点给人以名贵、豪华感，乳白色菜点给人以高雅、卫生感，红色菜点具有喜庆、热烈、引人注目的作用。从色彩营养学的角度来看，不同颜色的菜品代表着不同营养素，色彩搭配合理的菜品意味着它的营养配比也是合理的。菜点的色彩，包括主料与辅料色泽的配合、原料与汁液色泽的配合，以及主料与装饰料、器皿色泽的配合所产生的综合色彩效果。由于色泽对人有着强烈的视觉冲击，并由此产生心理、味觉甚至情绪上的反应，因此历来被烹饪工作者所重视。随着人们饮食审美追求的提升，菜点的色彩表现得更为丰富、细腻，也更多地关注了菜点色泽与就餐环境的关系，与生活习俗和饮食习惯的关系。

（六）形态属性

形态，即原料成熟的形态与装盘后呈现的形态。菜点形态是技术与艺术两方面的结合，传统意义上的菜点形态，一直以来都限制在一个比较单一而狭小的范围，即菜点的某一个功能性特征，如菜点原料的刀工处理、菜点原料的外在形态，缺乏现代的形态美学和造型美学理念的渗透，更难将现代形态美学和造型艺术的空间概念引入菜点设计中。菜点的形态同属于物质空间形态范畴，随着人们生活质量的提高，审美意识的觉醒，菜点形态的体现势必要适应现代审美发展和艺术美的要求。菜点形态的体现，至少要满足两个方面的要求：第一，菜点的食用功能性与形式审美性并重；第二，菜点的写实性与艺术造型相融合，即菜点既要满足食用的功能要求，又要彰显菜点的艺术表现形式。两个要求使得菜点在形态表现上和谐美观，诱人食欲，符合人们对美味的需求。此外，菜点的形态还与盛器相关，包括器皿的形状、大小、器皿的质地色彩等。器皿虽然有独立于菜点的个体完整性，但是菜点却不得不依托器皿来呈现，因而，器皿是菜点形态构造不可或缺的重要组成部分。

（七）盛器属性

盛器，古语曰"美食不如美器"，充分说明了器皿在饮食活动中具有举足轻重的地位。中国饮食

盛器的选择

盛器种类繁多,主要有玉器、金银器、漆器、陶器、瓷器等;造型或清秀大方或玲珑小巧,或庄重典雅或富丽堂皇,或精雕细琢或简洁典雅……可谓千姿百态。不仅如此,中国饮食还讲究"因食施器",不同的食物配以不同的盛器,既方便实用,又相互映衬、相得益彰。清代文人袁枚曾提出,在食与器搭配时,"宜碗者碗,宜盘者盘,宜大者大,宜小者小,参错其间,方觉生色。"对于菜点盛器的挑选,虽然并无硬性的规定,但是,必须符合器皿使用的美学原则,必须结合制品的形态、色泽、大小、多少、寓意及整体构思,根据菜点本身的原料特征、烹饪方法及菜点与筵席的主题等来决定,达到配套、一致、协调、美观的效果。盛器大小的选择是根据菜点品种类别、内容、原料的多少和就餐人数。盛器的造型可分为几何形和象形两大类,可依据筵席的主题和菜点的形态来进行选择。盛器材质的选择要考虑到安全性、功能性以及一定的象征意义,如象征荣华富贵的金器银器,象征古典与传统的紫砂、漆器,象征浪漫与温馨的玻璃、水晶,象征乡情与古朴的竹木、石器,象征廉价与方便的纸质与塑料等。

人类从来都按照美的规律来塑造自身。饮食活动既是一种摄取营养的物质活动,也是一种讲究审美和情趣的精神活动。而营养、味道、口感、香气、色彩、形态、盛器正是饮食特征的几个具体表现,通过以上方面的审美追求,人们在享受美食的同时,不仅填饱了肚子,还能体验到精神上的愉悦。

形式美法则

▶ 相关知识

菜点配色方法

(1)顺色配。顺色配只限于暖色调和中性色调,如暖色调的红色(大红、金红、玫瑰红)、黄色(金黄、乳黄、橙黄),中性色调的绿色(翠绿、草绿、墨绿)等。这里要说明的是近色不能互配,如红辣椒与番茄、黄花与鸡蛋,在红、黄、绿三色中任意选两种互配才会体现出鲜明、生动、清爽、雅致的色调,如香椿炒鸡蛋(墨绿色香椿与鹅黄色鸡蛋)、菠萝鸭片(橙黄的菠萝与酱红色的烤鸭片重叠相间)。

(2)逆色配。逆色调即暖色调或中性色调与冷色调互配,这样的配色常常给人以节奏感,跳跃起伏,色彩的反差大,更富有视觉冲击力,也更有韵味,如红与黑的红油海参,红与绿的锅贴螃蟹等。"配"不仅要讲究菜点本身的衬托,还要注重与外界环境的配合,如利用灯光使菜点增色。

任务二 认知筵席

▶ 任务描述

筵席是我国烹饪技艺的集中反映,是饮食文化遗产的重要组成部分。筵席是人们进餐的一种特定方式,具有典雅、隆重、精美的传统规范和社交属性。任务二将带领学生从筵席的含义、起源与发展、筵席的特征与作用、筵席的分类及命名方法等方面来学习。

▶ 任务目标

(1)熟悉筵席的含义与发展。
(2)掌握筵席的特征与作用。

(3)了解筵席的分类及命名方法。

任务导入

南唐李煜即位后,鸩杀了一些北方来的大臣,猜忌心同样也落在了韩熙载身上。韩熙载是北方人,其父被后唐明宗所杀。李煜即位时,他已经是三朝元老,名望很高。为了考察韩熙载是否忠心,李煜命画家顾闳中潜入韩家。不过,在政坛混迹多年的韩熙载已是惊弓之鸟,他预见南唐将被北方统一,灰心于政事,选择了一贯的花天酒地来表达自己"既不会出任上,也不会出事"的心迹。顾闳中不愧是名家,将韩熙载的夜宴场景尽揽在心,《韩熙载不夜宴图》问世了,后来成为十大传世名画之一。比起历来的大宴宾客,韩家夜宴算不上突出,有美食美酒、文人政客、歌舞管弦。听弦、赏舞、小憩、清吹、别离,人们快然自足,唯独主人公愁眉紧锁、面有难色。然而就是这样一次平凡之宴,埋藏着主人公复杂的心情。这是一场回天无力的夜宴,韩熙载是在夜夜笙歌的风流场里等待亡国的丧钟。

问题思考:
我国古代筵席包含哪些内容?可以承载筵席主人的哪些情感或目的?

知识精讲

一、筵席的含义

"筵席"与古人的祭祀和礼俗活动密切相关,本义表示铺地藉坐的垫子,随着桌椅板凳的出现,人们摆脱了席地而坐的旧习,"筵席"词义发生了改变,成为一种聚餐的方式,是包含着饮食和社交的礼仪活动。

筵与席是铺在地上的坐具。用芦苇或竹子编织比较粗糙的称为筵,铺在地上;然后再把编织精致小巧的席,铺在筵上,酒菜放在席上,每块席就是一个餐位。筵与席的区别主要体现在:筵大席小,筵长席短,筵粗糙席精致,筵铺在地面,席放在筵上。铺席是为了体现筵席的等级与规格,席与筵同设既表示富有,又体现对客人的尊重。人们在这种座具上设置食物,席地而食,称为筵席。

二、筵席的起源与发展

(一)筵席起源

在《周礼》:"司几筵下士二人。"郑玄注:"铺陈曰筵,藉之曰席。"孙诒让的《周礼正义》:"筵长席短,筵铺陈于下,席在上,为人所藉。"从后人作注可知,"筵"和"席"并不是同一种事物,对于二者的使用有明确的区分,古人最开始时的坐姿是席地跪坐,故人们的日常生活中离不开席,席子就地取材易于制作,并且可以防潮,成为生活中的必需品。《说文解字》:"筵,竹席也。从竹,延声。""筵"就是席的一种,它是用竹篾、枝条等编织而成的竹席。"筵"除了有坐垫的意思外,还发展成了衡量房屋面积的计量单位,《周礼》:"室中度以几,堂上度以筵。"

《说文解字》:"席,藉也。""藉"释为作为衬垫的东西,"席"是由蒲草、芦苇等物编织而成的供坐卧铺垫的用具,古人将它放在"筵"的上面,垫在身下使用。在周朝,"席"不仅是一种坐垫,还是身份的象征,不同地位等级的人,席的规制会有所不同。首先是材质的不同,《周礼》:"掌五几五席之名物。"郑玄注:"五席,莞、藻、次、蒲、熊……缫席削蒲蒻展之,编以五采,若今合欢矣,画为云气也。次席,桃枝有次列成文。"其次是层数的不同,《礼记》:"天子之席五重,诸侯之席三重,大夫再重。"最后是坐席的规定,《礼记》:"群居五人,长者必异席。"《论语》:"席不正不坐,割不正不食。"由此看来,席的礼仪制度是十分严格的。

筵席的发展

(二)筵席的发展

筵席是在古代祭祀的基础上逐渐发展起来的,逐步发展成不再局限于肴馔,成为一种包含着社交与饮食的礼仪活动。筵席的形制经过长时间的发展和完善,大致经历了先秦时期初具雏形、秦汉魏晋时期发展成熟、隋唐五代时期逐渐繁荣和明清时期发展至鼎盛四个阶段。

三、筵席的特征与作用

(一)筵席的基本特征

(1)酒为筵席之魂,菜为酒水而设,筵席必备酒。"酒食合欢""无酒不成席",所以筵席又称酒席。没有酒,表达不了诚意,显示不出隆重,会使筵席显得冷冷清清,毫无喜庆气氛。由于酒可刺激食欲,助兴添欢,宴请自始至终都是在互相祝酒、敬酒中进行。美酒佳肴,相辅相成,才能显得协调欢乐。从筵席编排的程序来看,先上冷碟作用是劝酒,再上热菜作用是佐酒,辅以甜食和蔬菜作用是解酒,配备汤品和果茶作用是醒酒,安排主食作用是压酒,随上蜜脯作用是化酒。筵席中利于佐酒的松脆香酥、调味偏淡的菜点和汤羹占较大的比重,饭点则少而精。这样既使客人高兴喝酒,活跃气氛,又避免了客人酒醉伤身,不欢而散。

(2)菜点品种繁多,讲究搭配顺序。筵席被称为"菜点的组合艺术"。筵席多选用山珍海味和名蔬佳果为食材,重视原料调配、刀口错落、色泽变换、技法区别、味型层次、质地差异、餐具组合与品种衔接。菜点工艺精湛,讲究火候与调味。菜品组合讲究冷热、荤素、咸甜、浓淡、酥软、干湿的调和,同时也讲究菜点上席顺序,这样使筵席气氛由高潮转入低潮,再转入高潮,犹如一部乐章,抑扬顿挫,显示出筵席的丰富多彩。

(3)讲究筵席礼仪,彰显饮食文化。"设宴待嘉宾,无礼不成席"。中国筵席既是酒席、菜席,也是礼席、仪席,讲究气势,注重铺排,强调礼仪,彰显文采。餐室雅丽,餐具华美,菜点精美,服务周到,气氛隆重。筵席安排以尊重、方便客人为出发点,充分体现了中华民族待客以礼的传统美德。现代筵席保留着许多古代礼节与仪式,如发送请柬、车马迎宾、门前恭候、问安致意、敬烟献茶、专人陪伴、入席彼此让座、斟酒杯盏高举、布菜"请"字当先、退席"谢"字出口等。改革开放后筵席也融合了许多国际礼仪,形成了具有中国特色的宴饮礼仪。

(二)筵席的文化特征

(1)精品追求。"精"是筵席文化的内在品质。孔子的"食不厌精,脍不厌细"反映了我们的祖先对于宴饮的精品意识。孔子提出"割不正不食""不得其酱不食",反映出古人对饮食的讲究在中华文化领域里占据了非常重要的位置,当然,这可能仅仅局限于某些贵族阶层。但是这种精品意识作为一种文化精神,却越来越广泛、深入地渗透、贯彻到整个筵席活动过程中。食材精挑、原料精选、切配精细、工艺精到、烹制精湛、餐具精美、菜点精致、酒水精醇、氛围精雅、服务精良、人员精心、礼仪精进……无不追求精益求精。筵席是全方位、全过程地体现着一个"精"字。

(2)美轮美奂。"美"是筵席文化的审美特征。中国"中和为美"的美学思想就是在总结了美食中的"味之和"及音乐的"乐之和"、政治伦理上的"中庸之和"等基础上升华出来的。美是中华宴饮的魅力,贯穿于筵席活动过程的每一个环节。味美是核心,孙中山先生说"辨味不精,则烹调之术不妙"。美还体现在菜点的色美、形美、嗅觉美、质地美与意境美,还表现在器皿美、席面美、装饰美、氛围美、环境美、人员形象美等诸多方面,体现了主人的价值观念与审美情趣。近代,由于学习、借鉴西方宴会文化的长处,中华宴饮文化创新了筵席的内容、形式,充分体现了各国宴饮文化之间的"各美其美,美人之美,美美与共,天下大美"的美好境界。

(3)情感交融。"情"是筵席文化的社会心理功能。吃喝活动是人际情感交流的媒介,人们边吃边喝边聊天,交流信息,沟通情感。朋友离合、迎来送往,可在餐桌上表惜别与欢迎的心情;感情风波、人际误解,也可借酒菜平息,是一种极好的心理慰藉。中华宴饮之所以具有"抒情"功能,是因为"饮德食和、万邦同乐"的哲学思想和由此而产生的具有民族特点的饮食方式。

(4)礼仪隆重。"礼"是筵席文化的伦理道德体现。"夫礼之初,始诸饮食",食礼世代相传,成为中华民族好客尚礼的饮食文化的组成部分。筵席礼仪内容广泛,餐厅的布置、待客的迎来送往、座席的方向位次、台面的点缀美化、箸匙的排列、上菜的顺序、菜点的摆放、菜点的命名等都体现着礼,如要求酒菜丰盛、仪典庄重、场面宏大、气氛热烈,讲究仪容修饰、衣冠整洁、表情谦恭、谈吐文雅、气氛融洽、相处真诚等。尊重宾主的民族习惯、宗教信仰、身体状况和嗜好忌讳等。

"精、美、情、礼"四大特征分别从不同角度概括了筵席所蕴含的餐饮品质、审美体验、情感沟通和人际关系等独特的文化意蕴,也反映了筵席文化与中华文化的密切联系。精与美,侧重于筵席的形象和品质;情与礼,则侧重于饮食的心态、习俗和社会功能,它们相互依存、互为因果。

(三)筵席的作用

中国自古就有"民以食为天""食以礼为先""礼以筵为尊""筵以乐为变"的说法。筵席的起源、形成与发展取决于一定的物质基础(基本解决了衣不蔽体、食不果腹的窘况)和一定的先决条件(如祭祀、礼俗、宫室、器具与节庆等硬软件条件),同时又有主观社会交往需要。筵席成为一种综合性的社会交往活动,蕴含着深厚的文化、科学、艺术与技能,蕴含着中国人认识事物、理解事物的哲理,是中华饮食文化的主旋律之一。在社会活动中,迎来送往、谢师答恩、升迁换位、求助于人、开张择业、商务洽谈,甚至各种政治、外交活动中都要办宴,这种宴请是"醉翁之意不在酒",它借"吃"这种形式表达了一种丰富的心理内涵与社会功能,吃的文化已经超越了"吃"本身,蕴涵着政治、文化、心理等社会意义,成为人类文化不可或缺的重要组成部分。

四、筵席分类

筵席的分类方式依据繁多,依据民族文化特征,可分为中式筵席、西式筵席和中西合璧筵席;依据地方风味,可分为粤式筵席、鲁式筵席、川式筵席、苏式筵席等;依据菜品数目,可分为四六席、六六大顺席、七星席、九九长寿席、十大碗等;依据主要用料,可分为全龙席、全凤席、全虎席、全羊席、全鳝席、全素席等;依据时令季节,分为除夕宴、端午宴、中秋宴、重阳宴等;依据办宴目的,可分为结婚宴、祝寿宴、乔迁宴、谢师宴、满月席等;依据主宾身份,可分为国宴、外宾筵席、民族领袖筵席、社会名流筵席等;依据人名,可分为孔府家宴、北京谭家宴、大千宴、东坡宴等;依据筵席地点,可分为车宴、船宴、野宴、游宴、醉翁亭宴等;依据古代名著,可分为红楼宴、射雕宴、水浒宴等;依据仿制年代,可分为仿唐宴、仿宋宴等;依据筵席的规格,可分为普通筵席、中档筵席、高级筵席、特等筵席;依据头菜名称,可分为燕窝席、海参席、鱼翅席、鲍鱼席、猴头席等;依据风景胜迹,可分为长安八景宴、洞庭君山宴、西湖十景宴等;依据文化名城,可分为开封宋菜席、洛阳水席、成都田席等;依据名特原料,可分为长白山珍宴、黄河金鲤宴、广州三蛇席、昆明鸡粽席等;依据八珍,可分为山八珍席、水八珍席、禽八珍席、草八珍席等;依据民族特色,可分为蒙古族全羊宴、白族乳扇宴等。

五、筵席的命名方法

我国筵席发展历史源远流长,筵席的命名方法也是依据繁多,如依据菜品风味、原料大类、菜点功能、节日欢庆等。

六、古今十大名筵简介

中国的筵席文化博大精深,许多筵席在很大程度上并不在吃,而是有着深层的意义,很多古代有名的宴席在当今更成为广为流传的典故,如满汉全席、孔府宴、烧尾宴等。

筵席的命名方法

古今十大名筵

相关知识

筵席与宴会的区别见表8-1。

表8-1 筵席与宴会的区别

区别维度	筵席	宴会
内涵侧重	筵席含义窄,强调"席",是具有一定规格质量的一整套菜点,引申为整桌酒菜的代称	宴会含义广,范畴较广,强调"会",是众人参加的宴饮聚会
形式内容	仅指丰盛菜点的组合,强调菜品内容;烹饪技艺与服务艺术的集中反映,是酒店名菜、名点的汇展和饮食文化的高度表现形式	有"菜点与服务的组合艺术"的说法。既强调注重菜品内容,又注重聚餐形式;除了"吃喝"外,还有宏大的场面和隆重的礼仪等诸多内容
场面安排	注重席位座次安排,代表着就餐者不同身份、辈分或职位。席位身份有主宾、随从、陪客与主人	强调场景设计与台型设计,突出主桌或主宾席区。主桌的席次座次安排与筵席相同
经营环节	须经过预订、菜单设计、台面设计、菜点制作和接待服务等环节	宴会经营环节复杂,除筵席经营环节外,还包括宴会场景设计、台型设计、宴会程序设计等内容

任务三 探究筵席审美的应用

任务描述

筵席是包含着饮食和社交的礼仪活动,由各种菜点组成,但其设计组合和制作又不同于一般菜点。作为一个完整的流程,筵席有着自身的规律,有着自己独立的审美追求。任务三将带领大家从筵席过程出发,对筵席前奏中的台面、菜单、服务,筵席过程中的菜点以及服务,筵席尾声中的相关内容进行审美分析。

任务目标

(1)熟悉筵席前奏审美的基本内容,包括台面审美、菜单审美、服务审美等。
(2)掌握筵席过程审美的基本内容,主要包括菜点审美和服务审美。
(3)熟悉筵席尾声审美的基本内容。

任务导入

2016年9月4日,G20峰会在杭州召开,迎接各国首脑及外方代表团的欢迎晚宴在杭州西子宾馆举行,体现了"西湖元素、杭州特色、江南韵味、中国气派、世界大同"的基调。G20峰会欢迎晚宴厅名曰"漪园",源于乾隆南巡时的御赐匾额。其建筑与园林、西湖山水浑然一体,室外园林移步易景,室内观赏一窗一景,建筑的内部装饰选用东阳木雕、青田石雕、安吉竹艺、铜雕等非物质文化遗产的浙江传统手工技艺,为世界呈现一派杭州元素,江南韵味的独特建筑风格。

筵席主桌为31 m长的主宴会台,展现出一幅自然秀美的西湖画卷,将雷峰夕照、断桥残雪、三潭印月等西湖绝美景点"搬"上了餐桌,将中式园林造景手法和现代设计理念相结合,融入以东阳木雕、龙泉青瓷、竹编、果蔬雕等浙江传统技艺元素,全景展现西湖美景。

晚宴用瓷为"西湖韵"的主题餐具,该套瓷器的花面取西湖全景,用淡彩国画的表现手法,表现西湖烟雨朦胧、诗情画意的景致,尽显江南山水醉人之美。晚宴菜单先从16套菜单中初步删选,再到各个部门选定,最后呈现出6套,这6套菜单,最后会通过外交部发往各个与会国家,各国根据自己的饮食习惯,再从中选定五菜一汤。

G20峰会前的准备工作做到"安全运行万无一失,接待服务滴水不漏"。场馆里的每一台电梯都要接受全面检查;展览区、会议区以及办公场所的所有空调也要反复调试;音视频系统必须调试到最佳效果,等等。所有的服务人员,提前两个月便开始进行高标准高要求的系统培训,每天都有基础礼仪训练,上午下午各1个小时的站姿、微笑、走姿训练以及10多斤负重的托盘练习等,要求所有揭盖、上菜、离场动作都要整齐划一。

问题思考:
G20峰会晚宴的筵席之美主要体现在哪些方面?

▶ **知识精讲**

一、筵席前奏审美

(一)筵席台面审美

筵席台面审美是根据筵席主题,采用多种艺术手段,对筵席台面的餐具等物品进行合理摆放,使得席面成为一个具有审美功能的艺术组合形式,可以从餐台摆放和筵席中心饰品装饰两个方面着手。

❶ **餐台摆放** 餐台摆放之美主要体现在形式和礼仪两个方面。形式上,要求摆成几何图形,餐椅摆放整齐划一;台面大小与进餐者人数适应,席位安排有序;台面上的布件、餐具、用具、装饰品要配套、齐全、洁净,色彩与宴会厅环境协调、平衡;餐具、用具摆放相对集中,位置恰当,横竖成行;公用器具摆放对称美观,数量恰当,把、柄、标签朝外,方便客人取用;餐具的图案、花纹、长短、高低搭配合理,其图案方向一致。善于利用不同材质、造型、色彩的餐具进行组合,展现主人的审美倾向。

礼仪上,要尊重各国、各民族的社交礼仪、生活习惯、宴饮习俗、就餐形式和规格,充分体现礼仪之美。主人与主宾的餐位应面向入口,处于突出或中心位置,能环视宴饮场面;按照国际惯例安排翻译陪同的餐位以及其他客人的餐位;餐具、餐巾、台布、台裙的颜色,插花的花卉,餐巾的折花,服务的先后顺序都应符合国际礼仪,尊重民族风俗和宗教信仰。可利用灯光、花草、低墙、屏风隔断等方式进行餐区分隔,归属明确,尊重客人的隐私和自主权,不使相邻客人感到为难或混乱。

❷ **中心饰品装饰** 中心饰品装饰的选择是筵席台面审美取向的另一重要体现,可依据需求选择鲜花造型、雕塑造型、餐品造型等。鲜花造型可为插花、花瓶、花簇等,要求与筵席主题、场景、餐台风格协调,尽量选用鲜花,插花盛器的材质、造型价值应与餐具协调,鲜花造型可以是西式圆球形、西式园林平铺型,四面对称。同时做到清洁卫生、突出主桌、不挡视线、不盖席面、尊重习俗。雕塑造型一般可选择果蔬雕、黄油雕、冰雕、面雕等,一般雕刻一些具有积极意义或民间喜闻乐见的动物,如鹿、鹤、鸟等。也可根据筵席主题制作食品雕刻,能使与会者情趣盎然,如结婚筵席的鸳鸯戏水雕塑,寿席上的松鹤延年雕塑等。餐品造型一般通过台布造型、餐具造型、餐巾造型、菜点造型、果品造型等来打造。通过彼此之间的协调融合,渲染氛围,突出主题,凸显主人审美。

餐品造型构成

(二)筵席菜单审美

❶ **确定菜单格局** 正如菜点的营养属性是其核心属性一样,菜单中菜点格局也是菜单审美的第一步。根据筵席的主题和性质、酒店经营风格、菜品特色、厨师技术力量、筵席成本及菜品数目,依据宾客特点、就餐形式、饮食需求等要求,明确全席的菜点类别及风味特点。将原料最名贵、工艺及造型最讲究的菜点定位"帅菜",辅佐菜品发挥着烘云托月、绿叶的作用,质量要"相称"。

菜单格局基本确定之后,要遵循出品设计原则,统筹兼顾,平行协调。综合考量原料选择的广泛、营养的全面、烹调方法的多样、菜点造型的美观、色彩搭配的协调、装盘器皿特色等方面,做到质、味、触、香、色、形、器的有机配合,冷菜、热菜、点心、主食、水果合理搭配。

❷ **艺术命名菜名** "名从菜来,菜因名传"。菜点命名要紧扣筵席主题巧妙命名,富有情趣艺术,雅致得体,起到烘托宴会气氛的作用。要设计满足人们求平安、求发财、求安康的美好愿望的菜名,但不可牵强附会,滥用辞藻。如寿席的松鹤延年、福如东海、万寿无疆;结婚筵席的百年好合、珠联璧合等。菜名字数以 4～5 个字为宜,最多不要超过 7 个字,一份菜单中每道菜的名字字数最好相等。

菜点命名方法一般有写实性命名方法和寓意性命名方法。写实性的菜名如实反映原料搭配、烹调方法、风味特色或冠以发源地,如表 8-2 所示。寓意性命名方法要抓住菜点某一特色加以夸张渲染,赋予诗情画意,讲究文采和字数整齐一致,工巧含蓄,满足客人的希望、祝愿心理,如表 8-3 所示。

表 8-2 写实性菜点命名方法

命名方法	实例
配料加主料	龙井虾仁
调料加主料	黑椒牛排
技法加主料	红烧鲤鱼
色泽加主料	金银馒头
质地加主料	香酥脆皮鸡
外形加主料	菊花鳜鱼
味型加主料	酸辣乌鱼蛋羹
器皿加主料	铁板牛柳
人物加主料	东坡肉
地名加主料	北京烤鸭
特色加主料	空心鱼丸
数字加主料	一品豆腐
调料加技法加主料	芥末拌鸭掌
蔬果加盛器	西瓜盅

表 8-3 寓意性菜点命名方法

命名方法	实例
模拟实物外形	孔雀迎宾
借用珍宝名字	珍珠翡翠白玉汤
镶嵌吉祥数字	八仙聚会
谐音寓意双关	早生贵子
复演典故传说	舌战群儒

续表

命名方法	实例
赋予诗情画意	百鸟归巢
寄托深情厚谊	全家福

❸ **菜单书写格式** 菜单的书写格式一般有3种,最常用的是提纲式,按照上菜程序只写菜名,体现简便明了之美;排列式,用于广告宣传、纪念菜单,菜名讲究文采,一般寓意性菜名要注上写实性菜名;表格式,以表格形式将菜点的名称、用料、味型、色泽、烹调方法、餐具规格及售价等内容清楚地列出来,常用于厨师生产、员工服务等,多为生产菜单。

菜单的字体要与餐厅风格和筵席主题相协调。隶书、草书以艺术性见长,可用于特殊主题筵席菜单;楷书工整端庄,均可选用。各类菜的标题字体应与其他字体有区别,既美观又突出。字体大小和间距、行距要适当。菜单篇幅应留有50%左右的空白,空白过少、字数过多会使菜单显得拥挤,读来费神;空白过多则给人以菜点不够,选择余地太少的感觉。涉外菜单要有中英文对照,拼写法统一规范,符合文法,以阿拉伯数字排列编号,标明价格,让客人一目了然。

❹ **菜单陈列方式** 菜单陈列方式通常有纸质、实物和电子菜单3种,筵席常用的多为纸质菜单,主要是出于成本以及收藏价值的考量。可选用平放式、竖立式及卷筒式等形式,中、高档筵席通常会专门定制菜单,根据筵席主题进行设计,如中式折扇式菜单、仿古诏书式菜单、竹简式菜单等,并将其作为纪念品,选纸讲究、印刷精美。

电子菜单用于筵席主要是其具有简便、高效的优势,且电子菜单呈现的内容相比纸质菜单要丰富得多,能够更有效展示各种菜点的价格、主辅料、简单烹调方法以及菜式图片,客人可以对各种菜点进行实时组合和调整,对已选择的菜单中某个菜点还可以进行其他同等价格及类别的菜点替换等。

❺ **印刷制作菜单** 一次完整的筵席一般包含席面菜单、销售菜单以及生产菜单,下面我们主要介绍席面菜单在印刷制作过程中的审美要求。一般筵席可选轻巧、便宜的轻质纸,高档筵席要用高级的薄型胶版纸或铜版纸、花纹纸等。从收藏价值角度考虑,可选用其他材质载体当菜单,但要与筵席台面布置相协调,如满汉全席用仿清式的红木架嵌大理石菜单,竹园春色宴用竹简式菜单,红楼宴用线装古书式菜单等。

菜单形状要根据菜点构成、筵席主题及规模等,如长方形、正方形及各种特殊形状(如心形、扇形等),力求使用起来方便,观看起来美观。最易快速阅读的色彩搭配是白(或浅黄色、浅粉色)底黑字,因此,在进行菜单色彩设计时,有纯白、柔和、素淡、浓艳重彩之分,可用一种色彩加黑色,也可用多种色彩,视筵席主题及主人的审美倾向而定。菜单折页、类别标题、食品实例照片宜选用鲜艳色调,采用柔和轻淡的色彩,如淡棕色、浅黄色、象牙色、灰色等。

(三)席前服务审美

席前服务审美体现在组织的准备、人员的准备和物品的准备上。组织的准备即组建专门机构,联络各个部门,群策群力,密切合作,保证筵席的成功举办。人员准备即为本次筵席配备资质适宜、数量充足、分工明确的人员,为筵席提供服务保障。物品准备包括餐具准备、场地布置物品准备以及其他筵席相关物品准备。

其中,餐具的准备尤为重要,筵席餐具的选择要做到数量、功能、审美的统一,符合筵席性质和菜点特征。要求备有不少于总数20%的备用餐具,且不同餐具的备用数量会有所差别,如6寸盆的配备数量=客人数×2+20%的备量。餐具功能审美要求餐具形态符合菜点形态、大小符合菜点份量、色调符合菜点色泽、品质符合菜点档次。同时,谨记餐具是为菜点服务的,不可喧宾夺主,应做到菜、器相应,双辉并艳。

二、筵席过程审美

(一)菜点审美

❶ 菜点实质审美 所谓菜点实质审美是指对食物最本质的功能进行审美,它直接指向饮食的根本意义——营养卫生特性,是菜点的功能美部分,并最终以菜点原料和菜点成品的营养丰富、质地精良贯穿于筵席活动的始终。首先,从人类饮食活动的实质来看,饮食的初衷就是通过食物摄取蛋白质、脂质、糖类、维生素、无机盐、膳食纤维、水等七大营养素,与人体形成"动态平衡",保持人体健康的生理需要。其次,菜点原料或成品的品质美既是各种营养素的物质载体,又是构成菜点味觉美、口感美、嗅觉美、颜色美、形状美的基础。因此,作为筵席核心的菜点首先需要具备的就是实质美,既要符合食物原料的科学规律,即食物原料的营养成分、形状、色泽、气味、味道、质地等自然属性及其在烹饪过程中的变化规律和具体菜点生产的选料规律,又要符合烹饪工艺的科学规律。

❷ 菜点感官审美 菜点感官审美是客人在品尝菜点时,通过感官形成的所有感受,具体为味觉美、口感美、嗅觉美、颜色美、形态美,是在宴饮过程中最容易产生的直观感受。它是实质美不可或缺的表达方式,也是筵席更高意境层次的良好先导。只有菜点的卫生营养、美好味道、宜人香气、绝佳质感、美妙色彩、生动造型各要素统一,才能贴合就餐者的心境。此审美过程虽是通过生物感官接受各种感觉,但美感的形成最终还是源于审美主体的生活习惯、文化背景、地方特色的人文因素等的综合作用。所以,从审美的角度来讲,一方面,它要求筵席的参与者要有健全的审美感官,准确地接收各个菜点的美感。另一方面,它要求筵席的参与者具备一定的饮食审美实践积淀,具有分辨、理解、感受菜点美的能力。

❸ 菜点意境审美 如今,"筵席"是包含着饮食和社交的礼仪活动。因此,筵席菜点审美还有一个意境审美层次,其直接对应"附加内涵特性",它是筵席活动精神享受层面的追求,是菜点美的最高等级,也只有上升到本层次,筵席的主题和意义才能够真正得以实现。具体而言,盛器美即盛装菜点的器皿搭配美,食物与盛器、盛器与盛器、盛器与就餐环境的搭配都是其中的构成要素;筵席环境美不仅指向就餐环境的档次与风格,而且还包括氛围环境——良辰美景、可人乐事更是不可或缺;筵席程序美不仅指饮食种类的营养搭配、感官搭配,还指宴饮活动流程的安排所呈现的节奏化程度;情趣美是指饮食活动中愉快的情趣和高雅的格调所呈现出来的美,往往以与筵席主题相契合的文娱环节来表现,提升筵席活动的娱乐和文化性。

(二)席中服务审美

❶ 时机与位置 筵席中恰当的上菜时机与位置更多是为了让客人更舒适,拥有更好的就餐体验,感受到服务之美。一般在筵席开始前15分钟预先将冷菜端上餐桌。若为一般筵席,当冷菜吃到一半时(10~15分钟)开始上第一道热菜,或主动询问客人是否"起菜",得到确认后即通知厨房及时烹制。其他热菜上菜时机要随客人用餐速度及热菜道数灵活确定。若为重大或特殊筵席,经理现场指挥安排上菜,先上主桌,再按桌号依次上菜,绝可不颠倒主次,以免错上、漏上。注意,要在上完最后一道菜时轻声地告诉副主人"菜已上齐",并询问是否还需要加菜或其他帮助,以提醒客人掌握筵席的结束时间。有关上菜位置,既要方便客人就餐,又要方便员工服务,一般选在不干扰客人或干扰客人最少的地方,应尽量避开老人、小孩及行动不便的客人,靠近服务台便于员工操作。如是正式筵席,选在陪同与翻译人员之间,或副主人右侧,有利于翻译或副主人向客人介绍菜点。严禁从主人与主宾之间上菜。上菜的时机和位置处理得当将直接关系到一场筵席的完整性和流畅度,对于筵席参与者的就餐体验起着重要作用,也是筵席整体审美的重要组成部分。

❷ 节奏与顺序 筵席的节奏与顺序掌握是比较微妙的,虽然不直露,但左右着就餐者的心理和情绪,给筵席过程审美造成影响。筵席的内在节奏,是指菜点的色彩、造型、口味、质感和品种上的差别,由差别让人产生一种感受上的起伏变化,如筵席的第一道是冷菜,可以由若干个品种组成,这若干个品种的冷菜在造型、口味、色彩上,就可以构成一种静态的节奏。如果冷菜中都是相近的色形,

首先会给人沉闷的感觉,不能产生和谐的节奏感。由此可见,由菜点的色香味形等要素的变化引起的节奏感,要求有起有伏,有抑有扬。筵席的上菜顺序和相互间隔组成的外在节奏感,同样是有讲究的。菜点上席顺序一般遵循"九先九后"原则:先冷后热,先主后次,先炒后烧,先咸后甜,先淡后浓,先荤后素,先干后稀,先菜后汤,先菜后点。上菜过快过频,会给人局促不安的感觉,影响品尝和用餐气氛。上菜过迟过慢,则给人以拖沓、疲乏和断裂的感觉。筵席的节奏掌握,重点应放在高潮的组织上。在每次高潮之后,应留下适当的时间空隙,以加深就餐者对高潮的印象。其中最关键的高潮部分,应控制在上了一半菜点之后,以全过程的六七成为宜,即黄金分割点。高潮过早,铺垫犹嫌不足,而且影响之后的气氛;高潮过迟,会使人产生冗长、疲乏之感。

除此之外,分菜服务和席间服务,如撤换餐具、更换毛巾、吸烟服务、酒水服务、分菜服务等也要符合宴饮礼仪,为客人营造完美的宴饮体验。

三、筵席尾声审美

筵席尾声的审美主要体现在宴饮结束后的结账服务、打包服务、倾听意见、送客服务以及撤台清洁等环节,服务人员能够提供规范标准且细致贴心的服务,力求使整场筵席有一个完美的结尾。服务人员首先需要掌握现金、票证、签单、刷卡等多种结账方式及其操作规范。其次,要掌握适宜的结账时间以及结账对象,及时打印并核实账单,保持账单清洁、干净。同时,需保持热情的服务态度,对客人存在的疑问,耐心解释,不与客人发生冲突,主动征求客人或陪同人员的意见,使客人在筵席结束之时存有美好的服务体验。在提倡"光盘"行动、绿色消费的今天,筵席结束有多道剩菜时,婉言提醒客人可以提供食品打包服务。

客人起身准备离开之时,提醒客人带好自己的手机、提包等物品,主动、及时递送衣物与打包食品。客人出餐厅时,根据取衣牌号码,及时、准确地将衣帽等取递给客人,与客人热情道谢再见,目送或随送客人至宴会厅门外。

从筵席的前奏、过程、尾声三个部分来进行筵席审美分析,一方面符合筵席整体节奏,另一方面也符合酒店或餐饮企业的工作流程。如筵席前奏,无论是台面设计还是菜单设计都是为了客人拥有美的视觉享受,可谓席前审美。筵席过程中,服务员用优美的语言结合适宜的身体动作,生动地描述其风味特点、制作方法及其起源和民间传说,提高筵席的文化意蕴,把筵席推向高潮,可谓席中审美。筵席尾声,细致的服务为筵席画上完美的句号。

相关知识

我国不同地区筵席的上菜顺序见表8-4。

表8-4 我国不同地区筵席的上菜顺序

地区	筵席的上菜顺序
北方地区(华北、东北、西北)	冷荤(有时也带果碟)→热菜(以大件带熘炒的形式组合)→汤点(面食为主体,有时也跟在大件后)
西南地区(云贵川渝和藏北)	冷菜(彩盘带单碟)→热菜(一般不分热炒和大菜)→小吃(1~4道)→饭菜(以小炒和泡菜为主)→水果(多用当地名品)
华东地区(江浙沪皖,江西、湖南、湖北部分地区)	冷碟(多为双数)→热菜(多为双数)→大菜(含头菜、二汤,荤素大菜、甜品和座汤)→饭点(米面兼备)→茶果(视席面而定)
华南地区(两广、海南、港澳地区,福建、台湾地区也受影响)	汤→冷菜→热炒→大菜→饭点→水果

项目小结

通过项目八的学习,我们对菜点属性、筵席起源与发展、特征、作用、分类方法,以及筵席前奏、筵席过程、筵席尾声审美的相关知识等有了清晰明确的了解和掌握,我们以思维导图总结(扫描二维码即可获取)。

同步测试

一、选择题

1. 香气包含原料香气和菜点香气,其中菜点香气包含( )。
   A. 菜料香气　　B. 调料香气　　C. 骨香　　D. 混合香气

2. ( )筵席成为新风尚,宫廷宴饮十分烦琐,场面盛大,投入了大量人力物力,按照九盏御酒的顺序以此进行,其间还有歌舞、戏曲等丰富的表演民间,还出现了专门承包筵席活动的行业,即"四司人"。
   A. 唐朝　　B. 宋代　　C. 明清时期　　D. 元朝

3. 筵席的文化特征包括( )。
   A. 精品追求　　B. 美轮美奂　　C. 情感交融　　D. 礼仪隆重

4. 在进行席前服务进行餐具准备时,为保证筵席的顺利和服务质量的提升,一般要求备有不少于总数( )的备用餐具。
   A. 10%　　B. 30%　　C. 15%　　D. 20%

二、简答题

1. 请简述菜点盛器的挑选,需要考虑哪些因素?
2. 请简述当今社会筵席的作用可体现在哪些方面?
3. 你更倾向于写实性菜点命名方法还是寓意性菜点命名方法,请简述原因。

三、研讨分析

上海锦江集团北京昆仑饭店的烹饪大师赵仁良兼学京、川、淮扬、闽、上海等各帮烹饪技法,同时对西餐、西式面点、日本菜的制作也颇有研究,对中西烹饪技艺融会贯通艺,达到了挥洒自如、炉火纯青的境界。赵仁良大师认为,做菜要讲究文化意境——好的厨师就是半个艺术家,做菜就是进行艺术创造的过程,是一种精神享受。赵仁良大师的菜点总会有新的变化。他的拿手菜"蛋煎鳕鱼",借鉴了西餐蛋煎鱼的烹饪技法,将食材改用肉质肥嫩的银鳕鱼,不用沙司,以适合中国人的口味,配以土豆条、黄瓜片等,使之营养互补,成为一道典型的中西合璧佳肴。泰炉飘香、鸳鸯吞鱼翅、迷你冬瓜盅……都是吸引中外顾客的菜点精品。他指导徒弟打造的"金秋蟹宴",就是一个精美艺术作品,其中的蟹肉珍珠水饺更是一绝,直径小到 8 mm,堪称极致。赵仁良大师的文化意境延伸到餐饮上,注重"衬托主题、协调氛围,凸显品位、展现意境"的艺术构思和技术创新。

讨论:如何在筵席菜点的外观与内在品质上进行设计,上升到艺术的高度?

项目九

认知餐饮服务与营销管理

扫码看 PPT

项目描述

餐饮经营中,消费者不仅要求菜点的色、香、味、形、质、器等俱佳,还要求得到相应的服务,而服务质量不仅直接关系到消费者整体的餐饮体验,而且是餐饮企业是否能获得经济效益的利器。基于此,本项目带领大家学习餐饮服务与营销管理的知识和技能。

项目目标

(1)了解餐饮待客服务的各项基本技能。
(2)掌握中式餐饮服务工作的程序和标准。
(3)掌握西式餐饮服务工作的程序和标准。
(4)了解餐饮营销管理的基本概念及其重要意义。
(5)掌握餐饮内部营销和外部营销的策略与技巧。

任务一 认知餐饮服务技能

任务描述

餐饮服务是由服务人员根据餐厅设定的标准为就餐客人提供的一种特殊产品,是通过服务使客人得以享受的一种产品,是通过客人的满意度来实现餐饮企业经营目标,达到客人利益和餐饮企业利益一致的过程。本任务主要介绍中式餐饮服务和西式餐饮服务。

任务目标

(1)了解餐饮待客服务的各项基本技能。
(2)掌握中式餐饮服务工作的程序和标准。
(3)掌握西式餐饮服务工作的程序和标准。

任务导入

情景一:叶先生点了一份海鲜炒饭,一位新入职的服务员出品时把扬州炒饭当成海鲜炒饭端给了叶先生。叶先生问:"这是什么炒饭?"服务员回答:"是海鲜炒饭。"叶先生吃了几口又问:"为什么海鲜炒饭只有虾仁,没有其他海鲜?"该服务员无法回答,就转身去找上司,对于此事,叶先生非常生气。

情景二：某旅游团一行十多人到某风景区的餐厅就餐，在导游的推荐下，客人点了一桌非常有当地特色的宴席。上菜过程中，很多地方引起客人的不满。首先，第一道菜就是汤菜，客人刚用完，服务员又端上一盆特色粥食，接下来又把主食端上来了，而后是两道凉菜、一道甜食，客人们基本上都吃饱了，大菜才开始上，最贵的一道菜肴是最后上的，而客人早已没有胃口。

问题思考：

(1)叶先生为什么生气？

(2)为什么菜还没上齐，客人就没有胃口了？

→ 知识精讲

一、中式餐饮服务

（一）中餐服务技能

❶ **托盘**　托盘是餐厅运送各种东西的基本工具，其正确有效的使用，可减少搬运的次数，减轻工作强度，提高服务质量和工作效率，同时也体现出餐厅服务工作的规范和文明操作。

按所托物品的轻重，托盘方式有轻托和重托两种方式。物品重量在5000克以内的，适宜采用轻托方式，轻托又称胸前托。此法多用中、小型托盘，有便于工作的优点；物品重量在5000克以上，则采用重托方式。目前为了安全省力，餐饮企业一般不采用重托盘，多用小型手推车递送重物。

❷ **餐巾折花**

(1)餐巾的作用：餐巾作为卫生用品，还具有美化桌面、表达主题、表明座次等作用。

(2)餐巾花的种类。

①按摆放位置分类，餐巾花可分为杯花和盘花两种。杯花需插入杯子中才能完成造型，其造型丰富，折叠手法也较盘花复杂。盘花放于盘中或其他盛器上，造型简洁大方，美观实用。现在高级酒店采用盘花的居多。

餐巾折花技法与要领

②按造型分类，餐巾花可分为植物类、动物类、实物类三种。

植物类：如荷花、月季花、慈姑叶、芭蕉叶等。动物类包括鸟、鱼、兽等。实物类是模仿日常生活中各种实物形态折叠而成，如立体扇面、皇冠等。

❸ **中餐摆台**　摆台是将各种进餐用具按照一定的要求摆放在餐桌上。摆台的基本要求：餐位安排有序，台面设计合理，餐具距离均匀，位置准确，成型美观，图案对正，使用方便。

中餐摆台用具

(1)中餐零点摆台：中餐便餐有两种形式，一种是包餐，一种是零点。包餐标准固定、人数固定、餐桌固定，一般是10人一桌，座位无主次之分。零点则不固定桌次，由客人任选座位，入座后按菜单点菜。

①摆台前的准备：洗净双手；领取各类餐具、台布、桌裙等；用干净的布巾擦亮餐具和各种玻璃器皿，要求无任何破损、污迹、水迹、手印等；检查台布是否干净，是否有皱纹、破洞、油迹、霉迹等，不符合要求的应进行调换；折餐巾花。

②铺台布。

a.铺台布。铺台布的方式很多，如推拉式、撒网式、波浪式等。铺台布的基本要领：服务员站在主位一侧，用双手将台布抖开铺在桌面上。台布正面向上，中心线对准主位、副主位，十字中心点居于餐桌正中心，台布四角下垂，分布均匀。

b.换台布。换台布是将脏台布撤下的同时，将干净台布迅速地铺到台面上的一种做法，目的是不让台面裸露在客人面前。

③摆餐具。

a.早餐摆台。中式早餐摆台比较简单,一般是将骨碟摆在座位正中,距桌边约 1 cm。汤碗或小饭碗摆在骨碟左侧。筷子摆在骨碟的右侧。汤勺摆在汤碗内,勺把朝向同一方向,见图9-1。

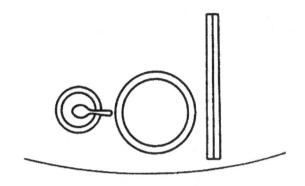

图 9-1 中餐早餐摆台

b.午、晚餐摆台。午、晚餐摆台与早餐摆台基本相同,只是在餐碟前面加放一个水杯,将叠好的餐巾花摆在餐碟内或插放在水杯中。摆放时,要求桌面上各种餐具、用具摆放整齐、一致、美观大方,见图9-2。

c.粤菜零点摆台。粤菜是我国很有影响的菜系之一,全国各大城市的粤菜酒楼比比皆是。粤菜零点摆台与一般午、晚餐摆台有所不同,其摆台方法:骨碟摆放在座位正中,距桌边约 1 cm。筷子摆在骨碟右侧。骨碟左前方摆放小汤碗,小汤勺摆放其中,勺柄朝向同一方向(或左或右)。骨碟右前方摆放味碟。味碟与汤碗的上方,同时也是骨碟与转盘中心点连线上摆放水杯。筷子右边放茶盘和茶杯,杯柄朝右。餐巾花放在骨碟中,见图9-3。

图 9-2 午、晚餐摆台

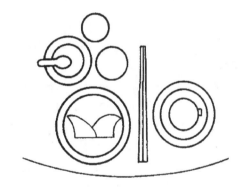

图 9-3 粤菜零点摆台

虽然国内各地区和菜系习惯各不相同,各企业的服务规范各异,摆台方法也不尽相同,但从总体上看,基本摆法大同小异。

(2)中餐宴会摆台。

①摆台前的准备。与便餐摆台前的准备相同。

②铺台布、放转盘、围桌裙、配餐椅。中餐宴会一般使用直径为 180 cm 的 10 人圆桌,台布选用直径为 240 cm 的方台布或圆台布;玻璃转盘摆在桌面中央的转圈上,检查转盘是否能正常工作;规格较高的宴会还要在圆桌外沿围上桌裙;按宴会出席人数配齐餐椅,以 10 人为一桌,一般餐椅放置为三三、两两,即正、副主人侧各放三张餐椅,另两侧各放两张餐椅,椅背在一条直线上。

③摆餐具。餐具一律使用托盘运送,左手托盘,右手戴手套拿餐具。

骨碟定位。骨碟 10 个一摆放在托盘上,从主人座位处开始按顺时针方向依次摆放骨碟,要求碟边距离桌边 1.5 cm,骨碟与骨碟之间距离均匀相等,若碟子印有店徽等图案,图案要正面示人。

摆放汤碗、汤勺和味碟。在骨碟中心点与转盘中心点的连线两侧,左侧摆放汤碗,汤勺摆放在汤碗中,勺柄朝左,连线右侧摆放味碟,汤碗与味碟之间相距 2 cm,横向直径在一条直线上。

摆放筷架、长柄汤勺、筷子。在汤碗与调味碟横向直径右侧延长线稍下方放筷架、长柄勺和筷子,勺柄与味碟相距 3 cm,筷套离桌边 1.5 cm,并与骨碟纵向直径平行。

摆放玻璃器皿。在骨碟中心点与转盘中心点的连线上,汤碗和味碟的上方摆放葡萄酒杯,葡萄酒杯的左侧摆放饮料杯,饮料杯与汤碗之间的距离为 1.5 cm,葡萄酒杯的右侧摆放白酒杯,三杯呈一条直线并左高右低地排列,三杯之间的距离相等,为 1.5 cm。三杯横向直径的连线与汤碗与味碟横向直径的连线平行。

摆餐巾花。若是选用杯花,需提前折叠放入杯具内,侧面观赏的餐巾花如鸟、鱼等,则头部朝右摆放。注意把不同样式、不同高度的餐巾花搭配摆放,主人位上摆放有高度的花式。

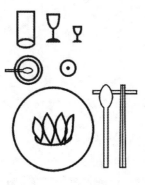

图 9-4 中餐宴会摆台

摆公用餐具。在正、副主人杯具的前方,各摆放一个筷架或餐盘,将一副公用筷和汤勺摆放在上面,汤勺在外侧,筷子在内侧,勺柄和筷子尾端向右。

摆放宴会菜单、台号、座卡。一般 10 人座放两份菜单,正、副主人餐具一侧各摆放一份,菜单底部距桌边 1 cm。高级宴会可在每个餐位摆放一份菜单。

摆插花。转台正中摆放插花或其他装饰品,以示摆台的结束。

④摆台后的检查工作。摆台后再次检查台面餐具有无遗漏、破损,餐具摆放是否符合规范,餐具是否清洁光亮,餐椅是否配齐,见图 9-4。

❹ 斟酒

(1)准备酒水:开餐前,各种酒水应当事先备齐。检查酒水质量,如发现瓶子破裂或有悬浮物、沉淀物时应及时调换。将检查好的酒瓶擦拭干净,分类摆放在酒水服务台或酒水车上。

除此基本准备外,酒水准备工作还包括对酒水温度的处理。服务员需了解餐厅常用酒水的最佳饮用温度。

(2)示瓶:当客人点完酒之后,就进入斟酒程序,而示瓶是斟酒服务的第一道程序,它标志着服务操作的开始。示瓶是向客人展示所点的酒水。这样做的目的有两个,一是表示对客人的尊重,请客人确定所点酒水无误;二是征询客人开瓶及斟酒的时间,以免出错。

(3)开瓶:开瓶时动作要轻,尽量减少瓶体的晃动。

开启瓶塞后,要用干净的布巾擦拭瓶口,如软木塞发生断裂的,还应擦拭瓶口内侧,以免残留在瓶口的木屑顺着酒液被斟入客人的酒杯中。开启瓶塞后检查瓶中酒液是否有质量问题,也可以通过嗅闻瓶塞插入酒瓶部分的气味是否正常来判断。

(4)斟酒:中式宴会一般是从主宾位置开始,按顺时针方向进行斟酒服务,也可根据客人需要从年长者或女士开始斟倒。若是两名服务员同时操作,则一位从主宾开始,另一位从主宾对面的副主宾开始,均按顺时针方向进行。

❺ 上菜分菜

(1)中餐上菜:上菜是服务员按照一定的程序将菜肴托送上桌的一项重要服务环节,也是服务员必须掌握的基本服务技能之一。

①上菜的位置和方法。中餐零餐的上菜比较简单,上菜的位置没有特别规定,但不要在小孩和老人旁边上菜。中餐宴会的上菜位置一般选择翻译和陪同人员中间,也可以选择在副主人右侧上菜,这样方便翻译和副主人向客人介绍菜肴。切忌在主宾和主人旁边上菜,以免打扰他们谈话。每上一道新菜须将其移到主宾面前,以示尊重。

②上菜的时机。当冷菜吃到 2/3 时,就可以上第一道热菜了,一般热菜在 30 分钟内应当上完。

上菜注意节奏,应注意:上菜不可太慢,前一道菜将要吃完时,就要上下一道菜,防止出现空盘空台的现象,造成宴会主人的尴尬;另外上菜也不可太快,过快造成菜肴堆积,影响客人品尝。这时可将一些大菜盘剩下的菜肴换小盘装,腾出上菜空间。

③上菜顺序。中餐上菜的顺序一般是冷菜、热菜、汤、点心、水果,而粤菜较为特殊,先上汤再上菜。

④上菜的要领。上菜时服务员要仔细核对台号、品名,防止上错菜。有调料的菜品,先上调料后上菜。

⑤摆菜。摆菜的基本要求是讲究造型艺术,注意礼貌,尊敬主宾,方便食用。

通常摆放形状为"一中心、二直线、三三角、四四方、五梅花",即上第一道菜时将菜品摆放在餐桌中心位置,第二道菜时将菜品并排摆放,第三道菜时将菜品摆放成三角形,第四道菜时将菜品摆成四方形,第五道菜时将菜品摆成梅花形。

另外按照我国传统的礼貌习惯,还应注意"鸡不献头,鸭不献掌,鱼不献脊",即上菜时,不要把鸡头、鸭尾、鱼脊朝向主宾,应将鸡尾、鸭头朝向右边。上整鱼时,应将鱼腹而不是鱼脊朝向主宾,因为鱼腹刺少味美,朝向主宾表示尊重。

如果上有图案的菜肴时,如孔雀、凤凰等拼盘,则应将菜肴的正面朝向主宾,以供主宾欣赏和食用。

(2)中餐分菜(派菜)。

①分菜的工具。中餐的分餐工具一般比较简单,分鱼类、禽类的菜肴时,一般使用刀、叉、勺;分炒菜类可使用叉、勺和筷子;分汤羹类菜肴时可使用长柄汤勺和筷子。

②分菜的方法。叉、勺分菜法。将菜肴端至餐桌上,示菜并报菜名,然后将菜取下,左手用口布托菜盘,右手拿分菜用叉和刀,顺时针从主宾右侧开始绕台进行分菜。

餐桌分菜法。餐桌分菜法是提前先将干净餐盘或汤碗,有次序地摆放在餐桌上,示菜报菜名后,服务员当着客人的面将菜肴分到餐碟中去。随即转动转盘,服务员从主宾位开始,顺时针方向将分好的菜肴放到客人面前。

服务台分菜法。服务台分菜法的难度较低,即示菜报菜名后,征得客人同意,将菜肴从餐桌上撤下,端回服务台上将菜肴迅速分到餐盘中,然后用托盘从主宾右侧开始顺时针方向托送。

注意分菜要做到每份数量均匀,分完后略有剩余,供有加菜需要的客人食用。

几种特殊菜的上菜及分菜

(二)中式零点服务

餐饮业通常将到中餐厅用餐的散客服务称为中式零点服务。

❶ **餐前准备** 餐前准备是指开餐前为客人进餐所提供的一系列的服务准备工作,它是餐厅服务的基础与保障。

(1)餐位预订:指客人就餐前,对餐厅座位的预先约定,包括保留餐位的数量及时间。预订是对订餐客人的一种承诺,餐厅必须在约定的时间为客人保留餐位。

(2)清洁、整理餐厅:餐厅清洁卫生是提高餐厅服务质量的基础和条件,一般应遵循从上到下、从里到外、环形整理的原则做好餐厅卫生,既可美化环境,又可增强客人的就餐兴趣。

(3)准备服务用具和酒水:将开餐所需要的各种餐具、酒具、托盘、开瓶器、点菜单、菜单、酒水单、餐巾纸、各种调味品等准备齐全充足,准备好数量充足的酒水饮料。

(4)熟悉菜单中的菜肴:了解新增菜肴的价格和菜肴的价格变动情况,各种菜点的点菜频率。了解当日沽清的菜肴和餐厅推荐菜品,以便在点菜时做好推销和解释工作。

(5)零点摆台:按餐厅要求摆台。

(6)全面检查:餐前检查的方法包括服务员自查、领班和主管以上管理人员抽查或全面检查。

(7)迎宾工作:迎宾服务是餐厅服务的重要环节,也是体现餐厅服务风范的具体步骤,更是礼貌

迎宾服务
操作程序
及标准

点菜服务
操作程序
与标准

酒水服务
程序与标准

服务和个性化服务的开始。迎宾员应服务态度端正,有强烈的服务意识,要求有较好的语言表达能力和较好的外语能力。

❷ 餐中服务

(1)接受点菜:服务员不仅要熟悉菜单,还要具备良好的语言技巧和丰富的销售知识,了解客人的就餐心理,洞察客人的就餐需求,根据餐厅实际情况为客人点菜,这也是践行《中华人民共和国反食品浪费法》的具体举措。

(2)酒水服务:根据客人所点酒水摆上相应的酒杯和饮料杯。斟完第一杯酒,酒瓶可以放在餐桌的一角,或放在附近的服务台上,以便随时为客人续酒。

(3)菜肴服务。

①上菜。按照冷菜、热菜、汤、面点、水果(先冷后热,先高档后一般,先咸后甜)的顺序进行。上菜位置应灵活掌握,严禁从主人和主宾之间上菜,不能越过客人头顶上菜。

②摆菜。上菜的过程中不推、不拉、不压盘子,随时撤去空菜盘,保持餐桌清洁、美观。

❸ 餐后收尾

(1)结账。

①结账准备。当客人要求结账时,应先斟上茶水,送上香巾,请客人稍等,立即去收银处取回账单,并核查账单台号、人数、菜品及饮品消费额是否准确无误。

②递交账单。走到客人右侧,打开账单夹,递至客人面前,请客人认真核对,如发现问题,应及时解决,对客人的疑问要耐心解释。

(2)送客服务:服务人员要掌握好客人离店的时机,做到礼貌、细致、周全,为客人拉椅并提醒客人不要遗落物品,目送客人至餐厅大门迎宾员处。

(3)清理台面:服务员在热情送客、道谢告别后,要迅速收拾好台面上的餐具,清理台面按要求重新摆餐位,以便迎接下一批客人。

(三)中式宴会服务

❶ 宴会预订

(1)宴会预订方式:宴会预订是指个人或企业提前预约餐饮活动的过程。宴会预订的主要方式为面谈预订、电话预订、书面预订和网络预订。

(2)宴会预订程序。

①受理宴会预订。宴会预订需要掌握以下内容。

八知道。知台数、知人数、知宴会标准、知开餐时间、知菜式品种、知主办单位或房号、知收费办法、知邀请对象及出菜顺序。

三了解。了解客人风俗习惯、了解客人生活忌讳、了解客人特殊需要。如果是外宾,还应了解国籍、宗教信仰、禁忌和口味特点。

②签订宴会合同。填写宴会预订单、收取宴会预订金或抵押支票,最后由双方签字生效。

③通知宴会部做准备工作。将客人预订宴会的详细情况以书面形式通知宴会服务部门或人员。

❷ 宴前准备

(1)领取宴会通知单:在宴会正式举办前,要根据宴会通知单的要求布置宴会厅、准备物品、布置餐台等工作,确保宴会活动的顺利开展。

(2)人员准备:与宴会主办方落实需求信息后,需厨房、宴会厅、采购部、工程部、保安部、财务部等各有关部门密切配合、通力合作,共同做好宴会前的准备工作。

(3)物品准备:需根据宴会类型、规格和宴会设计方案提前准备足够的宴会需要用品,如中式宴会需准备宴会菜单、酒水、茶叶、菜品跟配的佐料、小毛巾、分菜用具及其他服务用具,同时,需要准备足够的备换餐具。

(4)环境准备:包括宴会场景准备与宴会台型准备。宴会场景一般包括宴会自然环境、餐厅建筑环境、宴会场地环境三个部分。宴会台型布置的原则为"中心第一,先左后右,高近低远"。

(5)宴会前的检查:所有准备工作就绪后,宴会管理人员要进行一次全面检查,内容包括餐桌检查、卫生检查、安全检查、设备检查。

3 宴中服务

(1)开宴前服务。

①迎宾服务。宴会开餐前30分钟,一切准备工作就绪,打开宴会厅门。迎宾员身着旗袍或制服站在门口迎宾,值台服务员站在各自负责的餐桌旁,面向门口迎候客人。迎接、问候、引导服务等操作规范、语言准确、态度热情。

②领位服务。引领客人时应面带微笑,走在客人左侧前方1.5 m处,并且不时回头,把握好距离,引领客人到预订座位入席。

③开餐服务。包括铺餐巾、撤(补)餐具、撤筷套、茶水服务、香巾服务等内容。

④宴前活动。根据不同宴会的活动情况,正式宴会开始之前可能会有酒会、会见、照相、采访等活动,服务人员应根据要求提前做好准备。

(2)宴中服务。

①斟酒服务。在只有一名服务员斟酒时,应从主宾开始,再主人,然后顺时针方向进行,如有女宾,按女士优先的原则。在有两名服务员为同一桌来宾斟酒时,一名服务员从主宾开始,另一名服务员从副主宾开始斟酒,然后按顺时针方向进行。

②上菜服务。按照先冷后热、先菜后点、先咸后甜、先炒后烧、先清淡后肥厚、先优质后一般的原则上菜。

③派菜服务。在用餐标准较高或客人身份较高的宴会上,服务员将已上桌的菜肴分派给每位客人,分为分叉分勺派菜、转盘式派菜、旁桌式派菜、各客式派菜等方式。

④巡台服务。为显示宴会服务的优良和菜肴的名贵,突出菜肴的风味特点,保持桌面卫生雅致,在宴会进行的过程中,需要服务员做好巡台服务,包括撤换餐具、更换烟灰缸、更换毛巾、续茶、续酒水等服务。

4 宴后收尾

(1)结账:宴会结束工作中的重要内容之一。为确保饭店应得收入如期实现和维护饭店的良好形象,结账要做到准确、及时。

(2)征求意见:宴会结束后,宴会管理者应主动征询主办单位对宴会的意见和建议。征询意见可以是书面的,也可以是口头的。

(3)送客:主人或主办单位负责人宣布宴会结束时,服务员要提醒客人带齐自己的物品,为其拉椅,目送或送客人宴会厅门外。

(4)清台,整理宴会厅:客人都离开后才能清理台面,将宴会厅恢复原样。宴会管理者在各项结束工作基本完成后要认真进行全面检查。

(5)宴会后总结:为了及时总结经验教训,大型宴会结束后,主管要召开总结会,通告宴会进行的情况和客人的意见和建议。

二、西式餐饮服务

(一)西式餐饮服务方式

西式餐饮服务经过多年的发展,各国和各地区都形成了自己的特色。现在常见的有法式服务、俄式服务、美式服务、英式服务和综合式服务等形式。

❶ **法式服务** 法式服务又称为餐车服务、手推车服务,食物在厨房粗加工后,用餐车送到客人桌旁,由高级厨师在客人面前完成最后的烹制。传统的法式服务是西式餐饮服务形式中十分讲究礼节、非常豪华的服务形式。通常法式服务用于法式餐厅,即扒房。

❷ **俄式服务** 俄式服务又称"银盘服务""国际式服务",起源于俄国的沙皇时期,同法式服务相似,是目前世界上高级餐厅中最流行的、讲究礼节的、豪华的服务方式,菜肴在厨房制熟,放入精致的大银盘,由服务员递送到餐厅。

❸ **美式服务** 美式服务又称"盘式服务",食物都由厨房人员烹制好,并分别装入菜盘里,由服务员送至餐厅,直接从客位的右侧送给每位客人,脏盘也从右侧撤下。这种服务简单快捷,不太拘泥于形式,是餐厅服务中最普遍、最有效的服务方式。

❹ **英式服务** 英式服务又称家庭式服务,由服务员协助客人中的主人共同完成服务,用餐过程中气氛活跃、温馨,用餐的节奏较缓慢,是私人宴会常采用的一种服务方式。在美国和某些欧洲国家,家庭式餐厅很流行。

❺ **综合式服务** 综合式服务又称大陆式服务,是一种融合了法式服务、俄式服务和美式服务的综合服务方式。目前,大多数西餐宴会都采用这种服务方式。具体操作方法:上开胃品和沙拉用美式服务,上汤或主菜用俄式服务或法式服务,上甜点用法式服务或俄式服务。

当然,餐厅不同,所选用的服务组合方式也不同,这取决于餐厅的种类和特色、客人的消费水平以及餐厅的销售方式等。

(二)西式零点服务

❶ **餐前准备**

(1)餐前准备:参见中式零点服务中的餐前准备工作。

(2)迎宾服务。

①问候客人。客人到达餐厅后,迎宾员主动上前问候,确认是否预订。如果客人已订餐位,检查并核对客人预订记录及用餐人数;如果客人没有预订,则询问客人用餐人数及餐桌位置的选择。

②引位入座。迎宾员引领客人走到桌边,一边拉出椅子,一边询问客人以确认客人对餐位是否满意。如果有两组客人几乎同时入座,迎宾员应遵循先到先服务的原则。

❷ **餐中服务**

(1)点菜服务:西式零点服务的点菜服务通常按照递送菜单、倒柠檬水或冰水、询问客人是否可以点菜、为客人点菜的程序来进行。

(2)点酒服务:多数情况是先点菜后点酒,可以方便客人根据所点食物选择佐餐酒。服务人员要语气温和,动作优雅,记录客人所点酒品的名称、价格,标上客人的特殊要求并下单。

(3)餐巾服务:在客人右侧轻轻打开餐巾,餐巾对折成三角形。右手在前,左手在后,将餐巾铺在客人双膝上,餐巾三角形的长边朝向客人。注意铺餐巾时不要与客人发生不必要的接触。

(4)传菜服务:传菜服务中应使用托盘取菜,做到热菜热上,凉菜冷上。传菜过程中要保证菜点和汤汁不滴不洒。传菜员须熟悉餐桌位置和餐位编号,了解菜点的名称、分量、样式、配料及所用器皿。注意按照客人所点菜单的先后顺序上菜,客人所点主菜全部同时上桌。

(5)上菜服务:西式用餐习惯通常是客人用完一道菜之后才能上下一道菜,所以,控制上菜的时间尤为重要,这取决于客人的用餐速度和用餐气氛、厨房的烹饪时间、厨房和餐桌的距离。最理想的上菜时间是在客人用完上一道菜相隔 0.5~1 分钟再上下一道菜。

(6)席间服务:包括添加冰水、葡萄酒,撤换餐具、用具、烟灰缸,补充面包、黄油等。清理面包屑被认为是高档西餐厅必有的服务,用餐巾朝餐碟的方向,按逆时针方向顺次清理面包屑。

❸ 餐后服务

(1)结账服务：服务员在为客人结账前应仔细核对客人消费项目及金额。当客人示意结账时,应迅速、准确地按规范进行结账服务,并向客人致谢。

(2)送客服务：当客人准备离开时,服务员要为客人拉椅,提醒客人带好随身物品,礼貌地与客人道别。

(3)结束工作：客人离开餐桌前,所有酒杯均保持原位不动,待客人离去后再撤走。检查客人是否有遗留物品,如有则要及时归还给客人,如客人已离开应立即交给上级处理。送客服务结束后,服务员应立即按收台顺序清理餐台,更换台布,重新摆台,准备迎接下一批客人。

(三)西式宴会服务

❶ 宴前准备

(1)掌握情况：接受宴会预订后,应了解宴会举办单位和宴会规格、标准、参加人数、进程时间、客人国籍身份、宗教信仰、饮食习惯和特殊需求等信息。

(2)布置餐厅：宴会前要根据宴会通知单的要求提前做好宴会厅的布置,依据宴会的主题性质选择相应的装饰品进行环境的美化和装点,经常选用的装饰品有壁画、书法作品、花草等。西式宴会墙壁装饰的图案要有西方特色,一般为油画、水彩画,内容也应符合西方的文化特点和艺术特色。同时要做好宴会前的环境卫生、餐具卫生、员工个人卫生等工作,确保宴会厅舒适、高雅、美观,使客人进入宴会厅后身心愉悦。

(3)准备物品：根据菜单备好客人必用餐具,准备好占宴会餐具总数 1/10 的备用餐具,烟灰缸、牙签等物按 4 位客人一套准备,口布按客数准备,小方巾按每客 2 条准备。领好、搭配好酒水、辅助佐料、茶、烟、水果等物品。

(4)台形布置：正式西餐宴会的餐桌摆法与一般常规的餐厅不同,多摆放长形餐桌,餐桌的大小和餐桌的排列要视宴会的人数,宴会厅形状、大小,客人的要求而定。在布置上有一字形、T 形、U 形、E 形或回形等各种不同的形式。

(5)全面检查：准备工作结束后,宴会负责人还应做一次全面检查,包括环境卫生、场地布置、台面摆设、餐具酒水是否齐备,餐具、酒具的卫生、消毒,服务员的个人卫生、仪表仪容,照明、设备运转情况等,以确保宴会的顺利进行。

❷ 宴中服务

(1)开宴前服务。

①迎候客人。根据宴会开始时间,宴会厅主管及迎宾员应提前在宴会厅入口迎候客人,值台服务员在自己负责的区域做好服务准备。客人抵达时,要热情迎接、微笑问候。如设有衣帽间,则帮助客人存挂衣帽并及时将寄存卡递送给客人。

②餐前鸡尾酒服务。西式宴会可以在开餐前半小时举办餐前鸡尾酒会,客人陆续到来,可进入宴会休息室,由服务员送上餐前鸡尾酒、软饮料请客人选用。

③引宾入席。开席前 5 分钟,宴会负责人应主动询问主人是否可以开席,取得同意后立即通知厨房准备上菜,同时引领客人入席并拉椅协助客人入座。客人入席后,帮助客人铺放餐巾,倒冰水。

(2)宴中服务。

①菜肴服务。西餐采用分餐制,待客人用完后撤去空盘再上另一道菜。应遵循先女宾后男宾、先客人后主人的原则进行上菜。上菜的顺序在不同类型的西式宴会上略有不同,一般的上菜顺序：开胃菜(头盘)→汤→副菜→主菜→蔬菜类菜肴→甜品→咖啡、茶。

西餐上菜的位置以不影响客人用餐为原则,一般遵循"右上右撤"原则,即在客人右手边上菜撤盘,以顺时针方向依次为客人上菜。若以"左上左撤"原则,则以逆时针方向依次上菜。

②酒水服务。西式宴会讲究菜肴与酒水的搭配,吃不同菜肴时要饮用不同类型的酒水。

a.备酒。按照客人要求凭酒水单从库房领取酒水,检查酒水质量,擦净瓶身。根据不同的酒水最佳饮用温度提前降温或升温。

b.示酒。当客人点酒后,在开瓶前,应先请客人确认酒水的品牌。服务员应站立在客人的右侧,左手托瓶底,右手拿瓶身,身体略向前倾,使瓶口朝上45°方向,商标对着客人,报酒品名称,等客人确认无误后,方可打开。示酒的目的是表示对客人的尊重;核实选酒有无差错;证明商品质量可靠。

c.开瓶。酒瓶的封口一般有瓶盖和瓶塞两种。注意开瓶过程中瓶口始终不能朝向客人或天花板,以防酒水喷到客人身上或天花板上。

d.验塞。开瓶后,服务员要用洁净的餐巾将瓶口擦净,闻插入瓶内部分的瓶塞的味道,用以检查酒水质量,将拔出的瓶塞放在垫有餐巾的托盘上,交于客人检验。

e.醒酒。征得客人同意后,将红葡萄酒倒入醒酒器中静置5～10分钟。酒液充分接触氧气后,本身的花香、果香逐渐散发出来,同时也可以将酒液与沉淀物分开。

f.试酒。试酒是欧美人在宴请时的斟酒仪式。服务员右手握瓶,左臂自然弯曲在身前,左臂上搭挂一块餐巾。在客人右侧斟倒约1盎司的红葡萄酒,在桌上轻轻晃动酒杯,请主人闻香,经认可后将酒杯端送主宾品尝,在得到主人和主宾的赞同后再进行斟酒。

g.斟酒。一般来讲,西餐每道不同的菜肴要配不同的酒水,吃一道菜便要换上一种新的酒水。西餐的酒水一般可以分为餐前酒、佐餐酒、餐后酒3种。

③台面服务。

a.保持清洁。拿餐具时,应拿刀叉的柄或杯子的底部,更不可与食物碰触。餐桌上摆设的调味罐或杯子等物品要保持干净。

b.保持安静。向客人介绍菜单或征询意见,以客人听得清为宜。背景音乐要柔和,为客人营造一种美妙的气氛。

c.上菜撤盘。每上一道菜之前,应先将前一道菜所用的餐具撤下。上菜时,印有标志的餐盘应将标志正对着客人。牛排等主菜必须靠近客人,有尖头的点心、蛋糕尖头应指向客人。

d.保持温度。盛装热食的餐盘需预先加热才能使用。加盖的菜上席后,每一名服务员负责一位客人,为客人揭盖要同时进行,动作一致。

e.上调味酱。调味酱分为冷调味和热调味。冷调味酱如番茄酱、芥末等,由服务员准备好后摆在服务桌上,待客人需要时服务。热调味酱由厨房调制好后,由服务员以分菜方式进行服务。

f.上洗手盅。凡是食用需用手的菜肴,如龙虾、乳鸽、蟹、饼干等,应提供洗手盅与香巾,盅内盛装约1/2的温水,放有花瓣或柠檬片装饰,用托盘送至客人右上方的酒杯上方,上桌时稍做说明,避免客人误饮用。随菜上桌的洗手盅,撤盘时需与餐盘一起收走。

❸ 宴后服务

(1)结账服务:宴会接近尾声时,服务员应做好结账准备,除清点所有宴会菜单以外,另行计费项目如酒水、加菜等一并计入账单,宴会结束时,请主人或其助手结账。

(2)拉椅送客:主人宣布宴会结束时,服务员要提醒客人携带自己的随身物品。客人起身离座时,服务员要主动帮客人拉开椅子。客人离座后,服务员要立即检查客人是否遗漏物品,及时帮助客人取回寄存在衣帽间的衣物。

(3)清理台面:客人全部离座后,服务员应迅速分类整理餐具,整理台面。清理台面时,应依次按照餐巾、玻璃器皿、金银器、其他金属餐具的顺序分类清理,金、银器等贵重物品应清点数量并妥善保管。

(4)清理现场:完成台面清理后,服务员应将所有餐具、用具恢复原位并摆放整齐,做好清洁卫生工作,恢复宴会厅原貌,确保下次宴会的顺利进行。

项目九 认知餐饮服务与营销管理

任务二 认知餐饮营销管理

任务描述

餐饮营销不仅仅是向消费者推销产品,还是为实现餐饮企业经营目标而展开的一系列有计划、有组织的活动。餐饮营销是依靠餐饮企业的一整套营销活动,不断地根据消费者的需要和要求的变化,及时调整餐饮企业整体经营活动,努力满足消费者需要,获得消费者信赖,通过提高消费者的满意度来实现餐饮企业经营目标,达到消费者利益和餐饮企业利益一致的过程。本任务带领大家学习餐饮营销、内外部营销策略以及当下热门的餐饮网络营销策略。

任务目标

（1）了解餐饮营销管理的基本概念及其重要意义。
（2）掌握餐饮内部营销和外部营销的策略与技巧。
（3）熟悉餐饮网络营销的优势,了解具体的餐饮网络营销策略。

任务导入

在长沙有这样一个"另类"的某餐饮品牌：远看像美术馆,近看像咖啡店,走进去才发现是一家湘菜馆；每家门店都设有画廊,挂着一幅幅名家真迹；其中一家店选址在一个独栋的木质小楼,门口烘咖啡豆的机器全天工作着,每一个路过的人都会驻足闻一闻咖啡香。进去之后,墙上挂着一幅幅艺术家作品,角角落落摆着工艺品,宛如美术馆。餐厅卖的却是大众熟悉的湘菜,只是更精致和清淡。饭点做中式正餐,闲余时间卖咖啡下午茶,湘菜馆与咖啡馆的有机结合,吸引了大批的文艺青年。

问题思考：
（1）通过这段描述,你知道这家餐厅运用了哪种营销策略？
（2）区别于传统的营销策略,当下还有哪些新兴的营销策略？

知识精讲

一、餐饮营销概述

（一）餐饮营销的概念

餐饮营销是研究餐饮企业在激烈竞争和不断变化的市场环境中如何识别、分析、评价、选择和利用市场机会,开发适销对路的产品,探求餐饮企业生产和销售的最佳形式和最合适途径。它是一个完整的过程,而不是一些零碎的推销活动。

餐饮营销管理是指餐饮企业通过一系列的营销手段,以合理的价格提供餐饮产品和服务,满足消费者的需求,实现餐饮经营目标的一种综合性管理。餐饮营销管理的工作分为分析、计划、组织和执行以及控制四个方面。

一是餐饮营销的分析。其主要包括餐饮营销策略的环境分析、餐饮企业消费者购买及消费行为分析、餐饮企业市场分析、餐饮企业服务分析及竞争分析等五个方面。

二是餐饮营销的计划。其主要包括餐厅营销形势的概括性总结；餐饮企业经营机会、威胁、优势、劣势的确定和评价;营销目标、策略的制订;餐饮企业长期和短期营销计划的制订;进行准确销售预测等五个方面。

三是餐饮营销的组织和执行。其主要包括餐饮企业营销观念在全体员工中的灌输;以营销为导向的组织机构的建立;选择合适的营销人员;对新老营销人员的培训;餐饮企业各种促销活动的开展(如人员推销、广告宣传、特殊促销、公共关系等活动);餐饮企业营销部内部及营销部与其他各部门之间的广泛交流和密切配合;营销信息系统的建立;新产品开发;价格制订及销售渠道的建立等九个方面。

四是餐饮营销的控制。其主要包括用既定的绩效标准来衡量和评价餐厅营销活动的实际结果;分析各种促销活动的有效性;评估营销人员的工作成绩;采取必要的纠正措施等四个方面。

(二)餐饮营销管理的重要性

❶ **餐饮营销管理是连接企业与市场的重要桥梁**　餐饮企业通过广告、宣传、公关等营销手段将企业、产品及服务的信息传播给消费者,并通过市场调研了解消费者的需求,以此将企业与消费者联系起来。正是由于有了联系,才使经营者了解市场,确定营销活动中存在的问题,并提出解决问题的方案,从而增强企业对市场的反应能力和应变能力。

❷ **帮助企业发现市场机会并为企业发展创造条件**　通过加强营销管理,了解消费者对餐饮产品和服务的要求,了解市场发展的态势和竞争者的情况,从而有利于餐饮企业根据市场需求不断发展新的餐饮产品,提高餐饮服务质量,改善经营管理,并灵活地采取各种营销策略、手段和方法,增强餐饮企业的应变能力,提高市场竞争能力。

❸ **帮助企业发现经营中的问题并找出解决办法**　经营中的问题范围很广,包括企业、企业责任、产品、销售等各个方面。造成某种问题的原因并不简单,尤其是当许多因素相互交叉作用时,营销管理中的市场分析就显得格外重要。

(三)餐饮营销观念的演变

❶ **生产导向**　生产导向是指企业的经营重点在于生产出尽量多的产品,如20世纪80年代初期,大量外国人、华侨和港、澳、台同胞来内地旅游观光,他们需要住宿和饮食,但当时的餐饮企业数量较少,在旺季时,只要有餐位就能吸引消费者前来就餐,甚至在高峰期会出现消费者排队等候就餐的现象。当时的餐饮企业无暇顾及服务质量。

❷ **产品导向**　企业的经营重点从注重产品数量转为注重产品质量。从20世纪80年代中期开始,餐饮企业供求相对平衡,消费者有了选择余地,餐饮企业开始改造硬件、增加服务项目,以便能够吸引更多的消费者。和生产导向一样,产品导向也具有"以产定销"的特点,表现为重产品生产轻产品销售、重产品质量轻消费者需求。"酒香不怕巷子深"这句话就是产品导向观念的反映,实际上这种观念在商品经济不甚发达的时代或许有用,但在市场经济高度发达的当下,餐饮业属于完全竞争市场的今天,消费者关注的已经不止餐厅实物产品本身,还包括环境、服务、区位等一系列综合因素,这种观念显然已经跟不上时代的潮流。

❸ **销售导向**　销售观念是指企业的经营重点在于把高质量的产品推销出去。当餐饮企业出现供大于求的局面且各餐饮企业的质量也同步提高,在这种情况下,各餐饮企业开始想方设法推销自己的产品,如折扣销售(打折)、有奖销售(赠送消费券)等。

❹ **营销导向**　营销导向是指满足消费者(包括现实消费者和潜在消费者)需求的基础上实现销售收入,如从20世纪90年代中后期开始,各企业通过增添新的服务项目,改变原有的产品提供方式,提供个性化服务等来吸引消费者。

❺ **社会营销导向**　企业在满足消费者需求的基础上,还需承担一定的社会责任,以实现整个社会的可持续发展。餐饮企业在满足消费者需求的同时,尽量减少物质资源的占用与浪费,走可持续

发展道路,如提倡消费者将没吃完的食品打包等。社会营销观念要求营销者在企业利润、消费者需要和社会利益三方面达到平衡,这也是企业获得长期稳定利益的保证。

二、餐饮内部营销策略与技巧

餐饮营销分为两大类,即内部营销和外部营销,内部营销是指采取一切措施使现有的消费者最大程度地消费,同时采取措施希望消费者不断光顾并为餐厅宣传。

(一)员工推销

餐厅的每一位员工都是推销人员,他们的外表、服务质量和工作态度,都是对餐饮产品的无形推销。

(1)制服。为了体现餐厅的形象,员工需穿制服。统一的制服给人以清洁感、统一感和话题性。制服有广告媒体的作用,特别是有设计创意的制服,对消费者可产生促销的效果。

(2)个人卫生。消费者对为其服务的员工的个人卫生要求很高,良好的个人卫生习惯和清新、精神的外表,能感染消费者,使其乐意接受服务并经常光临。

(3)举止和言谈。举止言谈主要包括走姿、站姿、手势、目光、言谈、微笑,它体现员工内在的素质和精神面貌。

(4)服务质量。餐饮服务质量主要体现在服务态度和服务技能技巧等方面。服务质量高,使消费者的心情舒畅,乐于消费,经常光顾;服务质量低,会使消费者产生很多不满或投诉,甚至永远失去消费者。因此,要注重服务质量的提高和员工素质的培养,以优质服务吸引更多的客源。

(二)餐厅推销

餐厅服务人员要做好推销工作,必须对服务工作感兴趣,乐于为消费者服务,具有爱岗敬业、乐于奉献的精神;在做好服务工作的同时,适时推销,寓推销于服务中,这是餐厅推销最有效的方法。

❶ **依据消费者类型适时推销** 针对消费者就餐方式帮助消费者点菜,如消费者是请客吃便餐,则可较全面地介绍各类菜肴;如消费者是慕名而来,则应重点介绍本餐厅经营的风味菜肴;如消费者有用餐标准,可推荐一些味道可口而价格合适的菜肴。对那些经常来餐厅用餐的常客,应主动介绍当天的特色菜,使消费者有一种新鲜感。对带着儿童来用餐的消费者,可推荐适合儿童心理和生理特征的菜肴,吸引儿童的兴趣。

❷ **及时向消费者提出合理建议** 在消费者点菜时,及时提示漏点的菜,如在西餐厅,消费者点了主菜而没有点配菜,这时服务员应及时建议几种配菜供消费者选择;在中餐厅,消费者点了荤菜,可以建议增加几种素菜,消费者点了冷菜可建议点用酒水等。同时秉承绿色消费、珍惜粮食的原则,如果消费者点了超量的菜品,服务员也应该及时提醒,避免造成浪费。

❸ **根据不同消费者推荐不同的菜肴、饮品** 南方的消费者喜欢油少清淡、生鲜的菜肴,主食喜欢大米饭;北方的消费者一般喜欢吃油多色深的菜肴,主食以面食为主;欧美的消费者一般喜欢吃肉类、禽类等菜肴。在介绍菜肴时要充分考虑到这些因素,进行针对性的推销。

❹ **结合菜肴增加酒类饮品的推销** 在西餐厅,当消费者点海鲜类菜肴时,可不失时机地介绍1~2种白葡萄酒供其选择;消费者点甜品时,可征求其是否要白兰地或其他利口酒类。在中餐厅,可以针对消费者的需求相应地推荐不同品种的酒。

❺ **主动询问增加推销机会** 消费者在进餐过程中,服务员根据消费者用餐情况主动询问,增加推销机会。当消费者的菜已经吃完,但酒水还有许多时,及时提出添加几样菜,如消费者同意则尽快送上餐桌。当消费者在西餐厅用餐,主菜过后要向消费者递上甜品菜单。主动询问,一方面使消费者感到受尊重,服务效率高;另一方面也为餐厅的经营带来经济效益。

❻ **现场演示,吸引消费者** 许多餐厅每天都有现场演示。一般由厨师在餐厅制作菜肴,消费者在欣赏厨师烹饪技艺的同时会被吸引而主动消费,如在西餐厅,当消费者主菜用过后,服务员应马上

推来带甜品的餐车向消费者推销。一般情况下,消费者会点数种甜品。现场推销时应注意,菜肴制作必须精致美观,做到为消费者送上的菜肴与向消费者所展示的样品一致。

❼ 推销工作的注意事项 餐厅的推销工作要在消费者对服务满意的前提下完成,即在服务工作过程中适时推销,使消费者自觉消费。反之,不注重服务质量,为推销而推销,会令消费者不满而影响餐厅经营效果。因此,餐厅推销应注意以下两点。

(1)严禁强迫推销。消费者来餐厅用餐,向服务员了解菜肴情况时,服务员绝不可以因消费者不懂菜肴而推销价高的菜。对请客的主人,不得利用其爱面子的心理推销其并不喜欢的高档菜肴,从而造成消费者心理上的不满。强迫推销的做法,有损餐厅形象,违背职业道德,会引起消费者强烈不满,并对餐厅乃至整个饭店造成极为不良的影响。

(2)推销要有针对性。在为消费者服务时,注意使用恰当的服务语言,既有礼貌,又有针对性。当被消费者问及什么样的菜肴味道好时,应针对消费者的身份、国籍,相应地提出几种菜肴供其选择,而不能只推荐高档菜或漫无边际地回答,令人不快,达不到应有的效果。

(三)特殊活动推销

餐厅出于销售的需要,要根据目标消费者的特点和爱好,在不同的场合下,举办多种类型的特殊推销活动。

❶ 特殊活动推销的时机

(1)节日推销活动。节日是人们愿意庆祝和娱乐的时光,是餐饮工作人员举办特殊推销活动的大好时机。在节日搞餐饮推销需将餐厅进行装饰,烘托节日气氛。餐饮管理人员要结合各地民族风俗的节庆传统,组织推销活动,使活动多姿多彩,使消费者感到新鲜。

(2)清淡时段推销活动。餐厅为增加清淡时段的客源和提高座位周转率,可在这段时间举办各种推销活动。有些餐厅在这段时间中对饮料进行"买一送一"活动或进行各种演出。

(3)季节性推销活动。餐厅可以在不同的季节进行多种推销。这种推销可根据消费者在不同季节中的就餐习惯和在不同季节上市的新鲜原料来计划进行。最常见的季节性推销是时令菜的推销。许多餐厅根据人们在不同季节的气候条件下产生的不同就餐偏好和习惯,在酷热的夏天推出清凉菜、清淡菜,严寒的冬天推出砂锅系列菜、火锅系列菜以及味浓的辛辣菜等。

❷ 特殊活动推销的类型

(1)演出。为给消费者助兴,餐厅往往聘请专业文艺团体或艺人来演出。演出的内容有多种,如爵士音乐、轻音乐、钢琴演奏、民族歌舞、评书、戏曲等多种形式。

(2)艺术型。根据客源结构,餐厅可举办书法表演、国画展览、古董陈列等,能吸引很多感兴趣、有此爱好的消费者。

餐厅赠品的选择和发放要求

(3)娱乐型。活跃餐厅气氛,吸引消费者,餐厅可举办一些娱乐活动,例如猜谜、抽奖、游戏等。

(4)实惠型。餐厅利用消费者追求实惠的心理进行折价推销、免费赠送礼品等活动,如某餐厅在情人节的当天,对光顾餐厅的情侣免费赠送巧克力或鲜花等。采取消费者得到实惠的推销措施,通常是很有吸引力的。

(四)赠品推销

餐厅常用的赠品类别主要包括以下几种。

❶ 商业赠品 为鼓励大客户经常光顾餐厅,推销人员常赠送商业礼品给一些大客户。

❷ 个人礼品 为鼓励消费者光顾餐厅,在就餐时可免费向消费者赠送礼品,如在节日和生日之际,向消费者赠送庆祝礼品或纪念卡。

❸ 广告性赠品 这种赠品主要起到宣传餐厅,使更多的人了解餐厅,提高餐厅知名度的作用。广告性赠品,对过路的行人和光顾餐厅的消费者均可赠送。

❹ 奖励性赠品 广告性赠品是为了让公众和潜在消费者进一步了解餐厅,而奖励性赠品的主

要目的则是刺激消费者在餐厅中多消费和再次消费。这种礼品是有选择地赠送,如根据消费者光顾餐厅的次数或消费者在餐厅中的消费额度来赠送礼品,有的根据抽奖结果给幸运者赠送礼品。

(五)展示推销

食品的展示,是一种有效的推销形式。这种方法是利用视觉效应,激起消费者的购买欲望,吸引消费者进餐厅就餐,并且刺激消费者追加消费。

❶ **原料展示推销** 陈列原料的要求,是强调"鲜""活",要使消费者确信本餐厅使用的原料都是新鲜的。一些餐厅在门口用水缸养一些鲜鱼活虾,由消费者自由挑选,厨师按消费者的要求加工烹调。由于消费者亲自选择原料,容易对原料质量满意。原料展示,还要注意视觉上的舒适性,否则将适得其反。

❷ **成品陈列推销** 将经烹调和装饰后十分美观的菜肴展示在陈列柜里,实物的展示往往胜于很多文字的描绘,如餐厅中陈列一些名酒,也会增加酒水的销售机会。消费者通过对产品的直接观察,点菜速度会加快,但要注意并不是所有的成品都适合作为成品陈列。

❸ **餐车推销** 由服务员推着菜肴车、点心车,巡回于座位之间,向消费者推销餐车推销的菜品。餐车中的菜品多半是价格不太贵且放置后质量不易下降的冷菜、小菜糕点类。有时,消费者点的菜不够充足但又怕再点菜等待时间过久,在这种情况下,推车服务既方便消费者,又可增加餐厅收入。餐车推销,是增加餐厅额外消费的有效措施。

❹ **现场烹调展示推销** 现场烹调会使消费者产生兴趣,起到诱导消费者消费的作用。这种形式能减少食品烹调后的放置时间,使消费者当场品尝,味道更加鲜美。现场烹调还能利用食品烹调过程中散发出的香味和声音来刺激消费者的食欲。一些餐厅让消费者选择配料,按消费者的意愿进行现场烹调,这样能够满足消费者不同口味的需要。

三、餐饮外部营销策略与技巧

所谓餐饮外部促销,是相对于餐厅内部促销而言的,即促销的地点可能在餐厅外的任何场所,促销的对象更加广泛。

(一)餐饮人员推销

餐饮人员推销,是指餐饮推销人员通过面对面与客户洽谈业务,为消费者提供信息,诱导消费者光顾本餐厅,购买本餐厅产品和服务的过程。

❶ **餐饮人员推销的优势** 餐饮人员推销与其他形式的推销相比,有以下优势:①推销人员可以直接面对消费者,给消费者留下较好的印象;②可以加深消费者对餐饮产品和服务的印象;③可以有机会纠正消费者对本餐厅菜肴和服务的偏见,改善其印象;④可以及时回答消费者的询问;⑤可以从消费者那里得到明确的许诺和预订。当然,餐饮人员推销也是成本费用较高、覆盖面较小的一种推销方法。

❷ **餐饮人员推销的程序**

(1)信息的收集与筛选。收集信息,发现潜在客源并进行筛选。餐饮推销人员要建立各种资料信息库,建立客户档案。推销人员要注意当地市场的各种变化,了解当地活动开展情况,寻找推销的机会,特别是那些大公司和外商机构的庆祝活动开幕式、周年纪念、产品获奖年度会议等信息,都是极好的推销机会。

(2)计划准备。在上门推销或与潜在客户接触前,推销人员应做好销售拜访前的准备工作,确定本次访问的对象、目的。备齐推销用的各种有关餐饮的资料,如菜单、宣传册、有关活动的照片和图片。

(3)销售拜访。访问一定要守时,注意自己的仪容和礼貌,要做自我介绍,并直截了当地说明来意,尽量使自己的谈话吸引对方。

(4)介绍餐饮产品和服务。推销人员应重点介绍本餐厅餐饮产品和服务的特点,针对所掌握的对方需求信息,引起对方的兴趣,突出本餐厅所能给予消费者的好处和额外利益,还要设法让对方多谈,从而了解其真实要求,证明自己的菜肴和服务最能适应消费者的要求。推销人员在介绍餐饮产品和服务时,应借助各种资料、图片场地布置等,使自己的介绍更直观,更有说服力。

(5)处理异议和投诉。碰到客户提出异议时,餐饮推销人员要保持自信,设法让消费者明确说出怀疑的理由,再通过提问的方式,让他们在回答提问中自己否定这些理由。对消费者提出的投诉和不满,首先应表示歉意,然后诚恳要求对方给予改进的机会,千万不要为赢得一次争论的胜利得罪消费者。

(6)商定交易和跟踪推销。要善于掌握时机,商定交易,签订预订单。要使用一些推销策略,如代客下决心、给予额外利益和优惠等以争取预订。一旦签订了订单,还要进一步保持联系,采取跟踪措施,逐步达到确认预订。假如不能成交,也要分析原因、总结经验,确保继续向对方进行推销的可能性,以便于以后合作。

(二)餐饮广告推销

餐饮广告,是通过设置广告把有关餐饮产品和服务的知识、信息有计划地传递给消费者,在生产者、经营者和消费者之间起沟通作用。传统的传播媒介包括报纸杂志、宣传单页、电视广播等,新兴的传播媒介包括短视频、公众号等。广告是主要的促销方法,运用中应注意如下问题。

❶ **开业准备不充分,不要超前做广告**　有些餐厅做出开业的广告后,装饰工程完成,但没有开业,只好写致歉书请消费者原谅;有些餐厅仓促开业,设施、设备无法满足营业要求;有些餐厅在菜品质量和服务质量差的情况下超前做广告,等消费者上门时,服务却跟不上。这样不但起不了好的宣传作用,反而得罪消费者,造成不良影响。所以餐厅在未练好"内功"和没调整好内部机制的情况下,最好不要做广告。

❷ **餐厅广告必须做到诚实无欺**　以诚待客,是经营成功的基础。第一,餐厅追求的是持续的效益。第二,餐饮经营搞欺诈尽管有可能会一时获利,但最后受损的仍然是餐厅本身。

❸ **标题短小、精练**　餐饮广告的标题要短小,开门见山,一般标题8个字以内为宜。通过广告吸引消费者自愿到餐厅就餐。

(三)公共关系

公共关系是指人们、企业、组织与公众发展良好关系所使用的方法和所进行的各种活动。餐饮公关的任务,是要加强与公众的联系,提高本餐厅的知名度,创立良好的餐厅形象,并通过社会舆论,影响就餐者的购买行为。

餐饮公关活动的策略有两种。一是积极的公关策略,即餐厅通过加强与公众联系方面的活动,尽可能地树立企业的社会声誉。餐厅积极参加各种公益活动,如茶饮企业蜜雪冰城在2022年为河南洪涝灾害捐款2600万元,既体现了餐饮企业的社会责任感,同时也为其增加了社会美誉度。二是消极防守性公关策略,即餐厅通过开展公众关系方面的活动,可以避免企业声誉的不利影响,如偶然发生食物中毒或其他事故时,企业着重宣传如何认真负责,积极妥善地为就餐者排忧解难,清查事故原因,确保类似事故不再发生的各种善后行为,从而减少对企业的不利影响。

餐厅一般不设专职的公关人员,但餐厅的所有管理人员以及每一个和消费者接触的服务员都负有公关的责任,因此要树立公关意识。开餐期间,管理人员必须到开餐现场与重要消费者或常客接触,了解他们对饮食的意见,礼节性地招呼迎送消费者,给消费者留下美好的印象,以促使其成为本餐厅忠实的常客。

(四)网络营销

近年来信息技术高速发展,移动互联网特别是5G技术的大规模普及和应用,改变了人们的消费方式、社交方式以及生产和生活方式,餐饮企业在营销时有了更多的选择,也亟待跟上潮流进行数字化转型。

❶ **网络营销概念**　网络营销是指以现代市场营销学为理论基础,借助网络、数字媒体等作为工具实现企业营销目标的商务活动。它是随着互联网的快速发展而衍生的,在互联网进入商业应用以后,网络营销逐渐显现出其价值。网络营销可以通过多种网络营销方式的组合,大力提高企业网络化数字营销,推广企业品牌,扩展品牌影响力。

新媒体的发展为网络营销的发展提供了技术支持,短视频、直播等的大力发展促进了企业与消费者的交互性,网络营销也越来越呈现出互动性的趋势,互联网媒体双向的互动性也是网络营销区别于其他营销方式的特性。

❷ **网络营销的优势**

(1)交互性和纵深性。通过产品链接,消费者能快速获得产品、厂家等多种相关信息,同时,企业也可以根据消费者的反馈,及时改进产品策略,了解消费者需求,减少沟通成本,企业和消费者能直接获取双方所需的信息和需求。例如,餐饮企业在利用新媒体媒介进行宣传时,可以就消费者的疑问进行及时的解答,提高营销效率,但同时需要注意消费者负面反馈的及时沟通与处理。

(2)时效性和灵活性。活动策划执行周期短,能根据企业的需求快速完成制作并投放,并且可以随时更改,灵活性较高。餐饮企业可以灵活地结合当下社会热点、节庆活动及时进行相关宣传和促销。

如何将"线上流量"转化为线下的实际客流

(3)能将文字、图像和声音进行有机组合,多感官传递给消费者更直观的信息,使消费者对于产品有更详尽的了解,通过数字化使消费者能体验服务、产品和品牌。5G技术的普及,餐饮企业可以利用短视频平台,将餐饮产品拍摄制作成极具有活力的小视频来吸引消费者,同时通过"POI"(地理位置)标记出餐厅位置,推送给附近的潜在客源。

(4)通过数字化管理,为客户建立比较完整的信息库,能根据消费者的消费习惯和用户画像进行更为精准的推送。通过大数据分析,可以更加精准地将餐饮门店推送给更加匹配的消费群体。

(5)通过多媒体的组合,消费者可以根据喜好选择感兴趣的内容进行重复观看,有更高的自主选择性。因此网络营销的内容应更加注重趣味性,同时应注意控制内容的篇幅,符合消费者的阅读习惯。

(6)缩短了媒体投放的进程。传统媒体投放广告,厂商首先要获取消费者注意力,逐步打开品牌知名度;有一定品牌影响力之后,推广产品信息,之后再通过客户关系维护与消费者建立品牌忠诚。而网络营销则更简单、直接、迅速,消费者可直接获取品牌和产品信息,之后直接购买产品,参与市场活动。这对于新开业的餐饮门店来说,是非常有效的营销平台。

❸ **餐饮网络营销策略**　随着餐饮的数字化发展,私域流量运营、新媒体运营、网络直播等多方渠道构建餐饮的网络营销新脉络,以产品为核心,配合新形式,促进产品曝光,运用新的网络营销方式,借助新的媒体资源和数据管理工具,发展网络营销。

"喜茶"的网络营销

(1)建立社群,打造私域流量。处于完全竞争市场的餐饮业,多方面的原因导致运营成本递增,低成本进行有效的营销宣传是当下餐饮业重点关注的方面。公域流量就是美团、饿了么、大众点评、抖音、微博等平台上的流量,而私域流量通常的呈现形式是个人微信号、微信群、小程序或自主app。建立私域,流量私有化,维护老客群并挖掘新客群。在私域流量日常运营,要经常与消费者进行互动,以此增加自身的曝光度,并且在日常活动中潜移默化地增加消费者对餐饮企业的熟悉度与信任度,后期做营销活动的时候消费者的参与度也将提升。

(2)拓宽渠道,发掘公域流量。新媒体营销是指企业在充分了解自身品牌定位以及产品优势的基础上,通过新媒体平台发布微博博文、微信公众号推文、抖音短视频等不同形式的内容,对企业品牌和产品进行宣传推广,针对性地引导消费者的消费心理和消费行为。

以短视频为例,截至 2021 年,我国短视频用户为 9.34 亿人,渗透率为 90%,短视频使用时长已反超即时通信,成为占据人们网络时间最长的领域,增长势头迅猛。国内餐饮企业如海底捞、老乡鸡、西贝、巴奴等,都已经开启了短视频的营销模式,具体策略:①产品特色呈现,体验经济时代,人们注重享受服务,越有特色的产品或商家更能轻而易举引起大众注意。拍摄视频内容做到迎合消费者的好奇跟风心理,展现产品的特色。②网红 IP 的运用或打造,在短视频平台,充分利用有才艺的员工进行宣传。③注重内容营销,以趣味性的方式来为粉丝科普专业知识和解答粉丝的疑问,吸引更多群体关注。

项目小结

本项目主要学习餐饮服务与餐饮营销管理两方面的内容。餐饮服务主要学习中式餐饮服务、西式餐饮服务;餐饮营销管理介绍了餐饮营销的概念,强调了餐饮营销管理的重要性和餐饮营销观念的转变,我们以思维导图总结(扫描二维码即可获取)。

思维导图

同步测试

同步测试答案

一、选择题

1. 中餐服务技能包括( )。
   A. 摆台　　　B. 折花　　　C. 摆台　　　D. 斟酒　　　E. 上菜分菜
2. 中餐宴会上菜原则( )。
   A. 先冷后热　　B. 先菜后点　　C. 先咸后甜　　D. 先炒后烧
3. 大多数西餐宴会都采用( )服务方式。
   A. 法式服务　　B. 俄式服务　　C. 英式服务　　D. 综合式服务
4. "酒香不怕巷子深"这句话是( )营销观念的反映,这种观念在商品经济不甚发达的时代占主导。
   A. 产品导向　　B. 生产导向　　C. 销售导向　　D. 社会营销导向
5. 采用赠品营销时,下面说法错误的是( )。
   A. 符合不同年龄消费者的心理需要
   B. 赠品应尽量选购价格贵重的
   C. 赠礼品附卡片
   D. 在颁发赠品时要尽可能创造热烈的气氛

二、简答题

1. 简述中式宴会服务和西式宴会服务的异同之处。
2. 谈谈你对降低餐饮成本,减少餐饮浪费的看法。
3. 餐饮内部营销策略有哪些?
4. 谈谈你对当下餐饮网络营销的看法。

项目十

探寻餐饮消费者体验

扫码看 PPT

项目描述

党的二十大报告指出:"必须坚持在发展中保障和改善民生,鼓励共同奋斗创造美好生活,不断实现人民对美好生活的向往。"无论是作为餐饮产品的制作者,还是作为餐饮企业的经营者、管理者,其工作职责因为岗位不尽相同,但是,他们所提供的服务,都应当基于餐饮消费者的需求。提升餐饮消费者的体验,是实现人民对美好生活向往的不可或缺的一环。因此,餐饮从业人员应当首先学会换位思考:站在餐饮消费者的立场,设身处地地分析他们的需求;整体理解餐饮消费者就餐的全过程;基于餐饮消费者的需求,在每一个关键环节尽可能提供最优质的服务。

项目目标

(1)了解餐饮消费者的需求。
(2)熟悉餐饮消费者体验的完整过程。
(3)掌握基于餐饮消费者体验的服务策略。

任务一 把握餐饮消费者的需求

任务描述

中国餐饮业开始进入体验经济时代,餐饮消费者购买餐饮产品,不仅看重其质量、功能,有时也赋予餐饮产品一定的社交属性,还可能是认同产品中所蕴含的文化品位、审美情趣。餐饮消费者的需求既有生理的,也有心理的,要从多个层次认知。

任务目标

(1)熟悉餐饮消费者不同层次的需求。
(2)了解餐饮消费者的特殊需求。

任务导入

《米其林指南》在全球美食界享有盛名,是众多食客心中的"圣经"。你知道《米其林指南》是如何诞生的吗?19世纪末,法国中部克莱蒙费朗的米其林兄弟创立了一家轮胎公司。虽然当时法国的汽车总数量不足 3000，但拥有独到眼光的米其林兄弟看好汽车产业的发展。为了激发法国人对汽车乃至自驾出游的热情，两兄弟灵机一动，决定出版一本出行咨询指南，比如地图路线，如何补充汽油、更换轮胎，以及用餐和睡觉的好去处。

1900 年，第一本《米其林指南》诞生（又称《红色指南》）。1926 年，初次亮相的米其林星星符号让该指南名声大噪，书中对每一家餐厅都有着详尽的解说和评价，被世界各地挑剔且热爱美食的读者所认可。1931 年，在法国各城市开始采用"米其林三星分级评选"评分系统。

《红色指南》从此因"米其林星"而扬名天下，成为美食的代名词。如今它每年一更新，成为无数美食爱好者开启环球尝鲜之旅的指南。米其林的宝贵星星只根据盘中的美味来判断，包括烹饪水准的稳定性，烹饪技术的严谨度，以及料理的创新性等。一星代表"同类餐厅中更出色的"，是旅途中顺路经过时的好选择；二星代表"菜肴出色，呈现了厨师的用心和过人的技艺"，值得在途中绕道前往；三星的最高荣誉，则发给那些"出品出类拔萃，让人能获得上等享受"的一流餐厅，值得为美食而专程前往。

米其林的星级只反映菜肴的素质，而并不包括餐厅装潢设计、服务质量等因素，更不会以食材价格来衡量菜品的水准。就算厨师使用极其珍贵的食材，也不能增加餐厅的入选机会。米其林根据以下五条标准给出评判：原料的质量、准备食物的技艺水平和口味的融合、创新水平、是否物有所值以及烹饪水准的一致性。

问题思考：
米其林的星级评定标准反映了餐饮消费者的哪些需求？

知识精讲

马斯洛（Abraham H. Maslow）认为：人类的需求构成了一个层次体系，即任何一种需求的出现都是以较低层次需求的满足为前提的。

当饥饿等生理需求得以满足，人们便开始关注安全需求，之后是社交需求、尊重需求、自我实现需求。

相关知识

马斯洛的需求层次论

根据马斯洛的需求层次（图 10-1），如果一个人极度饥饿，那么，除了食物外，他对其他东西会毫无兴趣。他梦见的是食物，记忆里是食物，想到的是食物。他只对食物产生感情，只感觉到食物，而且也只需要食物……这样的人真可谓单靠面包为生。

图 10-1　马斯洛的需求层次

要是面包很多,而一个人的肚子却已饱了,那会发生什么事呢?其他(高一级的)需求就产生了,而且主宰生物体的是它们,而不是生理上的饥饿。安全需求的直接含义是避免危险和生活有保障,引申含义包括职业的稳定、一定的积蓄、社会安定和国际和平等。

而当这些需求也得到了满足,新的(更高一级)的需求就又会出现。处于这一需求阶层的人,把友爱看得非常可贵,希望能拥有幸福美满的家庭,渴望得到一定社会与团体的认同、接受,并与同事建立良好和谐的人际关系。如果这一需求得不到满足,个体就会产生强烈的孤独感、异化感、疏离感,产生极其痛苦的体验。

当上述三方面的需求获得满足之后,尊重需求就会产生并支配人的生活。它包括自尊、自重和来自他人的敬重,如希望自己能够胜任所担负的工作并能有所成就和建树,希望得到他人和社会的高度评价,获得一定的名誉和成绩等。

以此类推,当上述所有需求都获得满足之后,动机的发展就会进入最高阶层——自我实现需求。它可以理解为人对于自我发挥和完成的欲望,也就是一种使它的潜力得以实现的倾向。这种倾向可以是一个人想要变得越来越像人的本来模样,实现人的全部潜能,即我们所说的人类基本需求组织在一个有相对优势关系的等级体系中。

消费者的需求复杂多样,表现形式也各不相同。就饮食而言,人们通过饮食活动摄取营养满足日常生理需求,以强壮身体,延年益寿;同时,人们通过各种感觉分析器官来感知、想象、理解、产生某些美的认识和联想,获得美感和美的享受,从而获得更高一级的需求。因此,餐饮消费者的需求不局限于生理需求,通过购买餐饮产品这一行为,既有满足生理需求的目的,也可能是出于满足社交需求的目的,或借此获得身份认同,得到尊重需求。

一、生理需求

此处,我们讨论的餐饮消费者的生理需求,并非狭义地"饱腹"(以食品消除由于饥饿引起的紧张感),还可能是对效率、风味、营养、性价比等的要求。

(一)效率

现代社会,时间就是金钱,效率就是生命。餐饮产品提供的速度是餐饮消费者的首要需求,也是餐饮的本质特征和餐饮经营的核心。在相当多的场合,人们需要快节奏用餐。餐饮消费者被分配的用餐的时间更多取决于用餐的目的,在没有明确目的(如商务应酬、款待亲朋等)的情况下,人们对用餐速度的要求会更高些。注重效率的餐饮消费者希望以最快的速度点餐、出餐、用餐,希望自己的要求迅速得到回应。

(二)风味

味、触、香、色、形是餐饮消费者通过感官对餐饮产品形成的总体感受。风味是食品感官质量的重要指标之一,直接影响餐饮消费者的食欲。通过感觉器官对食物的判断,餐饮消费者对酸、甜、苦、咸、鲜等滋味,以及软、糯、酥、脆等触感的偏好不同,因此餐饮消费者对风味的需求因人而异。

(三)营养

"营养"本意是人体通过外界摄取各种食物,经过消化、吸收、新陈代谢,用来维持机体的生长、发育和各种生理功能的生物学过程。餐饮消费者对"营养"的需求,实际上是对均衡膳食的需求,通过饮食活动摄入人体所必需的营养素。通常,餐饮消费者注重的是荤素搭配、粗细结合等食材的组合;也有一些餐饮消费者希望直观地掌握餐饮产品所含营养素的信息。

(四)性价比

现代餐饮的本质特征之一是物有所值,价格是影响绝大多数消费者做出购买决策的重要因素。当餐饮的价格超出预期,餐饮消费者便会判定此次购买行为不等值。若在购买餐饮产品前形成判断,餐饮消费者会做出其他选择;若购买后没有获得预期结果,则会获得较差的体验。餐饮消费者重视的是餐饮产品的"性价比"。

二、安全需求

对于餐饮消费者而言,对安全的需求体现在两方面,即购买餐饮产品时所处的环境是否安全,以及餐饮产品自身的食品安全。购买餐饮产品时的安全需求可以视为瞬时的,有一定的即时性,但是食品安全的反馈是延时的,有一定的滞后性。随着人们生活水平的提高,人们的餐饮消费需求也相应地发生变化,更为重视安全需求。即使是对速度要求较高的餐饮消费,也已经不仅仅满足于吃饱,而且要求吃好,其基本标准就是食品卫生安全。现代餐饮产品质量的稳定性和带给消费者的感官印象,直接影响着其是否能够满足餐饮消费者的安全需求。

三、社交需求

改革开放使人们观念发生巨大变化,首先表现在城市人口中。餐饮消费者主要分布在城市,特别是大中城市。餐饮消费带有一定的社交属性,即通过饮食活动满足社交需求。其主要原因是经济收入的大幅度提高和闲暇时间的延长。伴随收入的提高,竞争的压力逐渐变大,餐饮消费者一方面没有时间或精力在家中自炊,另一方面也需要通过饮食活动沟通联络感情。而在双休日和节假日,餐饮消费者将外出就餐视为休闲活动的重要环节,饮食活动自然融入其社交活动中。

四、尊重需求

人作为复杂的社会群体,由于年龄、性别、职业、生长环境、文化水平、社会氛围、饮食习惯等诸多因素的影响,表现出需求的个性化。体现在饮食上,则是对品种、花色、风味等方面选择的独特性。当追求多样化、个性化日渐成为餐饮消费的时尚,餐饮消费者通过饮食活动能够获得一种身份的认同。

同时,因民族、宗教信仰、身体状况等不同,均会导致餐饮消费者产生一些特殊的需求,体现在餐饮产品和饮食活动两个方面。对于餐饮产品的特殊需求,有显性和隐性之分:这些需求在特定条件下是显性的,即经过餐饮消费者的筛选,不需要再行明示就可以得到满足,比如素食者在素食餐厅内用餐;但是这些需求通常是隐性的,即需要被确认,常见于"是否有忌口"的询问。对于饮食活动的特殊需求,有时还体现在完成这项活动的过程中,比如行动不便人士的无障碍需求。

五、自我实现需求

餐饮消费者最高层次的需求,是在消费产品过程中以精神享受为核心的活动,体现在菜点、服务、环境三个方面。在菜点的感官性状上,表现为味、触、香、色、形五个方面;在服务上,体现为服务的时机、位置、节奏、顺序,即完成饮食活动的全部流程是否井然有序;在环境上,体现为餐厅装潢、餐具摆放、菜单设计等方面。

需要注意的是,餐饮消费者的自我实现需求,往往需要外部条件的刺激才能够产生。比如受到某种营销理念的影响,餐饮消费者对餐饮产品有更高的追求,意识到"吃什么,就是什么",他们不仅注重菜点的品质高低,还在用餐环境、服务水平、文化氛围等诸多方面有要求。

任务二　厘清餐饮消费者的体验过程

任务描述

餐饮消费者的体验并非局限于餐厅内、就餐时,深入理解餐饮消费者的需求、提升餐饮消费者的体验,需要通过时间、空间两个维度来认知,分为三个阶段。

任务目标

(1)掌握餐饮消费者体验的内涵。
(2)掌握餐饮消费者体验的阶段与层次。

任务导入

春节将至,王同学计划与父母一同进行一次"美食之旅"。王同学在某平台上看到很多人到当地旅游局认可的"特色店"A餐厅打卡,心生向往。在出发前,王同学登陆了国内某个知名餐饮评价的网站,发现需要事先预订,但网站没有公布商家的联系方式,于是决定直接前往碰碰运气。

大年初三,王同学告诉父母,今天要前往"特色店"A餐厅用午餐,但是没有预订。父母听后表示愿意前去一试,并做好了等位的准备。抵达餐厅后,等待他们的不是排队的盛况,而是紧闭的大门,门上贴了红纸一张,上书"新春大吉　初五启市"。王同学无奈,只好选择附近的B餐厅排队就餐。在等位的过程中,王同学参与了B餐厅组织的新春非遗体验活动,亲手制作了食物。王同学的父母为他拍摄了短视频,并发布到了社交媒体,获得了多人点赞。

问题思考:
(1)王同学和父母的餐饮消费者体验分别是从什么时候开始的?
(2)王同学将短视频发布到社交媒体,对应餐饮消费者体验的哪一个阶段,哪一个环节?
(3)哪一项活动属于餐饮消费者体验的第三个阶段?

知识精讲

对于每一次饮食活动,餐饮消费者都抱有一定的期待。这种期待包括预先进行资料搜集、时间安排、订位、发出邀约等。可以说,餐饮消费者的体验,从他们开始计划这项饮食活动时就开始了。这种体验会始终伴随着餐饮消费者,是一次由始至终的亲身经历,它不仅是味蕾的旅程,还涵盖与饮食活动有关的各种体验。

一、什么是餐饮消费者的体验

什么是餐饮消费者的体验?或许每个餐饮消费者都有自己的答案。当我们在探究什么是餐饮消费者的体验时,弄清餐饮消费者是谁,这一点至关重要。

当今人们的饮食生活已经形成了一个新的运行模式:餐饮企业作为现代社会与餐饮经济的重要承载组织,以餐饮产品为桥梁,将餐饮企业和消费者紧密联系在一起。餐饮消费者、餐饮产品、餐饮企业形成了饮食生活运行的三要素,构成了完整的饮食文化传承和发展运行机体。

作为饮食活动的主体之一,由作为另一主体的餐饮企业提供产品和服务,餐饮消费者与作为客体的餐饮产品相连接,这是形成餐饮消费者体验的先决条件。餐饮消费者必须亲身前往,并在实地体会。

体验是一种经历,可能是一瞬间的感受,也可能是无数个瞬间的综合感受。餐饮消费者在进行饮食活动时所经历的无数个瞬间,决定了他们独一无二的餐饮体验。这些瞬间可能产生于用餐前的准备活动,然后在进行饮食活动时频繁地发生并达到巅峰,也可能是在用餐结束后的数小时甚至数年之后进行回味的某个时刻。

综上所述,餐饮消费者的体验,就是餐饮消费者在进行饮食活动时,贯穿餐前、就餐、餐后的整个过程,由始至终、亲历的、无数个瞬间产生的感受的集合。

二、餐饮消费者体验的阶段

根据餐饮消费者的经历,我们可以在时间上将"体验"划分为三个阶段五个关键环节,见图 10-2。

第一阶段:餐前。体验的开端是一个探索和发现的时期,餐饮消费者产生进行饮食活动的动机。无论进行饮食活动的场所是否为最初计划的那个,餐饮消费者前往餐厅的过程都可以视为第 2 个关键环节。

第二阶段:就餐。从进入餐厅开始,餐饮消费者正式开始用餐,直至餐毕结账。

第三阶段:餐后。离开餐厅前往下一个目的地的过程是第 4 个环节。餐饮消费者对本次饮食活动的回忆、点评、分享构成第 5 个环节。

图 10-2 餐饮消费者体验的阶段

(一)餐前

在这一阶段,必不可少的两个要素是动机的产生与前往的行为。在需求的驱动下,餐饮消费者产生了动机。基于对即将开展的饮食活动的期待,他们开始检索餐饮企业或者餐饮产品。在经过一系列的信息查询后,前往餐厅。

❶ **动机与检索** 在这一环节,餐饮消费者可能进行以下活动。

(1)产生动机。

(2)检索餐饮企业或餐饮产品。

(3)检视与需求的匹配程度。

(4)预订。

(5)规划行程。

(6)更改计划。

(7)发出邀约。

注意,此处存在例外的情况,即检索步骤的省略。如餐饮消费者产生动机后,或者凭借经验径直前往某个固定的餐厅,或者无目的地寻找餐厅,有可能顺利就餐,也有可能导致本次饮食活动的中止。因此,检索环节是必要的。

❷ **前往餐厅** 在这一环节,餐饮消费者可能进行以下活动。

(1)前往既定的目的地。

(2)随意前往某一地点。

(3)中止饮食活动。

注意,如果因为餐饮消费者以外的原因,导致饮食活动在这一环节提前中止,虽然并未形成完整的体验,但是这种中止给餐饮消费者带来了实际的感受,也应当视为计划开展的饮食活动中的一项体验,是可以关联到后续的关键环节(反馈与延伸),如餐饮消费者 A 计划前往 B 餐厅,并提前进行电话预订,但在前往的途中被告知餐厅停电无法接待,对于 A 来说,没吃上 B 餐厅也是一种体验,而且体验不佳,A 就此事与朋友吐槽,便是对此做出的反馈。

(二)就餐

当餐饮消费者踏入餐厅的这一刻,他们获得体验的机会瞬间增多。因为从这一刻到用餐结束踏出餐厅,餐饮消费者与餐饮企业的每一次互动,都将成为本次饮食活动的经历。饮食活动的核心是餐饮产品,所以在狭义的"饮食"时,体验将达到巅峰。

在这一环节,餐饮消费者可能进行以下活动。

(1)寻找座位。

(2)寄存物品。

(3)查看菜单。

(4)查看攻略。

(5)点菜。

(6)拍摄照片或拍摄视频。

(7)品鉴菜肴及酒水。

(8)使用卫生间。

(9)投诉建议。

(10)打包。

(11)结账。

(12)寻求其他帮助。

以上列出的部分活动不属于饮食活动的范畴,但是因为可能发生在就餐过程中,与狭义的饮食活动密切相关,应当视为影响餐饮消费者体验的活动。

(三)餐后

在离开餐厅前往其他目的地时,或是餐厅服务人员的友善道别,或是餐饮产品留下的美好回味,会使餐饮消费者产生愉悦的情绪;当然,也可能因为某种原因留下遗憾或者造成不悦。无论喜忧,这种情绪会变成特定的记忆,在某些场景下被重新回忆起来。大多数的餐饮消费者愿意和亲朋分享自己的体验,在重温时,会将那次经历中的感悟延伸到日常生活中。

❶ **离开餐厅** 在这一环节,餐饮消费者可能进行以下活动。

(1)回家。

(2)前往其他目的地。

注意,前往不同的目的地对于本环节带来的体验影响不大,但是会间接影响到前述三个环节给餐饮消费者的感受。如果在就餐后,餐饮消费者还进行了其他的活动,那么有可能会在主观上混同多个活动的感受。但是,这种影响是无法避免的,体验本就因人而异,只不过要注意这个可能的风险。

❷ **反馈与延伸** 在这一环节,餐饮消费者可能进行以下活动。

(1)评价餐饮产品或餐饮企业。

(2)在社交媒体分享感受。

(3)与亲朋谈论这次经历。

(4) 总结本次体验的经验或教训。

注意,上述活动也可能开始于餐饮消费者体验全流程的任意时间,但是由于这些活动将持续一段时间,而且大多发生在饮食活动的最后,所以我们认为它是最后一个环节。

> 相关知识

餐饮消费者体验的空间层次

在空间维度分析餐饮消费者的体验,可以从三个层次展开(图10-3)。

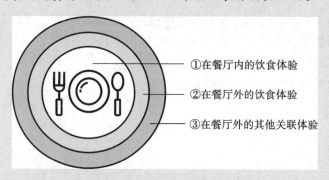

①在餐厅内的饮食体验
②在餐厅外的饮食体验
③在餐厅外的其他关联体验

图 10-3 餐饮消费者体验的空间层次

与时间维度一样,从空间维度分析餐饮消费者体验也不能局限于餐厅内。我们将空间分为三个层次:第一个层次是核心,即发生在餐厅内的饮食体验,餐饮消费者在餐饮企业提供的固定场所进行饮食活动。第二个层次是扩展,在餐厅外的饮食体验,如订购餐饮企业外卖食品或自行加工餐饮企业生产的预制菜等。第三个层次是衍生,在餐厅外与餐饮消费者体验相关联的经历,如在餐厅门口体验餐饮产品制作,在美食节观看餐饮企业的厨艺演示,或在专题博物馆参观了解饮食史等。

任务三 制订基于餐饮消费者体验的服务策略

> 任务描述

餐饮消费者对于体验的每一次互动,都抱有期待。符合其预期标准的服务,甚至超出预期标准的服务,才能给餐饮消费者带来良好的体验。因此,需要树立为民服务的价值观,基于餐饮消费者需求及其体验的关键点制订相应的服务策略,用"匠心管理、贴心服务"为消费者营造"高兴而来,满意而归"的良好氛围。

> 任务目标

(1) 认知餐饮服务的内容。
(2) 认知服务质量的控制。

任务导入

1月的江南,十分寒冷。今天是王先生到外地出差的第一天,也是他的生日。抵达A市已是晚上,天空中飘着雨;他看了看自己的行李箱,感到饥寒交迫。这时他想到以服务著称的B餐厅,决定先填饱肚子,说不定还能获赠一碗生日面。很快,他就到了B餐厅。一到门口,服务员就主动帮王先生存了行李、取了号,告诉他可以使用餐厅无线网络上网,并拿来了水果和零食,还倒了一杯热茶给他。

落座后,服务员看到他一个人就餐,就拿了一只大熊公仔放在了他的对面座椅上。点菜时,服务员细致地介绍了餐厅的特色菜,并建议他一个人不用点太多菜。王先生问:"今天我生日,可以赠送长寿面吗?"服务员说:"祝您生日快乐,我们是有长寿面赠送的。"没多久,广播里唱起"祝你生日快乐"……

问题思考:

(1)王先生在B餐厅等位、就餐时分别获得了哪些服务?

(2)你认为,王先生对于B餐厅的服务质量是否满意?

知识精讲

对于餐饮企业的经营者和餐饮产品的制作者而言,餐饮服务的最终目标不仅要让餐饮消费者在每个阶段的体验都难以忘怀,更要提供满足餐饮消费者需求的服务和体验。基本需求和服务指的是餐饮消费者能够顺利完成饮食活动的最低需要。当这些基本服务能够让消费者感觉到享受时,它们就可以称为"杰出的基本服务",这是判定服务的核心标准。

一、服务内容

餐饮企业的经营活动既是营利性的又是服务性的,服务是餐饮企业产品的重要组成部分,也是餐饮产品特殊性的缘由。服务是餐饮企业为餐饮消费者提供餐饮产品的一系列行为的总和。菲利普·科特勒(Philip Kotler)认为,服务是一方提供给另一方的不可感知且不导致任何所有权转移的活动或利益,它在本质上是无形的,它的生产可能与实际产品有关,也可能无关。服务的提供可涉及在餐饮消费者提供的有形产品或无形产品上所完成的活动,无形产品的交付,以及为餐饮消费者创造氛围。基于餐饮消费者的需求及其体验的关键点,可以将服务内容进行以下分类。

(一)基于硬件设施提供的服务

服务本身虽然具有无形性,但是餐饮服务经营者可以通过合理利用硬件设施为餐饮消费者提供服务,包括但不限于:

(1)协助泊车。

(2)开关门。

(3)运行电梯。

(4)摆台。

(5)清理台面。

(6)寄存物品。

(7)洗手间(母婴室)指引。

(8)移动充电设备租借。

(二)菜点服务

餐饮消费者在品尝餐饮产品时,在必要的环节需要餐饮服务经营者的服务,包括但不限于:

(1)协助点菜。

(2)上菜。

(3)分菜。

(4)斟茶(水)。

(5)斟酒。

(6)撤换餐具。

(7)协助打包。

(三)信息服务

根据《餐饮服务经营者与消费者订立合同的规范要求》,餐饮服务经营者应当向餐饮消费者提供以下信息:

(1)营业时间。

(2)店内开展活动的通知,如促销宣传等。

(3)临时性的通知,如某个餐厅暂时停止供应。

(4)销售餐饮制品菜单,包括但不限于菜品价格、酒水价格。

(5)收取服务费的规定。

(6)打包服务信息。

此外,结合对餐饮消费者需求的分析,餐饮服务经营者还应当提供的服务包括但不限于:

(1)无线网络信息。

(2)支付方式。

(3)投诉或监督渠道。

(4)禁限带物品须知。

(5)无障碍服务信息。

 相关知识

SB/T 11142—2015

餐饮服务经营者与消费者订立合同的规范要求

1 范围

本标准规定了餐饮服务经营者与消费者订立合同的术语和定义、合同类型、合同条款、合同订立的基本原则、合同的成立和实施、合同管理的要求。

本标准适用于餐饮服务经营者与消费者订立的合同。

2 规范性引用文件

下列文件对于本文件的应用是必不可少的。凡是注日期的引用文件,仅注日期的版本适用于本文件。凡是不注日期的引用文件,其最新版本(包括所有的修改单)适用于本文件。

GB/T 19001—2008 质量管理体系 要求

SB/T 11070 餐饮服务企业打包服务管理要求

3 术语和定义

下列术语和定义适用于本文件。

3.1 餐饮服务经营者 catering service providers

为消费者提供即时烹调加工,销售餐饮制品以及就餐场所、设施等消费服务的组织和个人。

3.2 餐饮服务经营者与消费者订立的合同 contract between catering service providers and consumers

餐饮服务经营者通过书面、口头等形式与消费者之间设立、变更、终止餐饮及其相关服务权利义务关系的协议。

3.3 餐饮服务格式条款 format contracts on catering service

餐饮服务经营者为了重复使用而预先拟定，并在订立合同时未与消费者协商的条款。

4 合同类型

主要分为书面合同、口头合同和其他形式的合同。鼓励和建议餐饮服务经营者尽量使用书面合同，包括文本、数据电文等。

5 合同条款

5.1 应协商的合同条款

包括但不限于以下种类：

a.餐饮消费预订，包括电话、短信、书面、网络等；

b.代客存酒、茶叶等。

5.2 格式条款

格式条款包括但不限于以下种类：

a.营业时间；

b.店内开展活动的通知，如促销宣传等；

c.临时性的通知，如某个餐厅暂时停止供应；

d.销售餐饮制品菜单，包括但不限于菜品价格、酒水价格；

e.收取服务费的规定；

f.打包服务。

6 合同订立的基本原则

6.1 所有合同应全面满足《中华人民共和国合同法》《中华人民共和国价格法》和《中华人民共和国消费者权益保护法》等的规定。

6.2 不得以欺诈、胁迫的手段订立合同；不得与消费者恶意串通，损害国家、集体或者第三者利益。不得以合法形式掩盖非法目的，损害社会公共利益；不得违反法律、行政法规的强制性规定。

6.3 公平公正，不应强制交易。

6.4 用语文明、准确、不应产生歧义。

7 合同的成立和实施

7.1 基本原则

7.1.1 经协商后确定的合同应符合 GB/T 19001—2008 中 7.2 的要求。餐饮服务经营者应尽量满足消费者的要求。

7.1.2 应识别并满足消费者没有明示，但餐饮行业经营要求中应满足的要求。如：食品安全卫生、公共场所治安管理要求，免费提供必要的餐具、调味品。

7.1.3 餐饮涉及食材应符合《中华人民共和国野生动物保护法》等相关法律法规的要求。

7.2 含有格式条款合同的确定与实施

7.2.1 原则

7.2.1.1 餐饮服务经营者为了方便消费者就餐选择和保证自身的特色，可在合同中制订相应的格式条款。

7.2.1.2 餐饮服务经营者不得通过格式条款作出排除或者限制消费者权利、减轻或者免除经营者责任、加重消费者责任等对消费者不公平、不合理的规定,如免除或减轻预订消费中的违约责任等。

7.2.1.3 对合同条款的理解发生争议时,应当按照通常理解予以解释。对格式条款有两种以上解释的,应当作出不利于餐饮服务经营者的解释。

7.2.1.4 餐饮服务经营者对于格式条款应提前明示并有提醒和告知的义务。

7.2.2 营业时间

7.2.2.1 应合法合理。

7.2.2.2 应明确服务提供时间。

7.2.2.3 应在醒目位置明示。

7.2.3 开展活动的告示

包含但不限于以下内容:

a. 开展优惠或促销活动通知应有的名称、内容、起止时间、实施条件、限制条件等;

b. 维护消费者人身健康、财物安全的显著提示或告知;

c. 应有与开展活动相匹配的宣传文字、图片。

7.2.4 临时性的告示

告示的事宜对已经订立的合同可能产生影响的应与消费者主动协商,妥善解决。不应有损害消费者合法权益的内容。

7.2.5 销售餐饮制品菜单

应包含但不限于以下内容:

a. 菜品、主食、点心、酒水所有销售商品的名称、规格;

b. 售卖价格,同一品种不同规格应单独标出价格;

c. 销售套餐的应明示含有产品种类及数量;

d. 宜配有菜品、主食、点心及酒水成品的图片,实物与图片应相符。

7.2.6 服务费收取

7.2.6.1 应合法合理。

7.2.6.2 应明确服务内容和明示收费标准。

7.2.6.3 应在消费前提示。

7.2.7 打包服务

应符合 SB/T 11070 的规定。

8 合同管理

8.1 餐饮服务经营者应依合同约定履行义务,承担责任。

8.2 应建立动态管理制度,及时清理更新不合时宜的格式条款内容。

8.3 应建立监督执行制度,定人对合同条款的执行情况进行监督,依法改正存在问题,合理推进履行到位。

8.4 应制订完善投诉处理制度,发生争议时及时协调,妥善解决。

(四)无障碍餐饮服务

对于有无障碍需求的餐饮消费者,餐饮服务经营者应当充分考虑他们的需求,尽可能地向他们提供服务。注意,无障碍餐饮服务的场景并不一定所有的餐厅都能出现,但是应当具备这一意识。无障碍餐饮服务的内容不局限于对于这类人士的协助(需要经过专门的培训),还涉及餐饮服务区域的设计和设施：

(1)低位取餐台、调料台。

(2)低位柜台、收银台。

(3)无障碍自动贩卖机。

(4)无障碍餐桌。

(5)无障碍标识。

(6)轮椅借用服务。

二、服务质量的控制

(一)服务质量的构成

服务质量主要由餐饮企业服务的技术质量、职能质量构成，并由感知质量与预期质量的差距所体现。

❶ **技术质量** 服务过程的产出，即餐饮消费者从服务过程中所得到的东西，如餐厅为餐饮消费者提供的菜肴和饮料等。对于技术质量，餐饮消费者容易感知，也便于评价，如餐厅的菜肴是否可口等。

❷ **职能质量** 服务推广的过程中餐饮消费者所感受到的服务人员在履行职责时的行为、态度、穿着、仪表等给餐饮消费者带来的利益和享受。餐饮企业的职能质量包括餐饮企业的环境条件、服务项目、服务时间、服务设备、服务人员的外表、服务态度、服务程序、服务行为是否满足餐饮消费者的需要。它与餐饮消费者的态度、个性、知识、行为方式等因素有关，并且餐饮消费者对职能质量的看法，也会受其他餐饮消费者的消费行为的影响。

❸ **预期服务质量** 餐饮消费者对服务企业所提供服务预期的满意度。感知服务质量则是餐饮消费者对餐饮企业提供的服务实际感知的水平。如果体验者对服务的感知水平符合或高于其预期水平，则体验者获得较高的满意度，从而认为企业具有较高的服务质量；反之，则会认为企业的服务质量较低。餐饮消费者对服务质量的评价是预期服务质量同其感知服务质量比较的结果。

(二)服务质量控制的基础

要进行有效的餐饮服务质量控制，必须具备以下3个基本条件。

❶ **建立服务规程** 餐饮服务的标准，就是服务过程中的标准。服务规程即餐饮服务所应达到的规格、程序和标准。制订服务规程时，首先应确定服务的环节程序，再确定每个环节服务人员的动作、语言、姿态、时间要求、用具、手续、意外处理、临时要求等。每套规程在首、尾处有和上套服务过程以及下套服务过程相互联系、衔接的规定。

❷ **收集质量信息** 餐饮管理人员应该知道服务的结果如何，即餐饮消费者是否满意，从而采取改进服务、提高服务质量的措施。应该根据餐饮服务的目标和服务规程，通过巡视、定量抽查、统计报表、听取餐饮消费者意见等方式来收集服务质量信息。

❸ **做好员工培训** 餐饮企业在新员工上岗之前，必须进行严格的基本功训练和业务素质培训，不允许未经职业技术培训、没有取得一定资格的人上岗操作。在职员工也必须利用淡季和空闲时间进行培训，以提高业务技术，丰富业务知识。

(三)服务质量控制的手段

根据餐饮服务的3个阶段，即准备阶段、执行阶段和结果阶段，餐饮服务质量控制手段主要分为下列3种。

❶ **预先控制** 预先控制是为使餐饮服务结果达到既定的目标，在开餐前所做的一切管理上的努力。预先控制的目的是防止开餐服务中所使用的各种资源在质和量上产生偏差。预先控制的主

要内容如下。

(1)人力资源的预先控制。餐饮企业应根据自己的特点,灵活安排人员班次,以保证有足够的人力资源。

(2)物资资源的预先控制。开餐前,必须按规格摆好餐台;准备好餐车、托盘、菜单、订单以及工作台小物件等。

(3)卫生质量的预先控制。在开餐前,必须对餐厅卫生,如墙、天花板、灯具、通风口、台布、台料、餐椅等卫生情况进行检查,做到万无一失。

(4)事故的预先控制。开餐前,要对客情预报以及宴会预订情况进行检查,以避免因信息传递不及时而引起事故。

❷ **现场控制** 现场控制指现场监督正在进行的餐饮服务,使其规范化、程序化,并迅速妥善处理意外事件。现场控制的主要内容:一是服务程序的控制。二是上菜时机的控制。根据消费者用餐的速度、菜肴的烹制时间,掌握好上菜节奏。三是意外事件的控制。餐饮服务是面对面的直接服务,容易引起消费者的投诉。一旦引起投诉,主管一定要迅速采取弥补措施,以防止事态扩大,影响其他消费者的用餐情绪。四是人力资源调配控制。开餐期间,服务员虽然实行分区看台责任制,在固定区域服务(一般是按每个服务员每小时能接待 20 名散客的工作量来安排服务区域),但是主管应根据客情变化,进行二次分工,做到人员的合理运作。

❸ **反馈控制** 反馈控制是指通过餐饮服务质量信息的反馈,找出服务工作在准备阶段和执行阶段的不足,采取措施加强预先控制和现场控制,提高服务质量,使餐饮消费者获得更加满意的餐饮消费体验。餐饮服务质量反馈控制的主要内容如下。

(1)通过反馈系统了解服务质量情况,及时总结工作中的正反典型事例,并及时处理投诉。

(2)组织调查研究,提出改进和提高服务质量的建议、措施和方案,促进餐饮服务质量和经营管理水平的提高。

(3)分析餐饮服务质量管理过程中的薄弱环节,改革规章制度,整顿纪律,纠正不正之风。

(4)组织定期或不定期的现场检查,开展评比和优质服务竞赛活动。

三、服务评估

在日常经营活动过程中,餐饮企业要做到服务工作制度化,服务用语规范化,服务方式程序化,服务项目系统化,服务标准条理化。

无论餐饮企业向餐饮消费者提供的服务是不是由企业自身交付,作为服务评估的一部分,可以针对提供的重要服务采用一些管理工具。

❶ **服务清单** 表单上应当列明服务名称,方便快速检查服务的完成情况,如是否完成摆台,是否完成限定区域的清洁等。

❷ **服务水平考核表** 考核表的内容应涵盖一系列的要求和完成标准,以供管理者随时对服务提供者的水平进行评估,如为消费者撤换餐具时的时机、顺序及其他注意事项等,可逐一进行比对。

❸ **服务水平协议** 如果餐饮企业将某一类或几类服务外包,在购买服务时,可以考虑事先进行约定,与服务提供者签署服务水平协议,如可以规定餐饮消费者落座后等候点菜的最长时间,有特殊需求的群体应该获得的服务等。

"第 45 届世界技能大赛"餐厅服务项目行业选拔赛能力要求

思维导图

> **项目小结**

本项目的学习内容主要是认知餐饮消费者的需求,从时间、空间两个维度厘清餐饮消费者的体验,分阶段、分层次理解饮食活动中的行为,并学习如何制订基于餐饮消费者体验的服务策略。我们以思维导图总结(扫描二维码即可获取)。

同步测试

一、选择题

1. 以下哪一项属于餐饮消费者的安全需求？（　　）
   A. 物理安全　　　B. 人身安全　　　C. 核安全　　　D. 食品安全
2. 以下哪一项不属于餐饮服务质量的内容？（　　）
   A. 技术质量　　　B. 职能质量　　　C. 预期服务质量　　D. 无形服务质量
3. 以下哪些可能是餐饮消费者检索的内容？（　　）
   A. 餐厅营业时间　B. 餐厅人均消费　C. 餐厅地址　　　D. 餐厅特色菜
4. 以下哪些不是餐饮消费者反馈与延伸环节的行为？（　　）
   A. 评价餐饮产品或餐饮企业　　　　B. 在社交媒体分享感受
   C. 结账　　　　　　　　　　　　　D. 打包

二、简答题

1. 从时间维度分析，餐饮消费者的体验有哪几个阶段和环节？
2. 依据餐饮消费者体验的层次，各层次还有什么代表性的活动？请各举一例。

三、思考题

基于餐饮消费者的需求，请任选一项餐饮服务，设计并制订服务水平协议。

项目十一

探寻智能餐饮的应用场景

扫码看 PPT

项目描述

随着智能化的普及,餐饮业作为传统行业受到了巨大影响。智能化转型是餐饮业转型的重要方向,智能化的应用在餐饮业越发普及,助力现代餐饮业高效运作。项目十一主要讲述了如何将智能化、数字化科学、合理地应用于餐饮业,探究智能化作为影响餐饮业发展的重要因素的原因。借助数字化驱动餐饮产品创新优化、依托大数据提升效率与精准度、运用数字化渠道进行会员精细化管理,全方位对品牌经营起到关键作用。

项目目标

(1)掌握智能餐饮及其相关概念。
(2)熟悉智能餐饮的具体应用场景。

任务一 认识智能餐饮

任务描述

餐饮业作为传统服务行业,在智能化浪潮的推进中已经迎来了"餐饮4.0"智能整合的时代,智能化在餐饮企业的生产经营当中发挥着越来越重要的作用。通过任务一的学习,掌握餐饮企业智能化的概念,探究如何将智能化合理、科学地应用于餐饮业,以发挥更大的作用。

任务目标

(1)掌握智能餐饮的概念。
(2)熟悉智能餐饮的原理与特点。
(3)掌握智能餐饮的应用场景。

任务导入

情景一:小王所在的城市最近出现了一家无人餐厅,既没有服务员点餐送餐,也没有纸质菜单,这勾起了小王的兴趣,于是他携家人一同前往。到达餐厅后,小王与家人落座,用手机扫描了桌上的二维码进行点餐,一家人其乐融融地进行讨论,不用担心服务人员的等待以及后面排队的队伍。点菜结束后,由送餐机器人将菜肴呈至餐桌,并且烹饪方式都按照小王在小程序里的要求执行。在用餐结束后,小王直接在手机上完成支付,餐厅还根据买单的金额赠送了相对应的礼券。

问题思考:

(1)该餐厅现有运营模式与传统模式有哪些不同?

(2)这样的运营模式对餐厅和消费者将带来哪些益处?

知识精讲

一、智能餐饮

(一)智能餐饮的概念

智能餐饮是指基于互联网和云计算技术为餐饮企业量身打造的智能管理系统,通过消费者自主点餐系统、服务呼叫系统、后厨智能系统、前台收银系统、预订排号系统等节约用工数量、提升管理效率的一种新型餐饮管理模式。当下我国正处于信息化时代,信息技术的应用有效促进了各行业的转型发展,为了实现我国餐饮行业的进一步发展,需要在餐饮行业中引入大数据资源,通过科学合理的运营机制,从而有效提高餐饮企业的核心竞争力。随着技术的不断革新升级,目前已被越来越多的餐饮企业选择和使用。

(二)智能餐饮的样例

❶ **自助售贩机** 智能餐饮可以为消费者提供安全、健康、热腾腾的餐食,且支持手机扫码取餐,无接触配送。在进行扫码操作之后,自助售贩机自行启动,无人工接触烹饪,直到取餐也一直保持无接触状态,既降低了工作人员受病毒、细菌等不良因素交叉感染的风险,也为消费者提供了安全卫生且健康的餐食;既能保证原料新鲜,又能保证餐食的口感。自动售贩机是一种纯自动的 24 小时销售的机器,由于无人操作,因此可以轻松地实现 24 小时的全天候销售,这对于很多人工店铺来说都是没有办法办到的。因此,自助售贩机的应用前景光明。

❷ **无人餐厅(智慧餐厅)** 一方面是餐厅用工难问题日益突出,尤其是对于品牌影响力较小的单体餐厅而言,人员流动性大,给餐厅经营造成很多不确定性;另一方面则是由于目前外卖佣金不断提升,餐厅若要维持外卖经营就需要提升门店的产能,通过引进炒菜机器人的方式可提升餐厅的外卖产能。互联网大数据与人工智能的使用,不仅让用餐流程变得方便自主,也大大节约了人工费用,而且可以通过消费者形成的大数据直接描绘出用户画像,为未来新零售的发展提供数据依托。

无人餐厅的这种灵便方式,说明它可以出现在许多地方,如地铁站、火车站、写字楼、学校、机场、景区等场所,24 小时营业又能保证出餐迅速,大大提高便捷性。

❸ **智能餐饮信息系统** 智能化餐饮信息系统通过对用户资料的合理收集、存储及整理,免去消费者强调自身需求,仅需要在信息平台进行简单操作,系统终端将会通过互联网或物联网将信息传输至终端,以实现预订、点单、定制化服务、收款结账等功能,并且餐饮企业可设置将此类信息进行存储整理,形成可用信息,以帮助餐饮企业更好地对用户的实际需求进行分析,帮助餐饮企业进行下一阶段的营销决策。

❹ **餐饮信息管理系统** 餐饮产品信息管理是稳定质量、提高销售、提升创新的重要手段。没有信息系统化的管理,产品迟早会出问题。它是一个比较复杂的体系,涉及原辅料市场信息、售卖信息、消费者反馈意见、竞争对手产品信息、库房信息和前厅销售信息等。任何一个大型餐饮连锁店都可能引进一套成熟的现代餐饮产品信息管理软件,因此在软件开发时可以给软件开发商提出产品信息化管理的要求,协助他们有针对性地开发餐饮信息管理软件。设计表单体系,规范物料采买、原料保管、切配加工、成品传输等环节,以便于质量控制和成本监控。

❺ **收益管理系统**　收益管理的主要目的是通过合适的产品和服务给消费者提供更高质量的享受,通过合适的价格以及合适的销售渠道,将产品销售给合适的消费者,进而实现收益的最大化。要实现收益管理最大化目标主要包括三个重要环节,需求预测、细分市场以及敏感度分析。当前由于公共平台的进步和发展,信息传递的速度越来越快,餐饮行业变化较快。人们对餐饮的要求也在不断提升,餐饮需要具备口味突出、便捷性、广泛性的特点。除此之外,我国南北方在餐饮上差异较为明显,所以企业在拓展时,也需要结合差异,对产品的重量以及价格进行适当的调整,满足当下消费者需求的同时,尽可能地减少资源的浪费,同时加大对数据的挖掘和需求预测工作。

❻ **餐饮企业防损管理**　利用大数据技术建立餐饮企业防损管理机制,防损管理机制的落实和实施不仅能够有效提高餐饮企业的管理效率、加强对企业内部的控制能力,而且有助于全面规范餐饮企业的服务行为,降低运营成本的同时还能够有效提高餐饮企业的收益。简单来说,就是从节流的角度出发,通过对企业内部各种管理缺陷进行调整,从而最大限度地降低企业不必要的损失。餐饮企业需要利用当下先进的技术建立完善的异常预警机制,如通过对当天所销售的菜点数量进行分析,并结合损耗可以了解到当天所需要的原料数量,通过对系统显示的库存原料数量进行核对,就可以了解到当天原料使用是否合理,从而提升餐饮企业内部的防损管理。

二、智能餐饮的基本原理

伴随着现代网络技术的迅速发展,互联网与我们的生活紧密联系,也让一定范围内的资源和信息共享渐渐地成为可能,这将改变消费模式,也就是将线下消费模式转变为在线消费模式。伴随着互联网技术的逐渐成熟,智能手机已经遍布人们的生活,手机软件的应用也一直在普及和流行。所有的这些变化都在很大程度上影响了我们的生产、经营与日常生活,持续发展的社会和稳步提高的经济和生活水平,使人们无论何时何地都可以享受互联网服务。智能手机和互联网的普及改变了人们许多习惯性生活与工作模式,消费模式也从线下转变为线上。与我们日常生活息息相关的饮食行为也应遵循这个信息化和网络化的社会的发展规律,以便能够在激烈的竞争中立于不败之地,餐饮企业智能化、数字化发展势在必行。

餐饮行业属于智能化融合行业,将互联网、物联网、大数据、云计算、人工智能等与餐饮传统板块相结合,形成生产、管理、运营、服务、配送智能化。餐饮行业中的智能化、数字化具体体现在智慧系统平台、在线点餐、电子支付等餐前、餐中、餐后消费环节,利用信息数据的收集与分析作为引擎,利用大数据、语音识别、行为分析等人工智能技术,结合云计算、物联网等智能化、数字化的技术对餐饮企业原有经营模式进行智能化改造,餐饮智能化与数字化的关系通过数字化、在线化、智能化得以体现。

三、智能餐饮的应用领域

(一)生产领域

物联网智能管控平台,提供包含线下现场智慧改造、线上云端数据智慧处理的"O2O"整套信息化解决方案,打造包含5G无线应用、人工智能、物联网应用、互联网＋、大数据分析等新兴技术的智慧餐饮升级,实现对餐饮服务"售前""售中"和"售后"全生命周期的智慧管理和应用,提升餐饮行业信息化水平和管理效率。简单来说,整合智能服务机器人研发和物联网管理平台能力开发的资源,形成餐饮行业智能服务机器人与物联网管理平台相结合的创新型餐饮行业信息化解决方案,针对政府部门(食品安全监督部门和安全生产监督管理部门)、餐厅及其管理者、餐饮联盟(如百度外卖)和就餐人员等不同应用对象,通过研发总结一套通用的餐饮行业物联网软件系统,用于餐饮行业物联网的应用场景,为迅速抢占餐饮行业ICT市场提供有吸引力的产品保障,具体目标如图11-1所示。

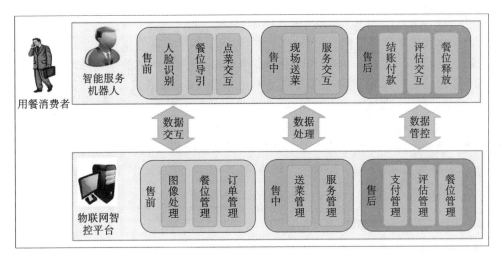

图 11-1　研究目标示意图

(二)流通领域

❶ **前端智能服务机器人研发**　研发餐饮智能服务机器人,实现餐厅现场人脸识别、餐位导引、点菜交互、现场送菜、服务交互、结账付款、评估交互及餐位释放等功能,使用智能服务机器人释放人力,节约人力成本,同时增强餐厅的趣味性,吸引更多的消费者,形成餐厅独特的个性化服务,为餐饮企业塑造品牌助力。

❷ **物联网基础能力平台研发**　研发物联网智能管理平台,通过数据接入、处理、分析,实现智慧餐厅的图像处理、餐位管理、订单管理、送菜管理、服务管理、支付管理、评估管理、餐位管理等功能,提升餐厅的管理效能和效率。在目前餐饮行业高质量发展阶段,餐饮企业一方面追求高质量产出,一方面降低成本、增加效率,物联网技术的应用恰好是大大提升效率的举措。依靠智能化与餐饮企业的融合,用智能化软件管理系统来推动餐饮企业的升级换代。

四、智能餐饮的应用场景

(一)单体门店

对于单体餐厅而言,2020—2022 年的新型冠状病毒的流行让他们意识到餐厅原有的重人力、重房租的模式抗风险能力太弱,智能餐饮设备则能有效帮助餐厅维持经营并降低成本。

(二)连锁企业

对于餐饮品牌而言,每一家门店其实都是智能餐饮成果的"样板间",加大布局力度是他们未来利用智能餐饮打开 B 端市场的重要方式,对于企业来说,主要解决的问题是消费者体验和成本效率。餐饮企业要借助智能化解决消费者的体验问题,如若体验效果不好,就本末倒置了。另外,通过智能化解决空间成本、人力成本这两大问题,这是智能餐饮的价值所在,也是餐饮企业真正面临的问题。智能化领域包含供应链、抗风险能力、资金实力以及消费者定位等问题,餐饮企业在布局时需要根据自身的综合实力,并不是所有的餐饮企业都适合。

另外,餐饮连锁企业向智能化转型需要人力资源管理予以赋能。其中具体有以下几大特点:简化事务性工作、优化流程、丰富工作内容、释放人力效能;盘活餐饮企业原有数据资产,以支持接下来高效、准确的决策;满足餐饮企业业务发展需求,为现有的组织赋能。人力资源管理与业务的智能化,让餐饮企业实现全流程、全场景的升级,但若流程的设计不能执行到人力资源管理当中,餐饮连锁企业所掌握的大量信息将会无效。

(三)大型团餐

由庞大的工作餐需求带热的团餐市场,大企业、机关单位等食堂外包,作为餐饮市场一个炙手可热的"金元宝",已经开始引起业界的关注。业内专家指出,中国团餐市场机会巨大,团餐正向着社会化、市场化、企业化的方向发展,更加需要智能餐饮去赋能,推动团餐逐步发展。学校作为团餐最大的消费市场,各学校推出的智慧餐厅是餐饮行业数智化转型的重要应用场景。某学校的智慧餐厅,采用智能结算系统,取餐之前通过人脸识别或刷校园卡绑定带芯片的托盘,根据取餐重量计费,取餐结束自动扣费。该系统还可根据学生饮食情况形成膳食健康报告,并针对学生喜好针对性调整菜品,达到真正的营养健康,数字化和智能化会帮助我国团餐产业迈向一个新的高度,整个产业会更加高效、更加透明、更加健康。

五、智能餐饮的五个技术路线

(1)互联。餐饮企业智能化的核心是连接,要把菜点加工、餐饮服务、餐饮产品和消费者紧密地联系在一起。

(2)数据。餐饮企业智能化的资源是数据,包括餐饮产品数据、运营数据、管理数据、销售数据、消费者数据。

(3)集成。餐饮企业智能化环境下将各类传感器、智能控制系统、通信设施通过信息物理系统(CPS)形成一个智能网络,通过这个智能网络使厨房与消费者、厨房与前厅、前厅与财务,甚至是消费者与设备等能够形成互联。

(4)创新。餐饮企业智能化的实施过程是企业依靠智能化创新发展的过程,以实现烹饪技法、餐饮产品、运营模式、组织管理等方面的创新。

(5)转型。餐饮企业智能化相较于传统的模式,通过智能化升级,以及信息化手段,使整个业态转向更侧重于消费者的个性化需求,更符合市场的需求,在餐饮产品的研发及推广方面更加柔性化、个性化、定制化。智能化转型的模式包括以个性化营销为主的商业模式、以智能服务为主的服务模式、以流程优化和管理协同驱动的运营模式以及大数据分析和智能决策的决策模式。

六、智能餐饮的优势

智能餐饮依靠现代技术将互联网与餐饮实体店相结合,利用线上与线下共同进行的方式,对第三方入口的信息加以整合,使餐饮商家提高信息利用率,为餐饮商家提供营销、运营、管理等工具和服务,帮助商户优化消费者体验、提高经营效率。

(一)提升服务质量

智能系统的使用不同于人工服务,在旺季客流量较多的情况下亦不会出现人工服务时有可能发生的落单、下单错误或厨房丢单导致消费者点好的菜迟上、错上、漏上等情况,智能系统拥有自动传单、记价等功能,服务人员可节约时间,更专注于待客服务。系统自动计价缩短了消费者的等待时间,提升了消费者的消费体验。

(二)促进营销效果

通过智能系统可以记录餐饮企业以往的数据,如不同时间段、节假日畅销或滞销的菜点、营业总额、翻台率、客史资料档案等与营运相关的信息数据,将数据进行分析可反映出某一时间段餐饮企业的运营状况,进而促使下一阶段的营销和营运决策更科学精准。将运营中收集到的信息数据,如销量、客流量、天气变化、消费者偏好等信息整理分析,进行科学决策以促进收益最大化。

(三)提升运营效率

通过智能平台进行点单数据传送,具有实时无延时的特性,将消费者所关心的上菜时间大幅缩短,同时能够更专注于待客服务,消费者整体用餐时间缩减,提升了餐厅的翻台率,提升了整体营业收入。餐前传单、分单、数据汇总、人工划菜等程序智能化,节约了人工资源;餐中服务人员与厨房利用智能系统互联,保证了沟通的效率与准确性;餐后计算价格,审核价格智能化优化了消费体验,节约了人工复核的时间。

（四）促进管理制度的标准化

智能系统的应用,从侧面敦促所有工作人员必须按照统一的标准进行操作,而标准的设置要求餐饮企业必须制订合理规范且高效的管理制度,并在智能系统上完成设置。这种制度的建立和执行能够促进餐饮企业管理方法的变革,提高餐饮企业管理水平的科学性、有效性,使餐饮企业的管理、营运水平得以提升。

（五）避免管理纰漏

智能系统通过预先的设置,对菜点单价、折扣进行控制,管理人员在系统终端可更好地对运营状况进行监控,优化收银流程,避免餐饮管理人员与一线服务人员之间的误会与猜忌,有利于打造良好的工作环境与氛围。各部门诸如厨房、收银、财务可将营业信息通过智能系统进行共享,更加高效且透明。有利于了解到菜品的销售数量、原料配方、实际采购与消耗等信息,比较每日营运的预测成本与实际成本,发现差异,及时发现问题并解决问题。

任务二　探究菜点加工与餐饮管理的智能化应用场景

任务描述

在餐饮智能化蓬勃发展的时代,有了新技术的加持,餐饮企业菜点加工和管理有更多发展的可能性。将大数据技术、智能技术与餐饮企业菜点加工管理与管理深度融合,共同将智能化餐饮推进到一个新高度。

目前经济高速发展,人力成本、食物原料成本、产品运输成本越来越高,餐饮企业需要通过应用新技术跟上时代脚步,通过不断革新技术提升自我实力、减少菜点加工成本,来迎接时代发展的洪流。通过任务二的学习,掌握智能化在餐饮企业厨房中的应用。

任务导入

情景:小王所在的学校组织了一场关于智能化厨房的参观,小王在查阅资料后产生了以下几个疑问:智能机器人可以制作多少道菜？智能化厨房对比传统厨房会有哪些新的设备？智能化厨房如何知晓消费者点了什么菜？对于厨房的各种机器人如何进行数据的传送？

问题思考:

(1)智能厨房与传统厨房的区别？

(2)智能厨房对于传统厨房的优势？

任务目标

(1)熟悉如何进行智能化菜点加工。

(2)了解如何进行智能化餐饮管理。

(3)掌握物联网技术在菜点加工与管理中的应用。

知识精讲

一、智能化菜点加工

(一) 智能化原料处理

对原料引进、原料仓储、原料使用、原料加工、订餐就餐环节、餐后废料处理等的全程技术性的监管和追溯,这是餐饮食品安全的最理想的状态,任何保障措施不到位、质量标准不严格,乃至任何形式的造假等事故的发生,通过智能溯源系统都可追查得一清二楚。为餐饮食品安全创造良好的环境,将人为安全防范转变为技术防范,实现多角度、多元化的实时监管和环节追溯。实现餐饮食品安全卫生的智能系统化管理。为广大消费者、餐饮企业的经营者和食品卫生监管部门,相关食品卫生安全的监管提供了有力保障,实现了监管的便捷性。同时消费者可以通过该系统,清楚地看到每一种菜点的实物图、价格、原料搭配信息,甚至所有原料的原产地信息、营养成分等直观数据,为他们的就餐选择提供了有效依据。

(二) 智能化设施设备

自动送餐机器人、环绕立体投影、机械臂智能配菜、自动配锅机、自动炒菜机、后厨信息管理系统等,智能点餐、智能推荐、服务通知、自助取餐、自动代扣等相关设备和系统软件设施。

(三) 智能化加工工艺

随着科学技术的不断进步与发展,原料加工工艺也取得了跨越式发展,炒菜智能机器人和烹饪大师共同组成的人机一体化智能系统,在烹饪过程中能进行智能操作。通过人与智能机器人的高效协作,扩大、延伸和部分地取代厨师在烹饪过程中的劳动,见图11-2。

图11-2 全自动切菜机

二、智能化餐饮管理

智能化餐饮管理的成果主要体现在基于互联网的智能餐饮管理系统。它通过在餐饮部门架构物联网设备、射频识别等节点数据获取和处理,达到对餐饮过程的有效监管,从而实现餐饮质量提升的目的。餐饮管理主要针对相关的原料引进、仓储、使用等业务的全过程监管和追溯,形成有效的物联网监管体系,从而提升餐饮管理者的管理效率。

基于物联网的智能餐饮信息化系统以餐饮企业经营的全程进行考虑,在原有的几个独立模块研究的基础上进行全面整合,实现全程监管,多端口接入,使得餐饮企业领导层对本企业运营情况随时随地都能有全面的了解,为发展决策提供有力依据。

基于物联网的智能餐饮管理系统通过全程技术性的监管和追溯,使偷工减料、造假仿制的情况不能生存,最终形成良好的餐饮市场环境。智能管理系统所要解决的方面包括对原料引进、仓储、使用、加工、订餐、就餐等环节、餐后废料处理等全程技术性的监管和追溯,这是餐饮食品安全的最理想的状态,任何保障措施不到位、质量标准不严格,乃至任何形式的造假,以及餐饮食品卫生安全问题的发生,都可追查得一清二楚。

该系统集菜点原料进销存、订餐系统、烧菜机器人、全程监管为一体。从我们的软件可以看到,它融合了很多系统和技术,包括条码识别技术、订餐互联网技术、厨房设备连接控制技术等。将原料管理系统、订餐系统和餐饮食品监管系统等几个独立模块进行了全面的整合,形成智能餐饮监管体系,系统实现了对餐饮企业的全过程管理,为其管理者的决策分析提供了佐证材料,见图11-3。

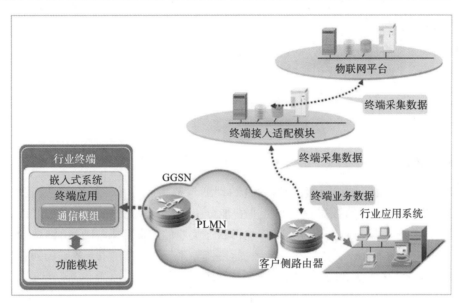

图 11-3　物联网系统各模块互联架构示意图

任务三　探究服务营销的智能化应用场景

任务描述

在智能化带来的变革中,由于消费者点餐和账户系统相结合,消费者的消费习惯、口味偏好等信息都将会被后台系统所记录,餐饮企业在掌握了一定的数据信息后,能够更有针对性地进行产品的研发与销售,在营销方面能够采取更精准的行动,更快处理消费者投诉与发布企业相关的活动或折扣信息等。位置服务与地图结合,可依据消费者位置提供一定范围内的餐饮、娱乐、折扣信息等。餐饮企业策划营销活动的核心就是将其纳入消费者完整的消费活动中,通过在线服务及时了解消费者需求并分析反馈,从而提高营销活动的成功率。

任务导入

情景一:小王特别喜欢学校旁边的A餐厅,因为A餐厅不仅可以通过手机app或小程序进行订餐和付款,在选购菜点时,还能够根据自己的喜好进行配套产品的推送,以及提供一些折扣,每次的消费体验都让人满意,因此小王成为这家餐厅的常客。

情景二:小王学校旁的B餐厅紧随智能化浪潮,对餐厅进行了大刀阔斧的智能化改革,利用智能化手段进行更精准的营销。当消费者进行点餐时,后台系统将会合理记录所在位置、时间、频率以及所点菜点。消费者在下单时的行为会被记录,以便在今后精准进行推送。餐厅会根据节日、气候等因素进行精准的内容营销,在触及目标消费者后,餐厅的营业收入已经有了明显的增长。

问题思考:
(1)小王为什么会成为 A 餐厅的忠实消费者?
(2)B 餐厅对比传统餐饮行业营销有哪些突破?

任务目标

(1)熟悉餐饮企业智能化服务。
(2)掌握餐饮企业智能化营销的内容。
(3)了解餐饮企业如何进行营销智能化转型。

知识精讲

一、智能化服务

智能化服务实现的是一种按需和主动的智能,即通过捕捉消费者的原始信息,通过后台积累的数据,构建需求结构模型,进行数据挖掘和商业智能分析,除了可以分析消费者的习惯、喜好等显性需求外,还可以进一步挖掘与时空、身份、工作生活状态关联的隐性需求,主动给消费者提供精准、高效的服务。这里需要的不仅仅是传递和反馈数据,更需要系统进行多维度、多层次的感知和主动、深入的辨识,从而精准掌握消费者服务需求并满足其需求。

二、餐饮数字化营销

(一)餐饮数字化营销的概念

餐饮经营者为了使消费者满意或吸引更多的消费者,实现餐饮经营目标而开展的一系列有计划、有组织的活动。它是一个完整的过程,而不是一些零碎的推销活动。

(二)餐饮数据收集(人物画像、关键字捕捉)

前后端联动,实现智能管理智能服务机器人采集消费者的人脸数据,在物联网管理平台存档,以人脸为辨识标签,建立消费者座位喜好、用餐喜好及其他服务信息的档案。当消费者再次光临时,服务机器人能够主动引导消费者到上次的座位,调用上次用餐的菜单,提升消费者的服务体验。

(三)餐饮数字化指标体系建设

为消费者提供环境监测、入座、点餐、服务互动、支付、点评等功能,为餐饮企业管理者提供消费者满意度、消费者组成、用餐时长、原料采购等统计分析功能。

(四)餐饮数字化数据分析方法

现场智能服务机器人收集服务点评,通过物联网平台,从现场环境、菜点、服务员等方面进行数据处理和分析,从而方便餐厅与商家的内部绩效考核,找出管理的短板,有针对性地提高餐厅的服务品质。

(五)餐饮智能化管理的数据可视化

运营数据分析报告、数据分析平台都需要以更直观的方式将分析结果或决策建议输出,指导业务决策。数据可视化,因此,需要了解数据可视化图表的应用原则、可视化产品营销的智能化。常用的可视化工具有 Excel、Power BI、Python、SQL、SPSS 等。

三、餐饮企业营销转型

（一）餐饮企业全渠道营销战略转型

智能化时代的全渠道营销是指传统渠道+电子商务+移动互联网等多渠道与消费者互动整合的营销。餐饮业作为传统行业，需要将营销智能提升到战略高度，重视智能化与传统经营模式的协调统一发展。设立专门机构，及时更新产品介绍，增添文化介绍、适宜人群、饮食禁忌、健康提示等；建立餐饮企业app、小程序方便消费者购买；增加官方微博互动；加入第三方平台建设旗舰店等，增添"新零售"模式以及跨境电子商务、直播带货等新的分销模式。

（二）基于大数据的外部环境刺激

餐饮企业通过新技术与传统技术的选择机制，探寻智能化新技术的使用，以实现餐饮产品、餐饮服务、餐饮管理的升级；根据大数据分析消费者购买意愿及行为，针对性地开发新产品、新口味，加强或者改善菜点的出品及包装；通过品尝、制作美食等项目，增强消费体验感，开展定制化服务，支付方式多样化等，满足更多消费者的个性化需求；推进智能平台的使用，利用信息化功能从采购、库存、点菜、支付、服务、意见反馈等方面实行实时精细化管理，提升餐饮企业内部管理水平，使餐饮企业能够更快速地对外部市场环境进行积极响应，促进消费者的购买意向以及购买行为。

（三）加强餐饮企业数字化建设

餐饮企业需要注重线上市场，打造更全面的商业生态系统。充分利用自身产品特色，通过大数据信息挖掘，线上线下相结合。对传统经营模式进行改变，增添消费者品尝评比、学习互动空间、制作透明化和参与体验模式。餐饮企业应深挖智能技术的商业价值，使餐饮产品缩短中间渠道，使消费者更快捷地获取餐饮产品。

任务四　探究运营管理的智能化应用场景

任务描述

餐饮企业作为传统行业，有自身的管理"痛点"。如何通过智能化的手段，帮助餐饮企业实现对员工以及门店的运营管理？通过对任务四的学习，了解在目前智能化发展的趋势下，智能化如何助力餐饮企业实现整体管理的降本增效，为餐饮行业开拓新型的智能化改革之路。

任务目标

（1）了解智能化运营管理的概念。
（2）掌握如何构建餐饮智能管理体系。

任务导入

情景：小王是一名连锁餐饮企业的准店长，他时常因为员工考勤、服务人员的权限分配、员工工作工时等问题头疼。自从公司引进了智能系统并对管理人员进行培训后，小王发现只需要通过移动端就能了解员工打卡情况，并且可以手动在移动端进行排班；通过智能化系统可以查看、赋予员工目前的管理权限，使对客服务更加灵活；通过智能系统的数据整合，生成与营业相关的报表，帮助小王进行分析以及制订下一轮的决策。

问题思考：
(1)小王所在餐饮企业有哪些管理上的痛点？
(2)试分析使用传统管理手段与智能化管理手段进行管理时的不同效果？

 知识精讲

一、智能化运营管理的概念

智能化运营管理是通过数据化的工具、技术和方法，对餐饮运营过程中的各个环节进行科学的分析，为数据使用者提供专业、准确的行业数据解决方案，从而优化运营效果和效率、降低运营成本、提高效益的目的。

随着数字经济的不断发展，餐饮行业由要素驱动转变为创新驱动，数字化发展在引领精细化管理、效率提升、服务提升等方面成效显著，如"图像收银系统"通过摄像头识别产品并自动计算金额，有效提升了收银速度，极大节约了人力成本，同时减少了排队时间，提升了消费体验；app到店换购功能允许消费者使用参卡余额在线上兑换商品并到店提货，为消费者延伸了服务场景，提供了更多便利；AR、VR、全息投影灯技术帮助营造更加精致、梦幻的餐厅环境；大数据后台通过分析累积的消费者信息，点对点解决服务和产品问题，并推出个性化、定制化的服务，推动服务质量全面升级。综合行业跨界发展大趋势，未来的餐饮行业将不再局限于单一餐饮服务，而是逐渐转化为以数字化技术为依托的多元服务综合体。

智能化时代的全渠道营销是指传统渠道＋电子商务＋移动互联网等多渠道与消费者互动餐厅现场以智能物联网机器人为载体，借助人脸识别、服务交互和语音互动等人工智能；后台借助云计算、大数据处理的物联网应用平台，实现消费者从入店、点餐、用餐、支付、服务评价等全生命周期流程的信息化处理。经过互联网和物联网技术改造的娱乐化、好玩和有趣的餐厅，有效节约人力成本，提升餐厅的信息化水平和管理效率，驱动消费者自传播。

二、如何构建餐饮智能管理体系

搭建连锁餐厅智能管理系统，该系统共分为4个子系统，即云端连锁餐饮管理系统、餐厅智能收银系统、Pad智能点餐系统、微信公众号智能订餐系统。

首先，云端连锁餐饮管理系统是对连锁餐饮企业总体上的管理，包括对连锁餐厅品牌信息的管理，对品牌下各店面子餐厅信息的管理，对餐厅菜单中菜系和菜点信息的管理，对餐饮企业营销策略的管理等，同时兼有数据更新功能。该系统实现的是整体把控，全面管理的功能。

其次，餐厅智能收银系统主要针对餐厅收银端的业务处理，主要负责响应Pad端和微信端消费者的请求，然后进行餐厅的桌号管理、消费者预约、杂项管理、会员管理等工作，同时具备汇总信息、传递信息的功能。该系统实现的是汇总响应、高效管理的功能。

然后，Pad智能点餐系统则是以消费者为主体，满足消费者需求的系统。消费者使用该系统可实现桌号选择、菜点浏览、点餐加菜、呼叫服务、用户评价等功能。系统接收餐厅服务器端传送的菜单信息呈现给消费者，包括菜点图片、菜点简介等，方便消费者了解菜点进行点餐操作，同时发送订单请求到餐厅服务器端，可及时进行菜点追加，呼叫服务等。

最后，微信公众号智能订餐系统是通过微信公众号的方式实现消费者提前对餐厅菜点、位置的预订。消费者在微信公众号里选择相应的菜点、就餐时间、就餐人数等信息，确认订单后向系统提交，在收到系统确认后表示订餐成功，最后消费者按照约定时间进店消费。四个子系统协同工作，支撑起整个连锁餐厅的运转，并且在各系统间建立起有效的信息传送通道，实现了数据共享和信息汇总，使餐厅高效运转，提升工作效率。

项目十一 探寻智能餐饮的应用场景

连锁餐厅智能管理系统主要面向群体有两类,一类是餐厅管理人员,实现对餐厅业务流程的管理,对用户的请求进行响应;另一类是用户,即连锁餐厅的服务对象,企业发展关注的核心,如图11-4所示。

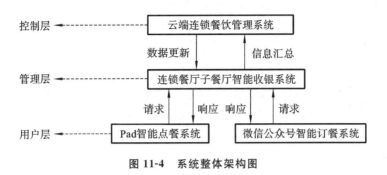

图 11-4 系统整体架构图

任务五 展望智能餐饮的未来应用前景

任务描述

智能化将成为餐饮企业发展的重要因素。越来越多的餐饮企业依托智能化工具和手段,以提供线上、线下多场景融合的产品和服务,构建以消费者为中心的全新的触达交互的服务模式,本任务将阐述智能化在餐饮企业中的应用前景。

任务目标

(1)了解餐饮产品加工的智能化前景。
(2)了解餐饮企业服务营销的智能化前景。
(3)了解餐饮企业运营管理的智能化前景。

任务导入

情景:为了优化消费者的消费体验,某家传统老字号餐厅依托智能化升级,为消费者打造了绝佳的消费和服务体验:新开张的餐厅在菜点、硬件、点菜、服务流程等方面进行了重新设计,重构了下单、支付、取餐、用餐的流程,做到了全程无员工的服务。通过炒菜机器人的现场制作,吸引消费者的兴趣,缩短上菜时间,严格按照流程标准,与以往把制作过程放在后厨的模式有很大区别,消费者也感觉到自己参与了制作过程,同时餐厅节省了人力成本,提升了品控与效率。

问题思考:
(1)餐饮智能化如何为消费者提供更多的服务?
(2)实现案例中的场景需要哪些智能化手段的支持?

知识精讲

一、菜点加工的智能化前景

在产品质量上必须关注安全与营养,不能有任何的偏差,特别是在运输及配送环节,应该将其作为餐饮产品的一部分进行重点监控；在餐饮产品设计上可以中西结合，也可以某一系列为主打产品，但在呈现过程中应该紧密围绕消费者需求，设计相应产品拼配，并定时进行产品调整与更新；在产品使用上，要突出快捷与方便，这也是目标消费者选择的结果。

二、餐饮服务营销的智能化前景

（一）线上促销

线上推广策略主要通过微信平台、微博平台、点评类平台进行推广。通过这类平台不仅可以快速有效地进行推广，还可以根据平台建立用户大数据信息，进行客户关系管理。

（二）广告推广

微信平台推广以微信朋友圈广告的形式精准投放广告，并且做出属于自己的微信小程序。微博平台推广相较于微信，更具有开放式的优点，主要注重交互性和综合性，微博的每个粉丝都是潜在的消费者。当下流量大的点评类平台主要有大众点评、美团、支付宝口碑和百度糯米。点评类第三方平台对消费者起到的主要作用，是在消费前了解购买对象的基本信息和用户评价。与第三方平台合作，通过搜索关键词作为优质推荐，并且每天查看评论，及时回复与改正完善自身的不足。通过百度、360搜索等其他推广媒介对本公司产品进行推广宣传。

三、餐饮运营管理的智能化前景

要对餐桌和相关工作人员进行各种维护和管理。基本信息管理的主要业务需求如下。

❶ **菜点信息的管理** 工作人员将可以提供的每一道菜的基本信息添加到系统中，包括商品编号、菜名、菜价、商品图片等。当某些菜点信息发生更改时，如价格发生变化时，工作人员需要更改，或者由于业务需要而不再提供某些菜点时，工作人员可以删除。

❷ **餐桌的管理** 工作人员需事先设定餐桌信息，当餐桌有消费者时，系统按照餐桌号进行管理，如果系统显示忙碌状态，则表示消费者正在用餐。

❸ **工作人员的管理** 餐厅有前台工作人员、传菜员和厨师等，为消费者提供良好的餐饮服务，系统需要对工作人员提供信息维护的操作。

（1）点菜管理的优化业务分析。系统将按顺序显示每一道菜的信息，包括价格、菜名和菜点图。当消费者看到喜欢的菜时，他们可以点菜。当消费者订购食物时，可以将菜单上传到系统，系统会通知厨师有新的订单，厨师可以查看订单信息，前台工作人员还可以查看消费者的订单信息，然后订单进入等待状态。

（2）订单管理优化的业务。当消费者点好菜品时，系统将播报新订单信息。厨师将仔细查看信息，包括餐桌的编号、消费者的数量、订单的时间和所点菜品等信息。根据厨房的繁忙程度，相关操作如下。①消费者点好菜时，如果需要取消订单，则需要检查菜单的状态信息。如果厨师未接收订单，则可以取消订单。如果厨师收到订单，则无法将其取消。②接收订单管理。提交消费者的订单后，将订单输入队列中等待，当前客人的订单经过处理后，厨师就可以收到消费者的订单，然后系统将反馈信息发送给消费者，消费者可以从初始状态到处理状态查看订单。③完成烹饪管理。当厨师处理消费者的所有食物并完成烹饪时，可以通知消费者和前台服务员。

（3）食品变更管理优化业务分析。当消费者订购并完成提交时，由于各种原因，此时可能需要通过消费者需求更改订单信息，如需要添加蔬菜或更改菜式等变更管理优化业务实现的具体业务需求如下。①添加菜品的管理。当消费者在等待中或在用餐期间需要临时添加菜品时，可以借助添加管理优化业务来完成。在确认添加菜品后，厨师将收到消息，如果还没结算，就会收到接收菜品的请求，并通知消费者请求已收到，前台服务员也可以接收消费者请求以及菜品信息。②换餐的管理。当消费者要求换餐时，如果队列中的厨师没接收该订单，则可以进行换餐操作。如果厨师已接收该订单,则无法更改。③退菜管理。当消费者提交订单后需要退掉菜品时,如果队列中的厨师未接收该订单,则可以将菜品退掉。如果厨师已接收该订单,则无法退菜。

(4)评价管理优化业务分析。当消费者还没有结账时,可以对本次的体验给出评价,包括对菜品和服务以及环境等方面的评价,一旦结账,就没有评价的资格。评价的步骤:查看评价、给出评价、评价回复。

(5)结账管理优化业务分析。消费者用完餐后,需要检查消费。为了方便消费者,可以为消费者提供现金、刷卡或扫描二维码结算,还要向消费者提供发票,结账时的业务需求如下。①折扣的管理:我们可以依据管理条例为消费者提供一定程度上的折扣,如以下几种情况,消费者采用推荐的付款方式或店里的重要客户或消费金额达到一定标准,打几折的标准由店内人员提前商议,同时还可以参考消费者在结账时的具体情况,在允许范围内打一个稍微大一点的折扣。②支付的管理。消费者可以选择不同的付款方式,如现金或通过第三方支付机构进行付款,就像普及的便捷扫码支付方式,消费者还可以扫描桌上的二维码用手机完成付款,极大地方便了消费者,减少了工作人员的工作量。

四、展望餐饮智能化未来方向

随着5G时代的到来,新技术的运用和消费升级,餐饮行业在业态、产品、供给模式和服务方式上不断创新,一些餐饮企业开始运用智能科技开启多渠道并举、多资源并用的新型服务模式。线上点餐、到店即食,高科技代替人工制作,智慧餐厅、未来餐厅、无人餐厅等逐渐普及;新技术、新体验、智慧化、数字化正在成为餐饮消费发展的方向;移动化、自助化、智能化消费体验,也将成为餐饮业未来发展的重要趋势。餐饮行业持续在业态、产品、服务上创新,不断激活并释放发展潜力,正加速从传统餐饮服务业向现代餐饮服务业转变。互联网对餐饮行业的不断渗透以及对消费习惯的不断改造,使得餐饮行业的线上化成为大势所趋。随着中高端餐饮市场继续回暖,餐饮企业积极适应市场需求的新变化,各种地方美食、特色小吃供需扩大,备受青睐。业内人士指出,中国餐饮行业正在向高质量发展稳步前进,当前亟需餐饮行业提升食品安全水平,注重营养健康,满足社区服务和多元化、定制化、个性化消费的新需求。预测未来智能科技将大面积地运用于餐饮行业,渗透到该行业的方方面面。

目前我国正处于数据化、网络化时代,因此对于餐饮业来说也应当用互联、共享的思维模式考虑餐饮企业的发展问题。因此,数据的收集、整理、共享变得尤为重要,在未来,建立互利共享的线上线下一站式服务,促进线上线下融合发展将会是餐饮行业主要的发展方向。同时,新技术、互联网的应用也会成为引流新消费、发展新零售的有效方式,未来餐饮行业将会向着联网化、零售化、数字化方向发展。

项目小结

通过项目十一的学习,我们对智能餐饮的相关概念,智能化应用在菜点加工与管理、服务营销和运营管理以及未来趋势有了认知。智能餐饮绘制了未来餐饮企业通过高科技代替人工制作,建立互利共享的线上线下一站式服务,促进线上线下融合的蓝图。我们以思维导图总结(扫描二维码即可获取)。

思维导图

同步测试答案

同步测试

一、选择题

1.智能餐饮是指基于(　　)为餐饮企业量身打造的智能管理系统,通过消费者自主点餐系统、服务呼叫系统、后厨智能系统、前台收银系统、预订排号系统等节约用工数量、提升管理效率的一种新型餐饮管理模式。

  A. 互联网和云计算技术　　　　B. 信息技术
  C. 烹饪　　　　　　　　　　　D. 互联网

  2.智能化服务实现的是一种按需和主动的智能,即通过捕捉用户的(　　),通过后台累积的数据,构建需求结构模型,进行数据挖掘和商业智能分析。

  A. 数据　　　B. 信息　　　C. 特点　　　D. 原始信息

  3.(　　)是通过数据化的工具、技术和方法,对餐饮运营过程中的各个环节进行科学的分析,为数据使用者提供专业、准确的行业数据解决方案,从而达到优化运营效果和效率、降低运营成本、提高效益的目的。

  A. 智能化运营　　B. 智能餐饮　　C. 信息化　　　D. 餐饮管理

二、简答题

1.简述智能餐饮的种类。
2.简述智能餐饮的应用场景。
3.餐饮商家进行移动营销时应注意哪些事项?

三、论述题

你觉得智能餐饮未来在厨房中会有哪些实际应用?

项目十二

探寻我国餐饮业发展趋势

扫码看 PPT

项目描述

自改革开放以来,我国餐饮业的发展突飞猛进,背后是一代代餐饮人的不懈努力。在全球化背景下,国际餐饮品牌纷纷进入国内市场。同时,本土培育的国际餐饮品牌也走向了世界,涌现出一批品牌连锁经营集团企业,既有老字号品牌,也有更多的新品牌企业。本项目将带领大家熟悉中国餐饮业发展历程,掌握国外餐饮业发展经验以及我国餐饮业发展趋势。

项目目标

(1)熟悉我国餐饮业的发展历程。
(2)掌握国外餐饮业的发展经验。
(3)掌握我国餐饮业的发展趋势。

任务一 追溯我国餐饮业发展历程

任务描述

我国餐饮业历史悠久,源远流长。自中华人民共和国成立以来,餐饮业作为我国第三产业中的传统服务性行业,经历了整合起步阶段、低迷停滞阶段、高速发展阶段和转型提升阶段4个阶段,取得突飞猛进的发展。现代我国餐饮业的发展进入了快车道。通过任务一的学习,知晓我国餐饮业发展的历程,了解现阶段我国餐饮业的发展特色。

任务目标

(1)熟悉我国餐饮业的发展历程。
(2)掌握餐饮业数字化转型的时代必然。

任务导入

情景一:小王在家里收拾的时候,找到了爷爷珍藏的粮票。爷爷讲起了凭票下馆子的日子。粮票是20世纪50年代至90年代中国在特定经济时期发放的一种购粮凭证。那时候,必须凭粮票才能购买粮食。1985年,国家取消了长达30多年的农产品统购派购制度,极大激发了农民的生产积极性,丰富了城市居民的"米袋子""菜篮子"。城市居民的饮食结构也发生了变化,一日三餐,副食增多,主食减少,这时基本家家户户粮票都有所盈余。

情景二:2022年冬奥会尚未开幕,北京冬奥会、冬残奥会主媒体中心的智慧餐厅已成为"网红"。这家餐厅没有厨师,中餐和西餐烹饪都由机器人完成,鸡尾酒也由机器人调制。这家餐厅也没有服务员端菜,中外媒体记者在餐桌上扫二维码点单后,一道道美味佳肴会通过餐厅顶部的云轨系统运送到对应的餐桌上方,再随着下放的缆绳降落,悬停在消费者面前,供消费者取用。这么炫酷的餐厅,让中外记者纷纷掏出手机拍摄,英国记者摄制的视频还在网上热传。

问题思考:

中华人民共和国成立以来,我国餐饮业发生了怎样的变化?

知识精讲

一、整合起步阶段(1949—1959年)

1949—1959年为整合起步阶段。在此期间,通过对餐饮业进行社会主义改造、公私合营、产业整合、扶持帮助产业发展等改革,我国餐饮产业从解放初期的凋零散落,发展到初具规模。

1950年,北京同和居饭庄率先在北京餐饮业内第一个实行公私合营。1955年,政府决定将城市的餐饮业划归商业部系统管理,农村餐饮业归供销合作社系统管理。1955年12月24日,国务院正式批复商业部,同意成立饮食业管理局。由此,中华人民共和国出现了首个餐饮业主管部门"劳动服务公司"。1956年1月,北京餐饮业实现了全行业公私合营。同年,各省、市、县相继成立了饮食服务公司,全国餐饮业全面完成公私合营的社会主义改造。

二、低迷停滞阶段(1959—1978年)

1959—1978年为餐饮业发展的低迷停滞阶段。1960年8月8日,中共中央批准北京市委《关于饮食业实行凭票粮食供应的请示》,除少数高级饭馆外,餐饮业由此开始全面实行凭粮票供应。1960年11月14日,财政部、商业部发出《关于国营、公私合营饮食业和服务业的企业收入和支出纳入预算管理的通知》,决定改变1957年规定的饮食服务业以业养业的方针,从1961年起,全国饮食服务企业的收支一律纳入国家预算。这一时期,由于生产、生活物资匮乏,人民群众的生活用品都要计划供应,导致餐饮消费的能力一度低迷停滞。

1966年2月,商业部发出通报,推广北京市美味斋餐厅面向大众、不断改善经营的经验。同年2月21日,商业部召开全国饮食服务业工作会议,讨论饮食业如何进一步贯彻"面向大众,适应消费者多种需要"的经营方针,研究开展增产节约、改善经营管理的重点和措施。1973年8月2日,商业部在北京召开饮食服务工作经验交流会。会议提出了大力整顿服务工作,合理设置网点,开展技术革新,认真学习技术,开展增产节约、改善经营管理等经营方针。

1978年之前,全国社会餐饮业几乎停滞,人们基本带饭上班、上学,铝饭盒成为当时必不可少的饮食印记。1978年全国餐饮业销售额为54.8亿元,人均餐饮消费不足6元。

三、高速发展阶段(1978—2011年)

(一)市场经济蓬勃发展,个体餐饮激发活力

20世纪70年代末至80年代中后期,我国餐饮业在政策上率先放开,政策引导和各种经济成分共同投入,社会网点迅速增加,市场不断繁荣,"吃饭难"的局面得到了较大缓解。1980年,随着改革开放政策的落实,各省市饮食服务公司所属的代营店相继脱离国营饭店自主经营;同时,政策允许厂矿企业、事业单位和职工家属、待业青年开办饮食店。1980年7月12日,上海第一家私营饭店"味美馆"在华山路上开办,但由于粮油定量供应、税收等问题,几经波折才延续下来。同年9月30日,北京人刘桂仙在工商部门软磨硬泡一个多月后,获得营业执照,开办了北京第一家个体餐馆——悦宾餐馆。随后,全国各地陆续出现了一批个体私营的中小型餐饮企业,并以其价格优势、经营优势、灵活的服务方式和方便实惠的定位赢得了市场认可,受到社会大众的欢迎。几乎与此同时,国内餐饮企业也开始尝试走出国门。1980年,由四川省与美籍华人合营的川菜馆荣乐园在纽约开业,拉开了国内餐饮企业"走出去"的序幕。

改革开放的深入推动了餐饮业的繁荣。据国家统计局统计,在改革开放之初的1978年,全国餐饮业的营业网点不足12万个,零售额为54.8亿元。2007年全国餐饮业零售额高达12352亿元,其中"九五"期间,全社会餐饮业营业额年均增长19.5%;"十五"期间营业额年均增长16.8%。1978—2007年,餐饮业年均增长19.8%,位列国民经济各行业增幅前列。2007年度我国百强餐饮企业总营业收入达998.38亿元,占全国餐饮业营业总额的8.08%。营业收入在10亿元以上的企业共有23家,营业收入为5亿~10亿元的企业共有25家,餐饮行业集中度稳步提升,我国餐饮行业进入迅速发展阶段。

(二)餐饮格局多元竞争,国际餐企进入竞争

1980年4月21日,国家外国投资管理委员会正式批准北京航空食品有限公司、中美合资北京建国饭店和中美合资长城饭店三个外商投资项目,其中批准文号为"外资审字(1980)001号"的北京航空食品有限公司于5月1日公司在北京正式挂牌成立,成为中国首家合资企业,香港女企业家伍淑清实现了中国合资企业"零的突破"。1980年6月25日,中美合资经营的"荣乐园川菜馆"在纽约曼哈顿联合国大厦对面开业,是当时纽约3000家餐馆中唯一一家直接从中国聘请厨师的餐馆。1987年11月12日,美国肯德基公司在中国开设的第一家连锁店在北京前门开业,当天创下日销售炸鸡2200份,营业额83000元的全球最高纪录。跟随改革开放的步伐,餐饮市场开始出现国有、民营、外资并行的格局。

20世纪90年代中后期,法国大菜、意大利比萨、日本料理、韩国烧烤等异域美食纷纷进驻中国,人们不出国门便能吃遍世界,饮食可谓极大丰富。

(三)国民收入持续增长,餐饮业态丰富繁荣

随着改革的深入,国民经济的发展使人们的收入水平明显提高,对餐饮的需求逐渐细化。1978—2007年,城镇居民家庭人均可支配收入由343.4元增长到13786元,农村居民家庭人均纯收入由133.6元增长到4140元;二者分别增长了39倍和30倍。2008年上半年,城镇居民人均可支配收入8065元,同比增长6.3%;农村居民人均现金收入2528元,同比增长10.3%。收入水平的持续、稳定增加拉动餐饮消费需求快步提高。1978年,人均餐饮消费5.69元,1995年首次超过100元,达到130元,2007年已上升为935元,比1978年增长了160多倍,我国人均餐饮消费水平实现了巨大的飞跃。

与此同时,20世纪80年代末至90年代中后期,消费品价格和服务价格进一步放开,餐饮企业更多地拥有定价自主权,能够按照市场需求和自身定位自主经营。除了传统正餐、西餐、火锅,休闲餐饮、主题餐饮也得到快速发展,经营业态逐渐丰富,餐饮市场一片繁荣。

20世纪80年代末,现代连锁经营方式开始进入餐饮业。经过近十年的发展,在20世纪90年代中期以后得到了广泛应用,餐饮企业实施连锁经营的步伐明显加快,在全国范围内,很多品牌企业跨地区经营,并抢占了当地餐饮业的制高点。规模化、连锁化成为这一阶段的显著特点。餐饮业在20世纪90年代中后期迅速实现了快速扩张。在数量迅速增长的同时,餐饮企业又积极调整经营方向,面向家庭大众消费,满足市场需求的能力逐渐提高,使餐饮业焕发出新的生机。

(四)餐饮教育顺势而为,烹饪技艺精益求精

个体餐饮的发展给餐饮市场带来了活力,餐饮从业人员数量逐年增加,随着餐饮业态的多元发展,对餐饮从业人员的要求逐步提高,使传统的师傅带徒弟的人才培养方式渐渐不能适应行业发展

对专业人员的需求,餐饮教育在原有技工学校的基础上不断发展。

到 20 世纪 80 年代后期,全国已有 360 多所设有烹饪专业的中等(中级)职业学校。正如项目一所述,继 1959 年黑龙江商学院(现哈尔滨商业大学)创立了全国第一个烹饪专科后,改革开放以来的 1983 年,原商业部在江苏商业专科学校(现扬州大学旅游烹饪学院)建立了烹饪系;1985 年 5 月,四川成都建立了我国第一所培养高级烹饪人才的学校——四川烹饪专科学校(现四川旅游学院);1985 年开始,黑龙江商学院举办四届烹饪师资(范)班,1989 年、1993 年、2006 年分别举办烹饪本科、硕士、博士。在此期间,全国各地陆续开设了烹饪专科培养烹饪人才和以培养烹饪师资(烹饪与营养教育专业)为主的烹饪本科教育。

纵观我国烹饪教育的发展历程,是伴随着社会经济发展而逐步发展起来的,经过几十年的发展,烹饪教育在办学层次上形成了中职、高职、本科、硕士、博士五个办学层次;在办学类型上形成了烹饪职业技术教育、烹饪职业技术师范教育、烹饪学科教育三个办学类型。我国目前已经形成了相对系统的烹饪教育体系。

中国烹饪与中医、京剧、书画一起被誉为中国的"四大国宝",尽管中国的烹饪技艺驰誉世界,但却长期靠"以师带徒""父子相传"培养后人,传统的"君子远庖厨"观念,严重阻碍了这一行业的发展。因此既要充分发挥学校的教育教学和科学研究的能力和作用,也要充分发挥行业协会在行业中的引导作用,如由中国烹饪行业组织牵头,联合各地区烹饪大师、美食家、历史学家、民俗学家、食品科技专家等专家学者,开展地方级或国家级名企、名店、名师、名菜的认定、组织企业参加全国各类竞赛活动、推荐行业精英人士参政议政,以及开展行业自律、举办美食节等工作让中华烹饪技艺发扬光大,也让精益求精的工匠精神得以有效传播。

四、转型提升阶段(2012 年至今)

习近平总书记一直强调必须坚持在发展中保障和改善民生,鼓励共同奋斗创造美好生活,不断实现人民对美好生活的向往。2012—2022 年,我国经济总量从 2012 年的 53.9 万亿元跃至 2021 年的 114.4 万亿元,占世界经济比重从 11.3% 上升到超过 18%,人均国内生产总值从约 6300 美元上升到 1.2 万多美元。我国经济发展进入了由高速增长阶段转向高质量发展的新阶段。居民收入节节攀升,消费水平大幅提高,生活品质稳步提升,餐饮企业也开始普遍调整转型,大众餐饮消费迎来发展的新契机。当下中国餐饮文化已成为国家文化软实力的重要内容(图 12-1)。

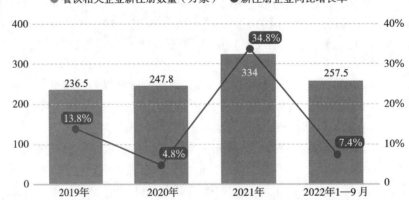

图 12-1 2019—2022 年中国餐饮行业注册企业数量

(一)行业升级持续化,创新驱动助发展

行业创新升级持续进行。除了资本、数据、技术、人才等要素不断充裕,推动行业生产效率外,创新是引领发展的第一动力。近年来,我国经济结构不断优化升级,第三产业、消费需求逐步成为主题。以新产业、新业态、新商业模式为核心内容的"新经济"成为新时代生产力的代表。餐饮行业出现外卖等新业态,到家消费、共享经济、首店经济等新商业模式。2020年外卖高速发展,在外卖交易额方面,一线城市出现增速反弹,增速超40%,广东省领跑全国。但按照外卖2.2%的"人顿数"率来看,即城镇居民每100顿正餐中,只有2.2顿是外卖。可见外卖渗透仍处在早期,前景依然十分广阔。预制菜将在B端继续深化,助力餐饮企业降本提效,在C端加速布局,城镇化、家庭小型化将继续促进其在C端的渗透。在这种背景下,餐饮业和食品工业将加速融合发展。

餐饮行业在数字化、产业化等方向实现了突破转型。互联网和数字技术对餐饮业产生了深刻影响。餐饮企业纷纷开展外卖业务,外卖市场迅速发展。数字化带动餐饮行业加快连锁化品牌化转型升级,餐饮产业链不断完善。餐饮企业的自律水平进一步提高,餐饮企业整体向着可持续、规范化的方向发展。以餐饮业为代表的服务消费增长空间巨大,技术赋能也促使餐饮业供给水平和服务效率进一步提升。

(二)餐饮企业国际化,资本上市显实力

中国饮食文化历史悠久,根基深厚。中国餐饮企业在海外市场的发展经历了三个历程。第一次发展浪潮距今已有一百多年,东南沿海地区的人们移民至欧美等国家及其他地区开设中餐馆,以家庭经营为单位,以传统风味的菜点为主。改革开放是第二次发展浪潮,全聚德和东来顺等国营餐饮企业走出国门,在欧美国家和地区受到了欢迎。2011年是第三次发展浪潮,政府鼓励支持中华民族餐饮文化向国际化方向发展,掀起了新兴品牌在海外开店营业的热潮。中国餐饮开始对国外市场进行不断的探索,对于外部市场相适应的内部因素进行积极调整,对塑造传播企业形象给予了高度重视,在国际化高级阶段的道路上越走越宽阔。

自党的十八大以来,餐饮企业走出去、引进来的宽度和深度不断拓展。随着餐饮业蓬勃发展,老字号和新品牌崛起,扎根为人民生活服务的土壤,老字号纷纷上市,再焕新机。餐饮业国际化步伐进一步加快。餐饮龙头企业密集上市,进入资本市场,如2014年港股上市的呷哺呷哺,2017年A股上市的广州酒家,2018年港股上市的海底捞等。

餐饮经济持续快速发展,餐饮业规模不断扩大。与改革开放前夕相比,我国餐饮业年营业额规模增加1万亿元以上,居民餐饮消费能力不断增强。从最初的"吃饭难"到如今"吃特色""吃健康"——中国餐饮业伴随着改革开放走过了辉煌的40多年。今天的餐饮业已经成为我国第三产业中的支柱产业,使国人的饮食生活水平发生了质的飞跃。

(三)消费主体年轻化,Z世代成消费主力

根据《中国餐饮大数据2020》显示,2019年餐饮消费者中,90世代(90后+95后)占比50.4%,占比总人口约17%,且有着更为强大的餐饮消费意愿;2020年95后占据整体消费的40%。就是这样一群充满活力的年轻人,正在推动着中国消费结构与消费市场的巨大变化,也为市场消费观念注入了新鲜血液。消费的巨大体量和不容小觑的消费能力,预示着我国消费主体也逐渐步入了以"Z世代(Gneration Z,即从小接触互联网、社交网络和移动网络,真正的数字时代的原住民)"为主流的消费时代,而他们的消费行为也逐渐形成了一些特征。不论是线上还是线下消费,他们对消费体验的注重,重新定义了消费者对品牌忠诚度的决定要素。

在日常消费中,"Z世代"希望通过个性化、定制化服务和定制化内容,获得与其他客户不同的待遇。而作为互联网原生代和社交媒体重度用户的"Z世代",他们对于"通过收集他们的行为数据以换取更个性化的奖励和品牌参与"持开放态度。他们愿意分享个人信息,以获得量身定制的、对他们有意义的体验。餐饮消费更追求品质化、新奇性、多元化、融合性。

在此背景下,新餐饮、新模式、新业态、新品牌不断涌现,目前在全国各大中城市涌现出一批品牌连锁经营集团餐饮企业,既有老字号,也有更多的新品牌餐饮企业,为餐饮业发展起到了骨干示范作用,带动整个餐饮业向前发展。

相关知识

改革开放以来我国餐饮业规模持续扩大

1978年改革开放前,"下馆子吃饭"是极其奢侈的事情,带饭是上班族的常态,这一时期,餐饮行业的产业规模很小。从新中国餐饮业统计中,1952年全社会餐饮业的销售额为14.1亿元,仅占社会消费品零售总额的5.1%。改革开放后,餐饮业随市场繁荣而日益兴旺,逐步进入发展快车道,成为国民经济中增长速度较快的行业之一。从1978—2018年,我国餐饮行业收入从54.8亿元增长至4万亿元,使得我国成为全球第二大餐饮市场;2019年餐饮收入达4.67万亿元,较2018年增加了0.40万亿元,同比增长9.38%;2020年受新型冠状病毒影响,我国餐饮收入有所下滑,但餐饮业整体正有序恢复,逐步回暖,2022年我国餐饮收入达4.3941万亿元。目前我国餐饮行业已进入成熟发展阶段,发展势头持续强劲,整体水平逐年提升,发展前景长期向好(图12-2)。

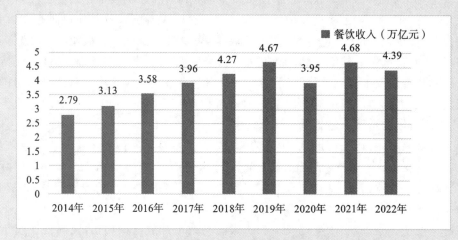

图12-2 2014—2012年中国餐饮收入统计

任务二 借鉴国外餐饮业发展经验

任务描述

国外餐饮业发展具有连锁化、品牌化的特征。近年来,随着数字服务的应用,餐饮产品的质量及规模化发展有了进一步的提升。通过任务二的学习,了解国外餐饮业在规模化发展、连锁化发展、个性化营销方面的特征。通过对中外餐饮业进行横向比较,了解国外餐饮业发展现状,从中找到对我国餐饮业发展的启示。

任务目标

(1)了解国外餐饮业的发展现状。

(2)掌握国外餐饮业发展对我国餐饮业发展的启示。

任务导入

国际餐饮业逐渐走向规模化、连锁化、标准化的发展道路,美国餐饮业前100名公司占整个市场份额接近75%,日本也比较集中,几个财团下面有大量的餐饮品牌。而我国餐饮百强占整个餐饮GDP的份额只有10%左右,是一个相对分散的市场。

问题思考:

国外餐饮业在连锁经营发展上采用了什么方式?

知识精讲

一、餐饮规模化发展,数字服务提升产品质量

餐饮产品管理是企业经营过程中的基本职能之一,使企业能通过资源与成果的转换过程,高效率地向社会提供所需要的产品。具体而言,餐饮产品管理职能追求建立高效的产品、服务制造系统,为社会提供具有竞争力的餐饮产品。对餐饮品牌来说,核心竞争力的打造主要集中在三个方面:环境竞争力、产品竞争力和服务竞争力。

(一)餐厅智能化降本增效

餐饮产品成本是指餐饮业用于制作菜点、提供消费服务过程中的费用和支出的总和。它包括原料成本、燃料动力成本、用品损耗、人工费用等。其中原料成本是产品成本中的主要部分,包括饭菜点的主料、配料、调料和这些原料的合理消耗。在外的采购原料的运输费用以及在外单位仓库储存原料的保管费用也列入产品成本。

根据全美餐饮业协会(NRA)调查显示,美国激增的成本是一个重大挑战。一直以来,食品和人工成本是餐厅最重要的两项支出,每项支出约占销售额的33%。其他费用如公用设施、用品、行政维修维护合计约占销售额的29%。绝大多数经营者表示,餐饮产品、劳动力和公用事业成本目前是他们餐厅面临的重大挑战。

在此背景下,位于德州的AMA KITCHEN提出了智能餐饮服务概念,即集结一批个体商家,消费者仅需下一个订单,即可一次购买所有商家之产品。在休斯敦凯蒂亚洲城的AMA Kitchen云端厨房,利用整合的智能系统Kiosk自助点餐机,整合外送、外带、内用订单,创造"品牌联盟×共享经济"模式,即每个商家在各自独立的厨房中制作菜点,其他服务由AMA团队执行。这样有效降低了独立商家的运营成本,在相同订单数量的情况下,营业利润相差可达30%以上。

成本管理智能化案例:美国德州AMA KITCHEN

(二)菜点标准化提高质量管理

餐饮产品质量不仅指菜肴、酒水和服务质量,还指过程质量或工作质量。为了保障菜点的质量,进行标准食谱的制订、标准生产流程的制订就显得尤为重要。这在西式快餐中演绎到了极致。西式快餐强调规范运营,质量高、卫生好、服务佳。麦当劳的每一位餐厅经理要在同样系统下接受2000个小时的培训,肯德基炸鸡在油锅中停留时间为13分30秒,分秒不差。

同时,现代餐饮产品的质量最终通过消费者的满意度来检验,因此,菜点质量高低的实质是产品满足消费者需要的程度。高质量的餐饮产品来自供应商和餐饮企业的共同努力。世界顶级餐厅之一的NOMA餐厅,秉持菜点因时因地而生的饮食理念,在创立之初的6年中,建立起巨大的供应商网络,其中涵盖60~70个采集者、渔夫、干货店、乳品商和农场主,以获得多样的原生原料,让NOMA餐厅的出品看起来如此与众不同。

(三)餐饮服务个性化提升市场占有率

餐饮企业的经营活动既是营利性的又是服务性的,服务是餐饮企业产品的重要组成部分,也是餐饮产品特殊性的缘由。随着餐饮业竞争的日益加剧,餐饮消费层次的不断提升,服务也越来越成为扩大销售、争夺市场和提高效益的重要手段和途径。

根据餐厅的服务方式主要有餐桌服务式、柜台服务式、自助服务式等,不同类型品牌有各自独特的餐饮服务流程,以罗莱夏朵在新加坡的唯一会员餐厅 Saint Pierre 为例,仅提供 30 个座位,为每一位消费者提供独一无二,专注优质的服务。餐厅服务特色之一是关注儿童的健康和营养需求。因此,Saint Pierre 提供儿童专用餐点,并鼓励父母与子女一同用餐。

世界顶级餐厅之一的 NOMA 餐厅采用让厨师们亲自上菜的方式进行,通过与消费者的日常交流,帮助厨师们提高自己的烹饪技艺,并为客人带来更新奇的体验,这也与餐厅轻松随意的氛围相符。

(四)餐饮经营数字化培育现代餐饮产业链

数字化转型不仅是技术的升级,更需要经营者数字化思维的转变以及持续的投入,从而降低人工成本并进一步做好风险防控,培育现代餐饮产业链,由规模速度型向质量效率型升级,更好地满足新型餐饮消费需求。餐饮经营数字化主要包含以下几个方面。

(1)全链路营销,在客户旅程中增加品牌与消费者的触点和娱乐性互动,延伸消费者售前和售后运营,创造客户增量、提升客户价值。

(2)智慧门店,实体店面智慧化升级(数字化技术应用和 O2O 全渠道),一方面提升消费者体验从而促进销售,另一方面以新技术降低运营成本。

(3)全渠道融合,以消费者为中心打造全渠道闭环,加速渠道间供应链整合以实现无缝式的跨渠道体验;通过业务运用中台对前端用户互动进行实时敏捷反应,在差异化因素组合上形成竞争优势。

(4)敏感供应链,构建供应链网络及供应链快反模式,通过实时而完整的数据流提升供应链效率、实现敏捷化与柔性化。

(5)大数据研发,以大数据预测潮流趋势和消费者诉求,为产品研发创新注入新活力。

(6)品牌大数据,最终归集于企业品牌数据的聚合、应用和增值。

二、餐饮经营连锁化,可持续发展成主流

(一)餐饮经营连锁化

餐饮连锁化是中国餐饮行业发展的一个重要特征。为了获得更大的竞争优势,越来越多的连锁餐饮业开启了数字化转型。通过数字化转型,连锁餐饮企业能够强化对于前厅、后厨的可视性,形成从消费者排队到结账,从餐厅的后厨供菜到外卖管理、网络管理、视频管理与分析等全方位数字化服务,并将管理模式转变为基于数据的管理。与单体餐饮门店相比,连锁餐饮企业由于资金更为雄厚、标准化管理能力强、多门店复制的可行度高,往往更有意愿推动数字化转型,降低了开发和整合的复杂度,加快了产品研发和上市的速度。通过创新的产品与解决方案,为连锁餐饮企业提供一站式的部署与运维服务,加快这些餐饮企业的数字化转型进度,满足"明厨亮灶"等政策规范性的要求,提升了自身在餐饮业的竞争力。

(二)规模优势助推国际化经营

餐饮企业国际化经营是指餐饮企业从国内经营走向跨国经营,从国内市场进入国外市场,在国外设立多种形式的组织,对国内外的生产要素进行综合配置,在一个或若干个经济领域进行经营活动。餐饮企业国际化经营是当今国际经济联系和餐饮企业自身发展的必然趋势。

规模和实力的竞争,大规模跨国餐饮企业是国际餐饮竞争的主体。国际餐饮品牌企业主要通过

餐饮集团化或餐饮连锁经营来降低成本,进而凭借成本优势形成的价格竞争力。再通过餐饮企业的全球搜索,不断进军新餐饮市场,达到餐饮产品同质化需求的全球性标准和同质化科技标准,进一步发展企业规模,拥有本餐饮企业的全球生产和销售网络。国际餐饮品牌企业大多有自己的核心业务,且在核心业务领域占主导地位,具有较强的竞争力,即使部分企业多元化,在不同行业领域中的业务,也会占主导地位。

（三）企业文化支持可持续经营

国际餐饮品牌企业具有优秀的企业文化,它们绝大多数已有较长的经营历史,因此逐步形成了自己的企业文化。他们用共同远景、核心价值观和战略目标凝聚员工,用蕴于内而发乎外的企业行为、企业产品吸引消费者。麦当劳有神圣不可侵犯的 QSCV（品质、服务、卫生、价值）,肯德基的群策群力 Customer focus. Believing people. Recognition. Coaching & support. Accountability. Excellence. Positive energy. Team work（以客为尊、信任员工、认同鼓励、辅导支持、有责任心、追求卓越、积极主动、团队合作）。

这些国际餐饮品牌企业十分重视企业文化建设,在此基础上形成先进的现代企业管理制度,包括组织流程、组织权责、组织制度、决策及管理程序等。他们的管理、制度具有较强的适应性和应变力,运作高效,体系完整,操作性强,如麦当劳可以在全球做到核心技术的移植,能够高度保持质量品质的一致性,在店面布置、服务程序、员工守则、操作工序和加工程序等方面高效统一,软硬技术都很先进和专业化。

三、餐饮营销个性化，创新产品线助发展

（一）市场调研助推品牌扩张

国际餐饮品牌企业在营销方面、餐饮产品与服务的市场推广上也极具实力,拥有先进的营销技术,依靠在国际市场的品牌运营,树立统一的餐饮企业品牌形象,实现整个餐饮企业的盈利。在品牌扩张上,国际餐饮品牌往往投入大量资源进行市场调研。这些餐饮企业进入一个地区餐饮市场,都会委派专业的市场调研人员对当地餐饮市场进行非常充分地研究,十分关注市场、消费者需求及竞争对手的变化。不对一个餐饮市场有深入了解,他们是不会贸然投资的。如目前,在我国的快餐业巨头肯德基,曾派专人到中国考察市场,经过几年研究之后,才于1987年在北京前门开了第一家连锁店,但进入后,短短两三年时间即在中国市场赢得了较大份额,站稳了脚跟。麦当劳进入中国市场前也曾对中国餐饮市场的具体状况进行过深度而长期的研究。

（二）研发投入保障差异化子品牌

单个品牌虽然有简化、集中的优势,但消费者一旦厌弃这个唯一的品牌,餐饮企业就会受到致命伤害。以日本餐饮企业为例,日本餐饮企业每年都要推出1~2个新业态的分店,形成可分散风险的品牌矩阵。大部分国际餐饮品牌企业采用这样分散风险的品牌矩阵,如百胜集团旗下拥有包括肯德基、必胜客、塔可钟（Taco Bell）、艾德熊（A&W）及海滋客（Long John Silver's）（LJS）等15个世界著名餐饮品牌。

形成差异化品牌矩阵的背后是国际餐饮品牌企业在技术上的持续投入。他们自身十分重视研究与开发,有专门的研究与开发机构、专门的研究人员,同时跟全球一些著名科研机构及高等院校有良好的联系,而且在资金投入上也是大手笔,一般投入餐饮企业收入的7%~8%作为研发经费,因此实现了餐饮产品生产的标准化、工业化,并具有超强的餐饮产品创新能力。

（三）创新体验促进品牌影响

餐饮企业面向市场,需考虑不同国家、不同地区的情况,既要提供适销对路的餐饮产品和服务,又要树立餐饮企业品牌的国际形象,增强餐饮企业品牌的知名度和美誉度。在体验经济盛行的今

天,国际餐饮品牌不仅将重点放在餐饮产品和服务的经营上,同时注重树立本企业在当地的知名度。在价值链上精耕细作,努力为消费者创造附加值,在市场竞争中得心应手,如麦当劳的竞争力不只是来自食品,还有优质的服务、可信的品牌、安全的卫生和温馨的环境,这些都是产品附加和延伸属性的范畴。面向全国范围内的目标市场,针对当地实际情况,供应适合当地市场的餐饮企业的产品和服务,同时树立全国统一的餐饮企业品牌形象。

 相关知识

探店估值18亿美元的美国轻食品牌:一碗沙拉15~20美元

2021年8月末,美国沙拉连锁店巨头Sweetgreen,宣布收购位于波士顿的机器人厨房初创公司Spyce,所有食物由机器人在自动化厨房里进行烹饪。

早在2017年,Sweetgreen与区块链初企Ripe.io启动试点项目,在波士顿地区一家Sweetgreen农场安装传感器,使用区块链跟踪从农场到餐厅的所有食材可用于防止食源性疾病的暴发和更少浪费的做法。2019年,Sweetgreen收购了总部位于华盛顿特区的Galley Foods,这是一家拥有中央厨房和快递网络的送餐服务公司。

Sweetgreen,被称为餐饮界的"苹果",沙拉界的"星巴克",之前还聘请了曾任星巴克技术部的高级副总裁Wouleta Ayele担任公司首席技术官,一直不断用数字化定义着新零售的概念,也引得众多投资机构关注技术驱动的餐厅和餐饮服务解决方案。

将自身定位为科技公司的Sweetgreen,卖的可不仅仅是沙拉。Sweetgreen的核心卖点基本可以总结如下:①新鲜有机的食材,均来自当地农场,主打蔬菜沙拉;②坚定的品牌理念,环保可持续,支持当地农场发展,改变行业和国家的饮食习惯等增加产品溢价,保证商业模式的可盈利;③科技驱动,作为全美第一家利用区块链赋能餐饮供应链的公司,Sweetgreen的运输效率显著提升,减少原料腐坏成本,其app下载量超百万次;④创新的营销,与消费者形成真实的沟通互动,建立品牌影响力,比如通过教育和活动,还有每家门店都会因地制宜设计出独特风格的店面。

值得一提的是,Sweetgreen可持续发展的理念应用广泛,餐具包装袋均由100%可降解材料所造,店内照明均为高效节能灯和风能发电,不断强化"长期主义的有责任的轻生活"的品牌定位。

任务三 预测我国餐饮业发展趋势

 任务描述

互联网、大数据、云计算,人工智能正不断重塑我们生活的世界。"十四五规划"中提出了碳中和的目标。在新技术、新形势下,餐饮业的发展正迎来新一轮机遇。通过任务三的学习,掌握我国餐饮业的发展趋势。

 任务目标

(1)掌握我国餐饮业的发展趋势。
(2)熟悉新技术、新形势对餐饮业的影响。

任务导入

情景：小王经营咖啡厅有三年了，随着经营成本和人工成本的上升，逐渐难以为继。一次偶然的机会，小王在某视频平台分享经营咖啡厅的经验，收获了许多忠实粉丝。在粉丝的鼓励下，小王开展了线上业务，包括售卖咖啡豆、浓缩咖啡液、周边产品等。甚至还有附近城市的粉丝远道而来"打卡"，小王的咖啡店转危为安。

问题思考：
现阶段的餐饮商业模式多样，请举例说明新技术对餐饮业发展的影响。

知识精讲

美团研究院2022年8月11日发表调查研究报告认为：在"双循环"新发展格局构建和数字技术快速发展的背景下，餐饮技艺精进、工业化赋能和数字化转型作为餐饮业发展的三重驱动因素，正推动着餐饮产业持续创新发展，呈现出"三浪叠加"趋势。

我国餐饮业的发展趋势，主要呈现为消费习惯健康化、餐饮需求个性化、产品加工预制化、经营模式数字化、餐饮人才专业化、餐饮业资本化。

一、消费习惯健康化

随着我国消费者生活水平的提高，健康意识不断提高，消费者的消费习惯逐渐从"吃便宜""吃味"到"吃健康"。有研究表明，大约70%的我国消费者有特定的饮食需求，82%的受访者愿意花更多的钱购买不含有不良成分的餐饮食品，这些餐饮食品高于全球平均水平。因此，绿色健康食品可能成为餐饮业的又一个新突破口。随着居民收入增加和人民生活水平提高，消费者期待获得更多、更好的餐饮产品和服务的愿望更加强烈，品质不断提升，营养健康生活理念持续升温。吃饱吃好已不能满足消费者的需求，吃得安全、吃出健康已成为老百姓对美好生活的强烈期待。通过十多年的治理，我国食品安全状况稳步向好，并通过建章立制、实施食品安全战略，推动了食品安全治理进入持续健康发展轨道。在制度方面，2009年《中华人民共和国食品安全法》发布，2015年《食品安全法》进行了修订。在《食品安全法》修订的同时，我国食品安全标准体系也在不断完善。目前已发布食品安全国家标准1400多项，包含2万余项指标，涵盖了从农田到餐桌、从生产加工到产品全链条、各环节主要的健康危害因素，保障包括儿童、老年人等全人群的饮食安全。

二、餐饮需求个性化

餐饮时尚的风向标本身就是餐饮产品创新的导航仪，大致来看，根据现代餐饮消费者的饮食需求，个性化是餐饮文化内涵的主要表现。一是简洁。现代人生活节奏加快，社会竞争的压力加剧，人们在心理上也希望能减轻家务负担，快餐成为人们生活中必不可少的一部分。食用方便、营养丰富的成品、半成品食品层出不穷。对餐饮产品的追求同样要求简洁明快，反对烦琐，对于过去那种精雕细琢的工艺化食品的需求逐渐减少，而转向以效率和营养为出发点。二是表现个性。有人说，21世纪是个性化的时代，在过于共性化的生存环境中，人们特别欣赏带有个性色彩的审美对象。对于日常饮食，那些有着鲜明个性的菜点和就餐方式总是更受欢迎。餐饮消费者作为买方市场的主角，有更多的选择权和更高的评价标准。他们不再钟情于千篇一律、落于俗套的菜点和服务；相反，富有特色、别具匠心、甚至独一无二的能代表张扬起个性的饮食越来越受到青睐，消费者借助个性化的商品和服务来表现自身的个人修养、品味、内涵等，以得到社会的肯定和心理上的愉悦满足。比如Z世代追求个性，在对餐饮消费需求上表现为"趣缘群体"特性：他们往往会根据兴趣去选择餐厅并高度忠诚,如动漫迷会更多出入动漫主题餐厅、欧美流行文化迷会钟爱西餐。三是崇尚自然。由于现代都市生活的紧张、快节奏和喧嚣,加之社会大工业的发展,受抗拒污染及保健潮流风向的影响,越来越多的人对都市生活产生了厌烦和不安,渴望回到大自然,追求恬静的田园生活。反映到饮食上,各种清新、朴实、自然、营养、味美的粗粮系列菜、田园系列菜、山野系列菜、森林系列菜、海洋系列菜等由于营养搭配的多样平衡,饮食氛围的随意自在,而日益受到人们的喜爱。人类的饮食活动现在已经从往昔固定的模式中走出来,去追求一种自由的方式。自助餐的流行,就是人们追求饮食自由的具体反映。这是时代的产物,也是时代的特点。

三、产品加工预制化

随着社会的进步,饮食社会化提上了日程,以"外食",即在家庭以外就餐的费用和日常食用成品、半成品的比例两个指标来表征。人们能从繁重的制作餐食的家务劳动中解放出来,这也为餐饮业发展提供了方向。

20世纪90年代,杨铭铎在"我国餐饮业的现状与发展趋势"的研究中,提出了"成品菜""半成品菜"的概念。按照对象,成品菜、半成品菜可以分为"为一些餐馆、饭庄、酒店、饭店等提供半成品或成品,减少技艺高超的烹饪师的简单劳动时间",即预制菜的B端消费;"为普通家庭供应半成品或成品,使其略加热(如微波炉加热)或简单烹饪(如切配一些辅料,加热处理)即可食用",即预制菜的C端消费。可见,当时的"成品菜""半成品菜"就是当下的"预制菜"。预制菜产业的发展,从需求来看有其内生动力,从供给来看有其广阔空间,从政策上看有政府引导力度加大,特别是2023年中央一号文件提出发展预制菜产业。在B端和C端的双层需求和国家政策推动下,将"食业"产业链有机结合,促使餐饮食品工业化,助力餐饮行业不断升级。

其次,中央厨房成为餐饮产品工业化的核心。中央厨房不仅能够实现传统厨房的功能,还能凭借其在集中采购、标准化生产、检验、统一包装、信息化处理以及物流配送等领域的突出优势,实现餐饮的工业化,发挥规模效益,有效缓解餐饮业的原料、租金、人工压力。餐饮企业能够根据所需原料价格变动情况,建立"期货式管理"运行模式,在价格低谷期集中采购,锁定整年的价格,降低采购成本。通过对目标菜点生产工艺进行技术拆分,形成能够标准化操作的生产规范,提高工作效率,保证菜点质量。信息化建设能帮助餐饮企业及时准确地了解各部门的原料存储量、资金流动以及日常运作情况,帮助决策层进行餐饮企业经营决策分析与战略发展规划。根据招商银行研究院测算,中央厨房能帮助餐饮企业节省出10%~12%的利润率空间。不过中央厨房的建设属于较大的固定成本,需要一定门店密度和数量支撑,当中央厨房覆盖的门店超过20家以后,中央厨房的经济性才会逐步凸显。

四、经营模式数字化

2020—2022年,3年时间,餐饮行业一直在挣扎求生,缓慢恢复。由于餐饮的刚需特点以及强劲的内生动力作用,外卖业务对餐饮的贡献度显著上升。新型冠状病毒感染推动了餐饮业加速向数字化、零售化方向变革转型,进一步推动消费升级。线上化成为新增长点,新产品、新模式、新技术等多方面数字化融合,逐步重构人、货、场三者之间的关系,并集中于运营、数据、营销和管理的全方位数字化转型。

未来餐饮业核心竞争力将聚焦于品牌、供应链、产品、选址以及组织这五个方面,在这过程中,数字化成为餐饮业关键核心竞争力及综合运营能力的集中体现。数字化转型不仅是技术的升级,更需要经营者数字化思维的转变以及持续的投入,培育现代餐饮产业链,由规模速度型向质量效率型升级,更好地满足新型餐饮消费的需求。

通过广泛应用大数据、云计算、人工智能等先进技术制订经营策略,更好地满足日益个性化、定制化、体验化的新型餐饮消费需求。个性化消费体验就是提前点、到店吃,不再需要到店排队、点菜、甚至排队付款开发票等,所有就餐环节都在线完成。从美食团购、外卖、外送,再到用高科技代替人工,包括智能系统代替点餐员、收银员,包括迎宾机器人、服务机器人、智能炒菜机、刷脸支付,乃至无人餐厅,科技创新正在引领餐饮业发展。未来餐厅可以把每一位消费者变成用户、每一个用户变成会员,店长可以通过大数据了解每一位消费者,提供独一无二的服务,这是餐饮企业必将面临的一次革新。

这给更多的餐饮企业带来启示,餐饮企业拼的不再是增量市场,而是全产业链的运营。利用数字化升级改造传统的经营方式,降本增效,增强品控,改革组织管理方式,无论是高效的内部管理、敏捷的供应链、精细化的客户运营,还是新形态的营销推广,都离不开数字化工具。未来,餐饮企业的竞争将不再局限于口味的竞争,还将是一场全产业链的降本增效之争。

五、餐饮人才专业化

餐饮企业发展最关键的是人才,经济竞争实质上是人才的竞争。人力资本理论认为,有技能的人的资源是一切资源中最为重要的资源,人力资本投资的效益大于物质资本投资的效益。专业人才的培养可以分为餐饮教育与餐饮培训两个方面。

在餐饮教育方面,随着人们消费观的改变,餐饮市场竞争的加剧,餐饮经营管理者更需要懂经营、善创新、引导消费潮流,同时需要高端的餐饮人才来对饮食文化进行开发、创新,餐饮业发展急需大量复合型人才。目前,餐饮企业的餐饮专业人才较为缺乏,随着餐饮教育的发展,具有一定专业技术和管理的、高学历的专业人士将从事与餐饮业相关的研究开发、企业管理、市场营销,引导市场消费潮流。

人才的培养将在未来的餐饮业中尤为重要,餐饮业属于劳动密集型产业,其对劳动力的需求是很强的。餐饮业每年新增的就业人口在100万以上,到目前为止餐饮从业人员超过2000万人。随着餐饮业的发展对劳动力的大量需求,餐饮培训是餐饮服务质量得以确保的必要手段,也是餐饮企业可持续发展的必经之路。这里的餐饮人才主要指餐饮的从业人员,我们应建立适合我国餐饮发展的培训系统,加强对在职餐饮人员的培训,使其知识化。餐饮人才培训主要分为两个部分,即一线操作人员和管理人员。对于一线操作人员的培训,与相关专业院校建立合作关系是非常有必要的,将是餐饮一线操作人员输入的一个重要途径。在管理培训中,应减少学历成分,注重实用性,应营造一个听完课就能操作、解决问题的"训练场"。同时,必须由合格的培训师根据不同的培训对象,选用有针对性的案例,达到培训目的,获取最佳培训效果。

对餐饮业来说,必须注意人才的培养和培训。关于人员在职培训对工资和生产率增长的关系的研究表明,经过培训,一般工资增长5%~15%,而增加培训费用为企业带来的回报率达25%~35%。基于此,我国餐饮业在加大力度吸纳优秀人才的同时,更重要的是注重自身人才队伍的培训。在保证初级、中级餐饮人才供给的同时,重点培育我国自己的现代餐饮业高级管理人员。通过构建一个面向餐饮业的创新型餐饮人才培训支持系统,实现专业人才知识化,为餐饮业发展服务。

六、餐饮业资本化

餐饮业因具有投资入行门槛低、利润率高、细分行业众多、同质化水平低、创新能力高等特点,长期以来受到大众创业的欢迎,近年来在资本市场上也呈现活跃的态势。尤其是自新型冠状病毒暴发以来,不少餐饮企业陷入现金流紧缺,甚至出现资金链断裂危机的局面,而上市融资则是缓解餐饮企业窘境的有效途径之一。但整体来看,餐饮企业在上市市场的占比仍然较低。以中国上市市场举例,上市餐饮企业数量占比不足2%,行业市值占比不足1%,可见餐饮业的上市市场亟待发展。

如同大多数行业一样,餐饮业的成长历程都会经历起步、引入投资者、快速发展(设立分店,加盟,连锁)、启动上市准备、成功上市、再融资几个阶段。每一个阶段餐饮业都有着当下的经营目标及企业使命。比如,对于刚创立的餐饮企业而言,能够取得资金的途径和渠道很少,获取的资金数额也很有限,企业经营目标的首要任务就是资本的原始积累,以谋求进一步的发展。

餐饮企业发展到最后,完成上市融资,成为公众利益实体,实现了所有权与经营权的分离以及所有权本身的社会化趋势。餐饮企业财务工作在此时注重风险和信用的考虑,丰富自身的财务管理手段,改善财务管理过程当中的决策过程,以适应资本社会化的需要。

对于餐饮企业个体而言,融资将有助于其品牌曝光,扩大其品牌影响力;对于整个餐饮业而言,融资则能提升行业形象,推澜行业发展。

2021年,是党和国家历史上具有里程碑意义的一年,是中国共产党百年华诞及"第十四个五年规划"开局之年,是"两个一百年"奋斗目标的历史交汇期。这一年中,我国第一个百年奋斗目标顺利实现,全面建成了小康社会,历史性地解决了绝对贫困问题,开启了全面建设社会主义现代化国家的新征程。2023年,是落实党的二十大精神的开局之年,我国餐饮从传统餐饮迈向智慧餐饮。经历了30多年的演变,餐饮业在我国的改革浪潮中发展非常迅速,餐饮业营业额实现两位数高速增长,行业发展前景看好,可以说我国正迎来一个餐饮业大发展的时期,市场潜力巨大,前景非常广阔,长期发展趋势良好,餐饮业的行业规模和经营领域不断扩大,成为我国国内消费市场中增长幅度较大、发展速度较快的行业之一。整个餐饮业要抢抓机遇、乘势而上,为推动餐饮经济的复苏而努力。"道阻且长,行则将至;行而不辍,未来可期。"迎着希望之光,踏上新征程,让我们共同发力,推进餐饮行业创新发展去拥抱美好的明天!

项目小结

通过项目十二的学习,我们对我国餐饮发展的历史,国外餐饮业发展经验及发展趋势有了清晰的认识,我们以思维导图总结(扫描二维码即可获取)。

思维导图

同步测试答案

同步测试

一、填空题

1. 中国餐饮业发展分为四个阶段,分别为(　　　)、(　　　)、(　　　)、(　　　)。
2. 经过60多年的发展,烹饪教育在办学层次上形成了(　　　)、(　　　)、(　　　)、(　　　)、(　　　)五个办学层次。
3. 餐饮经营数字化包含全链路营销、(　　　)、(　　　)、(　　　)、(　　　)、(　　　)六个方面。

二、判断题

1. 1960年1月,北京餐饮业实现了全行业公私合营。当年,各省、市、县相继成立了饮食服务公司,全国餐饮业部分完成公私合营的社会主义改造。(　　　)
2. 餐饮产品成本是指餐饮业用于制作菜点、提供消费服务过程中的费用和支出的总和。(　　　)
3. 餐饮产品质量仅指菜肴、酒水和服务质量。(　　　)
4. 餐饮企业国际化经营是指餐饮企业从国内经营走向跨国经营,从国内市场进入国外市场,在国外设立多种形式的组织,对国内外的生产要素进行综合配置,在一个或若干个经济领域进行经营活动。(　　　)
5. 我国餐饮高速发展阶段发展特点是行业升级持续化,创新驱动助发展。(　　　)

三、简答题

1. 我国餐饮业高速发展阶段发展特点是什么?

2. 国外餐饮业规模化发展特点是什么？
3. 简要概括餐饮需求个性化及餐饮业应对策略。

四、论述题

1. 我国餐饮业未来发展趋势是什么？
2. 数字时代下，我国餐饮业有什么新发展？

主要参考文献

[1] 杨铭铎.餐饮概论[M].北京:科学出版社,2008.

[2] 杨铭铎.烹饪教育研究新论[M].武汉:华中科技大学出版社,2020.

[3] 杨铭铎.关于我国饮食文化传承与发展的思考[J].商业时代,2012,64(9):143-145.

[4] 杨铭铎.基于专业建设的本科职业教育发展思考——以烹饪专业为例[J].中国职业技术教育,2019(26):21-25.

[5] 杨铭铎,陈健.基于与餐饮职业岗位对接的餐饮职业教育专业设置的辨析[J].四川旅游学院学报,2021(3):91-96.

[6] 杨铭铎,陈健.餐饮职业教育高质量发展的新机遇——新版餐饮职业教育目录解读[J].四川旅游学院学报,2021(5):1-4.

[7] 杨铭铎,陈健.本科层次烹饪职业教育的系统化设计[J].美食研究,2021,38(1):43-48.

[8] 邵志明,李伟强.高职餐饮类专业核心素养结构模型与培育路径[J].中国职业技术教育,2020(2):72-78,89.

[9] 毕伯敏,许光中.互联网经济对中国餐饮业发展的影响[J].中国市场,2021(36):191-192.

[10] 樊宇,曹大珂,季平平,等.互联网思维下网红餐饮品牌的维护与升级[J].现代商业,2019(36):17-18.

[11] 张利洁.饮食文化类电视节目研究[D].郑州:河南大学,2019.

[12] 杨铭铎,徐流,陈健.职教行业教学指导委员会性质、职能与发展思路——以餐饮行指委为例[J].四川旅游学院学报,2022(6):93-96.

[13] 向跃进.餐饮企业运营与管理[M].重庆:重庆大学出版社,2015.

[14] 彭一帆,张蓝月.疫情下不同品牌类型的餐饮企业如何渡过难关[J].中国商论,2020,22(28):28-32.

[15] 杨铭铎.餐饮企业管理研究[M].北京:高等教育出版社,2007.

[16] 杨铭铎."工业4.0"智能时代餐饮企业发展思考[J].美食研究,2017,34(4):1-4.

[17] 苏爱国,许磊,段辉煌.烹调工艺基础[M].武汉:华中科技大学出版社,2021.

[18] 林则普.中国烹调技法集成[M].上海:上海辞书出版社,2004.

[19] 戴桂宝.厨政管理[M].北京:中国旅游出版社,2011.

[20] 张丽,耿光顺.中式面点[M].北京:科学出版社,2012.

[21] 严祥和.现代餐饮管理[M].杭州:浙江科技出版社,2022.

[22] 邵万宽.现代厨房管理与经营[M].南京:江苏科学技术出版社,2006.

[23] 高海薇.西餐工艺[M].北京:中国轻工业出版社,2008.

[24] 邓英,李俊,刘贵朝.餐饮服务与管理[M].武汉:华中科技大学出版社,2019.

[25] 上田和男.鸡尾酒笔记[M].北京:北京美术摄影出版社,2015.

[26] 萨沙.复古鸡尾酒[M].北京:中信出版集团股份有限公司,2020.

[27] 斋藤都斗武.鸡尾酒制作图鉴[M].沈阳:辽宁科学技术出版社,2021.

[28] 王勇.酒水知识与调酒[M].武汉:华中科技大学出版社,2019.

[29] 匡家庆.调酒与酒吧管理[M].武汉:华中科技大学出版社,2022.

[30] 杨铭铎.饮食美学及其餐饮产品创新[M].北京:科学出版社,2007.

[31] 王书顺.论菜肴质感的重要性[J].饮食科学,2018(2X):144.

[32] 贺习耀.宴席设计理论与实务[M].北京:旅游教育出版社,2010.

[33] 郑昌江.烹饪原理[M].北京:科学出版社,2017.

[34] 叶伯平.宴会设计与管理[M].北京:清华大学出版社,2007.

[35] 贺习耀,罗林安.筵席与菜单设计课程理实一体化教学探索[J].现代企业教育,2014(24):341-342.

[36] 金苗.浅谈美在筵席中的体现[J].职业,2014(20):192-193.

[37] 李登年,张洋,孙阳.中国筵席的历史与文化特征(上)[J].中国烹饪,2016(12):60-61.

[38] 李登年,张洋.中国筵席的历史与文化特征(下)[J].中国烹饪,2017(2):132-133.

[39] 宋春亭,刘志全.旅游饭店餐饮服务与管理[M].郑州:郑州大学出版社,2011.

[40] 赵昱.西安万盛餐饮管理有限公司网络营销策略研究[D].西安:西安理工大学,2021.

[41] 马斯洛.马斯洛人本哲学[M].北京:九州出版社,2003.

[42] 方虹.国际市场营销学[M].北京:机械工业出版社,2009.

[43] 韩娟,曹增增,宋蕤曦.智能时代中国餐饮的未来发展模式探究[J].科技经济市场,2021(7):10-11,14.

[44] 郭诗卉,郭缤璐.降本增效 智能餐饮不再只是噱头[J].中国食品,2020(11):70-71.

[45] 李建荣.基于物联网的智能餐饮信息化解决方案研究[J].电信工程技术与标准化,2017,30(5):7-11.

[46] 石永生.基于物联网的智能餐饮信息化解决方案研究[J].电子技术与软件工程,2021(13):154-155.

[47] 杨阳,徐淮东,刘柏君,等.互联网+智能餐饮管理系统的实现[J].现代营销(经营版),2020(1):126-127.

[48] 朱希鹏.连锁餐厅智能管理系统的设计与实现[D].北京:北京交通大学,2016.

[49] 王宇.大数据时代餐饮企业管理问题研究[J].商场现代化,2022(24):100-102.

[50] 陈燕.基于位置服务的餐饮移动营销探讨[J].商业经济研究,2014(33):55-57.

[51] 中商联专家工作委员会.2020年中国商业十大热点展望之三——服务消费需求快速提升,餐饮业繁荣兴旺渐入智能化时代[J].商业经济研究,2020(14):2.

[52] 肖鑫,周佳敏,嘎玛群,等.智能餐桌创新设计研究[J].科技创新导报,2020(3):62-63.

[53] 蔡永峰.中央厨房与餐食工业化[J].食品与发酵工业,2016,42(12):249-251.